NEGÓCIOS PROCESSUAIS NO MODELO CONSTITUCIONAL DE PROCESSO

CB120817

abdr
ASSOCIAÇÃO BRASILEIRA DE DIREITOS REPROGRÁFICOS
Respeite o direito autoral

Coleção
Eduardo Espínola

Guilherme Henrique Lage Faria

NEGÓCIOS PROCESSUAIS NO MODELO CONSTITUCIONAL DE PROCESSO

Apresentação: Alexandre Freitas Câmara

Prefácio: Dierle Nunes

2ª edição
Revista, atualizada e ampliada

2019

EDITORA JusPODIVM
www.editorajuspodivm.com.br

EDITORA *Jus*PODIVM
www.editorajuspodivm.com.br

Rua Território Rio Branco, 87 – Pituba – CEP: 41830-530 – Salvador – Bahia
Tel: (71) 3045.9051
• Contato: https://www.editorajuspodivm.com.br/sac

Copyright: Edições *Jus*PODIVM

Conselho Editorial: Eduardo Viana Portela Neves, Dirley da Cunha Jr., Leonardo de Medeiros Garcia, Fredie Didier Jr., José Henrique Mouta, José Marcelo Vigliar, Marcos Ehrhardt Júnior, Nestor Távora, Robério Nunes Filho, Roberval Rocha Ferreira Filho, Rodolfo Pamplona Filho, Rodrigo Reis Mazzei e Rogério Sanches Cunha.

Capa: Ana Caquetti

N384 Negócios processuais no modelo constitucional de processo / Guilherme Henrique Lage Faria. – 2. ed. rev., atual. ampl. – Salvador: JusPodivm, 2019.
256 p. (Eduardo Espínola / Coordenação Fredie Didier Jr.)

Bibliografia.
ISBN 978-85-442-3019-0.

1. Negociação processual. 2. Direito processual brasileiro. I. Didier Jr., Fredie. II. Faria, Guilherme Henrique Lage. III. Título.

CDD 341.4

Todos os direitos desta edição reservados à Edições *Jus*PODIVM.

É terminantemente proibida a reprodução total ou parcial desta obra, por qualquer meio ou processo, sem a expressa autorização do autor e da Edições *Jus*PODIVM. A violação dos direitos autorais caracteriza crime descrito na legislação em vigor, sem prejuízo das sanções civis cabíveis.

"No que diz respeito ao empenho, ao compromisso, ao esforço, à dedicação, não existe meio-termo. Ou você faz uma coisa bem feita ou não faz."

Ayrton Senna

Aos meus pais, Sônia e Wander *(in memoriam)*, pela vida de amor e esforços constantes para que pudéssemos alcançar nossos sonhos; aos meus irmãos, Gustavo e Gabrielle, todo meu amor e gratidão.
À Natália, esposa e amiga, pelo amor incondicional e pela compreensão das minhas ausências, quase que absolutas ao longo desses anos de estudo.
À Lara, minha querida sobrinha, e Miguel, amado afilhado, por não me deixarem jamais esquecer da real essência do ser humano.

AGRADECIMENTOS

Certa vez me disseram que a escrita de um livro era um ato solitário. O autor estava fadado ao absoluto exílio para lograr êxito em sua empreitada.

Pois bem, esta pessoa estava equivocada.

Obviamente, tive de renunciar (quase que totalmente) a vida social ao longo destes anos de pesquisa, mas jamais conseguiria chegar até aqui sem o apoio daqueles que estiveram ao meu redor.

Assim, mostra-se indispensável registrar meus sinceros agradecimentos a todos que, de algum modo, me auxiliaram nesta caminhada.

A minha mãe e irmãos, que souberam compreender meus momentos de isolamento e angústia acadêmica, me apoiando e me subsidiando nas necessidades, que não foram poucas.

A minha esposa, Natália, pela compreensão em meus momentos (quase absolutos) de ausência, pelo apoio nas horas complexas desta caminhada. Este trabalho também é mérito seu.

Ao meu amigo e orientador, Professor Dierle Nunes, pela paciência, amizade e auxílio. Jamais conseguiria chegar até aqui sem seus conselhos e orientações ao longo do período do mestrado.

Aos Professores, Ronaldo Brêtas, Rosemiro Leal, Leonardo Marinho e Flaviane Barros, por me fazerem renovar os ânimos e acreditar nos esforços diuturnos para consolidação do Estado Democrático de Direito.

Aos Professores Carlos Henrique Soares e André Leal, pelo incentivo e exemplo, desde os tempos de graduação.

Aos amigos feitos ao longo do mestrado, Francisco Dourado, Igor Soares, Lauro Mendonça, Gil Cesar, Vinícius Thibau, Fernando, Alan Duarte, Isabela, Jéssica, Gisele, Aurélio, Rafael Menezes, Lucas Drummond, Sílvio de Sá, Clenderson, Cristiano Duro e Rafael Alves, por enriquecerem essa caminhada e a tornarem mais fácil.

Aos amigos de Bonfim, meus irmãos de coração, pelas palavras de apoio e incentivo.

Ao sócio e amigo Flávio Pedron, eterno professor e incentivador, pela interlocução constante e motivadora em cada dia de trabalho. É um privilégio de poucos ter um verdadeiro mestre como parceiro de lida na advocacia e na docência.

Aos colegas da Newton Paiva, da Unipac Itabirito, da Puc Minas e da ESA/MG, por dividirem comigo esta paixão/loucura que é a arte de ensinar, em especial em tempos tão difíceis para aqueles que exercem o sacerdócio da docência.

E, por fim, aos meus alunos, que tornaram minhas noites de docência mais leves e apaixonantes, renovando minhas forças para seguir nesta jornada.

APRESENTAÇÃO DA SEGUNDA EDIÇÃO

Pediu-me Guilherme Henrique Lage Faria que apresentasse a segunda edição de seu livro Negócios Processuais no Modelo Constitucional de Processo, o que faço com muito gosto. Afinal, o livro é mais um belo fruto da Escola Mineira de Direito Processual (que tenho tomado a liberdade de chamar de Escola Minas-Rio de Direito Processual, em razão dos vínculos existentes entre os dois Estados, já que Lopes da Costa e Ronaldo Brêtas de Carvalho Dias são juristas mineiros que nasceram no Rio de Janeiro, e eu próprio sou um carioca que se doutorou na PUCMINAS, sendo inquebráveis os laços que unem nossos pensamentos).

O livro que ora tenho a honra de apresentar é a versão comercial da dissertação de mestrado de seu autor, orientada pelo meu querido amigo Dierle Nunes, um dos mais importantes processualistas brasileiros da atualidade. E versa sobre o complexo e apaixonante tema dos negócios processuais, buscando inseri-los no paradigma do Estado Democrático de Direito.

Pois começo por dizer que a análise dos negócios processuais à luz do paradigma do Estado Democrático de Direito é fundamental para a adequada compreensão do tema. É que este paradigma precisa ser sempre tratado como o ponto de partida de qualquer estudo que se faça acerca de qualquer fenômeno processual. Afinal, a Constituição da República começa por dizer, logo em seu art. 1º, que o Brasil se constitui como Estado Democrático de Direito. E se à Constituição cabe dizer como o Brasil se constitui, então tudo, rigorosamente tudo, tem de ser pensado a partir deste paradigma.

Daí a razão pela qual Guilherme Lage vai vincular a dogmática da negociação processual ao princípio da comparticipação (que o CPC brasileiro chamou de cooperação), conseguindo demonstrar que os negócios processuais encontram ambiente propício para desenvolver-se quando se está diante de um processo policêntrico, comparticipativo, em que todos os sujeitos são parceiros na construção do resultado final.

O autor vai além, e examina com absoluta proficiência a dogmática dos negócios processuais, distinguindo com propriedade os negócios típicos dos atípicos. Trata, também, dos requisitos do negócio processual, além de os examinar à luz do formalismo processual democrático, tema muito caro aos estudos que vêm sendo desenvolvidos na Faculdade Mineira de direito da PUCMINAS.

É muito importante destacar o estudo, feito pelo autor, do desenvolvimento do modelo comparticipativo de processo nas principais legislações europeias, especialmente Alemanha, Itália, Portugal e Inglaterra, além de demonstrar como a matéria vem sendo tratada em ordenamentos processuais extremamente modernos, como o suíço, o que permite ver a modernidade do Direito Brasileiro.

O livro de Guilherme Lage é, portanto, uma importantíssima contribuição ao estudo de tema tão importante e atual como é o dos negócios processuais, e se junta a outras obras de peso, como as de Antônio do Passo Cabral e Robson Renault Godinho, formando assim no rol dos livros que já se tornaram clássicos brasileiros sobre a matéria.

Alexandre Freitas Câmara

Doutor em Direito Processual (PUCMINAS). Professor de direito processual civil da Escola da Magistratura do Estado do Rio de Janeiro (EMERJ). Presidente do Instituto Carioca de Processo Civil (ICPC). Membro do Instituto Brasileiro de Direito Processual, do Instituto Ibero Americano de Direito Processual e da International Association of Procedural Law. Membro da comissão de juristas que assessorou a Câmara dos Deputados na análise do projeto do Código de Processo Civil. Desembargador (TJRJ).

PREFÁCIO

O chamado para prefaciar uma obra sempre representa uma grande responsabilidade e satisfação para o convidado.

No presente caso, a satisfação é ainda maior por se tratar de trabalho de um orientando exemplar, o Prof. Guilherme Lage, que promoveu junto ao Programa de Pós-graduação em Direito da PUC MINAS a presente obra sobre um dos temas mais inovadores do sistema dogmático dimensionado pelo Código de Processo Civil de 2015: a negociação processual.

Quando noticiei o tema em obra destinada ao estudo dos movimentos de reforma em 2008,[1] como uma inovação dos sistemas jurídicos francês e italiano, não imaginava que em poucos anos o instituto ganharia todas as potencialidades que a legislação de 2015 trouxe, nem mesmo os avanços que o mesmo geraria para a processualística brasileira, rompendo com o ranço estatalista-publicista-socializador seguido por boa parte de nossos estudiosos.

De assunto proscrito e pouco conhecido pelos cientistas do processo a negociação processual vem se tornando assunto recorrente em teses, dissertações, livros e artigos em todos os cantos de nosso país.

No entanto, a obra de Lage traz vários diferenciais que a tornam de leitura obrigatória aos interessados em conhecer um dos pilares do CPC-2015.

De início, não se trata de obra preocupada com a simples transposição da teoria dos negócios jurídicos privados para o campo processual, mas de trabalho de fôlego que enfrenta os dilemas do instituto numa concepção paradigmática, enfrentando as diferenças em se encarar o instituto dentro dos movimentos de liberalismo e socialização processual, e buscando sua adaptação em uma concepção típica do movimento de democratização processual.

Tal abordagem não impede o leitor de conhecer os aspectos basilares do instituto, eis que se promove a apresentação da origem do instituto, seu desenvolvimento no direito estrangeiro e sua recepção no direito pátrio, explica as espécies de negociação típica e atípica, seus requisitos, mas busca

1. NUNES, Dierle. *ProcessoJurisdicionaldemocrático*. Curitiba: Juruá, 2008. p. XX.

o rompimento com os entraves teórico-paradigmáticos do Movimento da Socialização Processual, no intento de ofertar ao intérprete uma releitura constitucionalmente adequada do papel dos sujeitos processuais na gestão do processo no paradigma procedimental do Estado Democrático de Direito.

Apresenta ainda uma análise acerca dos avanços no estudo do formalismo processual, demonstrando sua transição dentro dos paradigmas de maior sucesso na modernidade e alta modernidade, de modo a buscar os limites para as diversas formas de negociação processual.

Enfim, se trata de uma obra que merece ser lida e estudada em todas as suas potencialidades e que auxilia muitíssimo no atual momento de transição que o direito processual pátrio atravessa, por força do advento do Novo Código Processo Civil e pelos estudos de maior aprofundamento que a ciência processual vem promovendo em inúmeras escolas de grande qualidade espalhadas por nosso país.

Lage apresenta uma contribuição da Escola Mineira de Direito Processual promovida dentro de sua tradicional abordagem plural que não se limita a uma reles abordagem dogmática, mas que se preocupa com o pano de fundo dos movimentos reformistas dentro de uma leitura adequada do processo constitucional e do processualismo constitucional democrático.

Cancun, 22 de Julho de 2016.

Dierle Nunes

Doutor em direito processual (PUC-MG/Università de gli Studi di Roma "La Sapienza"). Mestre em direito processual (PUC-MG). Professor permanente do PPGD da PUC-MG. Professor adjunto na PUC-MG e na UFMG. Secretário Adjunto do Instituo Brasileiro de Direito Processual. Membro fundador do ABDPC. Membro da International Association of Procedural Law, Instituto Panamericano de Derecho Procesal e Associação Brasileira de Direito Processual (ABDPRO). Diretor executivo do Instituto de Direito Processual – IDPro. Diretor do departamento de direito processual do IAMG. Membro da Comissão de Juristas que assessorou no Novo Código de Processo Civil na Câmara dos Deputados. Advogado.

SUMÁRIO

Capítulo I

INTRODUÇÃO

Busca-se com o presente estudo a devida compreensão da técnica da flexibilização procedimental voluntária por intermédio da negociação processual, bem como sua leitura à luz do formalismo processual democrático, com o fito de apontar limites garantísticos para sua aplicação sob as bases do Devido Processo Constitucional no Estado Democrático de Direito.

Primeiramente, é importante ressaltar que, por estar respaldado nas premissas do processualismo constitucional democrático, visando ofertar ao intérprete uma releitura constitucionalmente adequada do papel dos sujeitos processuais na gestão do processo no paradigma procedimental do Estado Democrático de Direito, o presente estudo não adota diretrizes interpretativas provenientes do movimento da socialização processual, tampouco de matrizes privatísticas, uma vez que estas, consoante será analisado, não se coadunam com a ordem constitucional vigente, não podendo mais ser adotadas "*regulamentações discriminatórias típicas do direito liberal, nem paternalistas, típicas do estado social*"[1]

O amadurecimento dos estudos em teoria do processo deveria implicar uma aversão a sectarismos e maniqueísmos doutrinários, bem como deveria assimilar, com naturalidade, a efetiva participação das partes nos momentos relevantes do processo, mas não é o que se verifica no atual debate.[2] Assim, o enfrentamento do tema, sob a perspectiva comparticipativa do processo, se mostra indispensável.

---

1. NUNES, Dierle José Coelho. Processo Jurisdicional Democrático. Curitiba: Juruá, 2008. p.135. Para o autor: "*Uma das chaves mestras dessa releitura do sistema processual passa pela percepção da importância da participação, ou melhor, da comparticipação que permita o exercício pelo cidadão (economicamente débil ou não) de sua autonomia pública e privada no processo. Não é o caso de associar-se a novos sacerdotes, mas simplesmente de reconhecer a importância institucional de todos os sujeitos processuais no sistema de aplicação da tutela.*" (NUNES, Dierle José Coelho. Processo Jurisdicional Democrático. p. 198)
2. GODINHO, Robson Renault. Convenções sobre o ônus da prova – estudo sobre a divisão do trabalho entre as partes e os juízes no processo civil brasileiro. Tese de doutoramento. São Paulo: PUC, 2013.p. 1.

Para tanto, faz-se salutar a compreensão dos pilares da negociação processual, bem como o ideário (equivocado) de ausência de participação das partes na gestão do processo que fora difundido pela doutrina de matriz publicista.

O conceito de acordo ou contrato processual foi tratado de maneira aprofundada pela primeira vez por Josef Köhler [3], ainda no Séc. XIX, mais precisamente em 1887.

Köhler, em perspectiva privatista, sustentava que a vontade das partes poderia ser orientada negocialmente para produzir efeitos no processo, determinando a conformação de situações jurídicas processuais, sendo o "contrato" uma categoria da teoria do direito, e não somente do direito privado.[4] De acordo com Antônio do Passo Cabral:

> *"Partia-se, então de uma ampla convencionalidade processual: toda vez que o ordenamento ofertasse às partes uma opção de interferência no procedimento entre duas alternativas, elas poderiam fazê-lo por contrato, reduzindo as possibilidades a uma dessas alternativas."*[5]

Desde então o tema passou a ser enfrentado pela doutrina Alemã.

Antônio Cabral salienta que, ignorados tanto por privatistas quanto pelos processualistas, *"os acordos processuais hibernaram por séculos sem avanço sensível em seu estudo e disciplina"*. Como visto, só *"a partir do fim do séc. XIX que o tema ganharia cores contemporâneas"*.[6]

Contudo, os contratos e convenções processuais não tiveram destaque na jurisprudência alemã do Séc. XIX, muito em razão do Movimento de Socialização Processual e da teoria de Oskar Bülow.[7]

O processo, antes de adquirir autonomia científica era considerado um apêndice do direito privado. Foi com os estudos de Bülow sobre as exceções processuais e os pressupostos processuais que se fundou a escola publicista do processo, libertando o processo dos domínios do direito material.[8]

Bülow estruturou a autonomia do estudo do Direito Processual mediante o delineamento de uma relação jurídico-processual lastreada primordialmente na figura do juiz, uma vez que as partes apresentavam-se

---

3. KOHLER, Josef. Ueber processrechtliche Verträge und Creationen. Gesammelte Beiträge zum ZivilprozeB. Berlin: Scientia Verlag Aalen, 1894, Reed. 1969.
4. CABRAL, Antônio do Passo. Convenções Processuais: Entre Publicismo e Privatismo. Tese apresentada como requisito parcial para obtenção do grau de Livre-Docente. São Paulo: Faculdade de Direito do Largo São Francisco, 2015. p. 90.
5. CABRAL, Antônio do Passo. Convenções Processuais: Entre Publicismo e Privatismo. p. 90.
6. CABRAL, Antônio do Passo. Convenções Processuais. Salvador: Ed. JusPodivm, 2016. p. 34.
7. CABRAL, Antônio do Passo. Convenções Processuais: Entre Publicismo e Privatismo. p. 90.
8. CABRAL, Antônio do Passo. Convenções Processuais: Entre Publicismo e Privatismo. p. 92.

como meros colaboradores deste na formação dos provimentos decisórios, o qual era emanado de seu "senso inato de justiça", em verdadeiro culto ao protagonismo judicial.[9]

Com fulcro neste pensamento, Bülow sustentou que os acordos processuais seriam inadmissíveis porque, ante a publicidade da relação jurídica processual, seria vedado às partes convencionar sobre poderes de outrem (Estado-juiz). Para ele, "*seria impossível imaginar que houvesse um ato de vontade de um sujeito privado que mudasse regras processuais ou suspendesse a eficácia de normas cogentes*". Nestes termos, os acordos processuais, fora do que fosse expressamente definido em lei, representariam grave ofensa ao ordenamento jurídico.[10]

Nas palavras de Bülow, traduzido por Antônio Cabral:

> *"Todo direito está além dos esforços contrapostos da vontade individual. O ordenamento jurídico possui em todas as suas partes uma inviolável força vinculativa. O ordenamento jurídico nunca atribui à vontade individual o poder de tomar disposições jurídicas que se afastem do sistema. Mas, em muitas e importantes relações, a ordem jurídica habilita a vontade individual a escolher entre as várias possibilidades de determinação normativas previstas e confirmadas pelo ordenamento. (...). Os sujeitos do processo são vinculados juridicamente através das disposições do ordenamento processual. O juízo só pode proceder confirme os meios previstos no direito processual, e as partes são livres, tanto pouco quanto o juízo, para ignorar de alguma forma as prescrições legais do processo. O ordenamento processual não seria uma parcela do ordenamento jurídico se não estivesse equipado com um poder que se sobrepusesse toda vontade e todos os atos das partes em conflito, e também qualquer capricho das partes. Não há processo convencional."*[11]

Com efeito, eram tidos por inválidos e ineficazes os negócios processuais eventualmente celebrados pelas partes.

A popularidade da tese de Bülow e a grande adesão que a concepção publicista do processo ganhou na Alemanha e na Europa, em especial em decorrência dos estudos de Anton Menger e Franz Klein[12], forjaram uma premissa de proibição do "processo convencional". "*Privilegiava-se o caráter público decorrente da presença da autoridade estatal, e dele se extraía a ausência de espaço para os acordos processuais*".[13]

9. NUNES, Dierle José Coelho. Processo Jurisdicional Democrático. p. 100.
10. CABRAL, Antônio do Passo. Convenções Processuais: Entre Publicismo e Privatismo. p. 92-93.
11. CABRAL, Antônio do Passo. Convenções Processuais. p. 100.
12. NUNES, Dierle José Coelho. Processo Jurisdicional Democrático. Curitiba: Juruá, 2008.
13. CABRAL, Antônio do Passo. Convenções Processuais: Entre Publicismo e Privatismo. p. 94.

Desse modo, sempre que os efeitos de atos jurídicos dependessem de uma atuação das partes no processo, esses efeitos seriam produzidos por força da lei e não da vontade privada.

Na Itália, alguns autores aderiram ao pensamento de Bülow. Chiovenda admitia os acordos, mas opunha diversas restrições, dentre as quais se encontra a necessidade de expressa previsão legal. Ou seja, só seriam cabíveis convenções processuais previstas na lei (típicas). [14]

Antônio Cabral ressalta que, dentre os italianos, Salvatore Satta foi quem mais ecoou as premissas do publicismo, tendo sido "*um dos maiores opositores dos contratos processuais*", negando a convencionalidade como característica do processo. Afirmava o autor italiano, na mesma linha de Bülow, que "*a relação jurídica processual é pública, e esta qualidade impediria qualquer convenção porque no processo estariam em jogo interesses públicos, pertencentes a toda a sociedade*".[15]

Satta negava veementemente a possibilidade de o contrato ser um instituto próprio do direito público[16], fazendo com que a vontade das partes não pudesse determinar efeitos jurídicos no processo, criando ou modificando situações jurídicas processuais.

Para o autor italiano, a possibilidade de se reconhecer um poder de disposição das partes não seria equivalente a admitir a existência de um contrato. Satta afirmava que o fato de as partes poderem dispor sobre algumas de suas posições processuais não significaria que o meio utilizado para tanto fosse uma espécie de contrato ou acordo entre elas.[17]

Neste espeque, Antônio Cabral ressalta que:

> *"Segundo Satta, como a relação jurídica processual é pública, ainda que houvesse convenção ou contrato, os contratantes teriam sempre a possibilidade de não cumprir o acordo anterior quando esse fosse invocado em juízo, e o juiz também poderia ignorá-lo, com a consequência de o pacto tornar-se um mero motivo intrínseco ao processo e indiferente a ele."*[18]

Entretanto, é importante ressaltar que, em que pese ser um dos maiores críticos à convencionalidade do processo, com o passar do tempo, Satta ado-

---

14. CHIOVENDA, Giuseppe. Instituições de Direito Processual Civil. Tradução Paulo Capittanio. Campinas. Bookseller, 1998, v. 3, p. 25-26.
15. CABRAL, Antônio do Passo. Convenções Processuais: Entre Publicismo e Privatismo. p. 96.
16. SATTA, Salvatore. *Contributo alla dottrina dell'arbitrato*. Milano: Vita e Pensiero, 1931. p. 44.
17. SATTA, Salvatore. *Contributo alla dottrina dell'arbitrato*. p.50.
18. CABRAL, Antônio do Passo. Convenções Processuais: Entre Publicismo e Privatismo. p. 97.

tou posição similar à de Chiovenda, admitindo que os negócios processuais poderiam ser celebrados nos casos previstos expressamente em lei.[19]

Enrico Tulio Liebman, um dos autores italianos de maior influência no Brasil, era manifestamente contrário aos negócios processuais, ainda que, em algumas passagens, tenha admitido a existência de acordos com eficácia no processo.[20]

Por conseguinte, forjou-se, assim, a tradição de que somos herdeiros[21] e em cujas premissas fomos "ensinados": "*processo é direito público, infenso aos espaços de liberdade autorizadores da disposição em razão da vontade privada*".[22]

---

19. SATTA, Salvatore. *Accordo (diritto processuale civile)*. Enciclopedia del Diritto. Milano: Giuffré, vol.I, 1958. p. 300-301.
20. Nas palavras do autor, falando sobre o papel da vontade no processo: *"Não se requer absolutamente que seja voltada à obtenção de determinado efeito, não podendo ela tampouco determiná-lo e moldá-lo conforme melhor lhe agrade, porque o efeito já está fixado e preestabelecido em lei. Nisso, os atos processuais distinguem-se de outras categorias de atos jurídicos e especificamente dos negócios jurídicos."* (LIEBMAN, Enrico Tullio. Manual de Direito Processual Civil, I. Tradução e notas Candido Rangel Dinamarco. 3 ed. São Paulo: Malheiros, 2005. p. 227).
21. A título de exemplo, pode-se mencionar a exposição de motivos do Decreto-Lei nº. 1.608, de 18 de Setembro de 1939, o CPC/1939. *"O primeiro traço de relevo na reforma do processo haveria, pois, de ser a função que se atribui ao juiz. A direção do processo deve caber ao juiz; e este não compete apenas o papel de zelar pela observância formal das regras processuais por parte dos litigantes, mas o de intervir no processo de maneira, que este atinja, pelos meios adequados, o objetivo de investigação dos fatos e descoberta da verdade. Daí a largueza com que lhe são conferidos poderes, que o processo antigo, cingido pelo rigor de princípios privatísticos, hesitava em lhe reconhecer. Quer na direção do processo, quer na formação do material submetido a julgamento, a regra que prevalece, embora temperada e compensada como manda a prudência, é a de que o juiz ordenará quanto for necessário ao conhecimento da verdade. Prevaleceu-se o Código, nesse ponto, dos benefícios que trouxe ao moderno direito processual a chamada concepção publicística do processo. Foi o mérito dessa doutrina, a propósito da qual deve ser lembrado o nome de Giuseppe Chiovenda, o ter destacado com nitidez a finalidade do processo, que é a atuação da vontade da lei num caso determinado. Tal concepção nos dá, a um tempo, não só o caráter público do direito processual, como a verdadeira perspectiva sob que devemos considerar a cena judiciária em que avulta a figura do julgador. O juiz é o Estado administrando a justiça; não é um registo passivo e mecânico de fatos, em relação aos quais não o anima nenhum interesse de natureza vital. Não lhe pode ser indiferente o interesse da justiça. Este é o interesse da comunidade, do povo, do Estado, e é no juiz que um tal interesse se representa e personifica."*
22. CABRAL, Antônio do Passo. Convenções Processuais: Entre Publicismo e Privatismo. p. 98. Daniel Mitidiero salienta que *"o processo civil nasce no final do século XIX, na Alemanha, profundamente influenciado pela pandectística. Isto irremediavelmente marca o direito processual civil com uma característica cientificista, que acaba por determinar sua neutralidade em relação à cultura. O programa alemão para ciência do processo é encampado pela doutrina italiana da primeira metade do século XX, daí aportando para o direito brasileiro."* (MITIDIERO, Daniel. O processualismo e a formação do Código Buzaid. *Revista de Processo*, nº 183 São Paulo: RT, maio de 2010, p. 190).

Como pode se observar, o tema dos negócios processuais coloca-se no centro do debate entre o publicismo e o privatismo, refletindo a tensão entre o processo e a vontade privada dos indivíduos envolvidos.[23]

Destarte, não nos parece exagerado afirmar que os debates sobre a divisão de trabalho[24] entre o juiz e as partes é um tema que reivindica o estudo da mudança de concepção do direito processual[25], haja vista que tal fato encontra-se umbilicalmente vinculado à concepção paradigmática do direito, alterando-se de maneira vertiginosa nos paradigmas liberal e social.

Aos poucos o publicismo foi se espalhando por todos os institutos processuais, dele sendo extraídas conclusões e consequências normativas que reforçavam as premissas em que baseado, dentre as quais o Antônio Cabral elenca:

> *"(a) o Estado almejaria implantar, pelo processo, escopos públicos, que se sobrepõem aos interesses privados das partes e que levariam à aplicação imperativa da regra legislada, considerada a lei a única fonte da norma processual;*
>
> *(b) a concepção de que as normas processuais seriam todas de ordem pública, e portanto cogentes, estabelecidas no interesse público e inderrogáveis pela vontade das partes; a vontade dos litigantes não poderia interferir decisivamente no trâmite do procedimento de maneira diversa daquela prevista na norma legal.*
>
> *(c) rejeição do processo como "coisa das partes" e a inflação dos poderes oficiosos do juiz, inclusive e sobretudo na condução do procedimento; o Estado-juiz passou a ser o personagem central da relação jurídica processual"*[26]

Assim, opondo-se ao processo como "coisa das partes", que remetia ao privatismo romano, o Movimento da Socialização Processual ensejou um aumento dos poderes do juiz[27], tendo sido largamente difundida a ideia de

23. GRECO, Leonardo. Publicismo e privatismo no processo civil. Revista de Processo. ano 33, nº 164, out., 2008. p. 31.
24. BARBOSA MOREIRA. O problema da "divisão do trabalho" entre juiz e partes: aspectos terminológicos. Temas de Direito Processual (Quarta Série). São Paulo: Saraiva, 1989.
25. OLIVEIRA, Carlos Alberto Alvaro. Poderes do juiz e visão cooperativa do processo, disponível em *www.abdpc.org.br*, consultado em 17 de agosto de 2014.
26. CABRAL, Antônio do Passo. Convenções Processuais: Entre Publicismo e Privatismo. p. 100.
27. Antônio do Passo Cabral relembra que: *"o publicismo processual voltar-se-ia contra este formato privatista do processo romano, propondo o abandono do processo como "coisa das partes", a necessidade de conceber a relação processual como um ramo do direito público (dada a presença do Estado), e um crescente incremento dos poderes do juiz. Para tanto, uma das bandeiras envergadas pelos defensores do publicismo sempre foi negar a natureza contratual do processo, citando a litiscontestatio como um exemplo de uma tradição que se queria esquecer."* No que tange à litiscontestatio, lembra o autor que esta, em que pese assumir contornos diversos a depender

que a direção formal do processo caberia exclusivamente ao magistrado, e nem mesmo parcialmente as partes poderiam tolher do julgador este poder.[28]

Neste espeque, Robson Godinho frisa que, se a publicização do processo ensejou conquistas, o rechaço à ideia de efetiva participação das partes e da formulação de negócios jurídicos processuais, como se integrassem uma espécie de trauma epistemológico, não encontra mais lugar nesta quadra histórica.[29]

Para o autor, "*trata-se, indubitavelmente, de uma discussão clássica que exige e suporta cores absolutamente novas, afastando-se definitivamente o receio de que a publicização do processo não possa conviver com a autonomia privada*"[30].

Antônio Cabral afirma que a publicização processual teve sua importância histórica, em especial ao ressaltar as relações entre processo e direito material, posicionando a jurisdição no quadro do exercício do poder do Estado. O autor ressalta que o referido pensamento foi "*relevante para o fortalecimento institucional do judiciário no contexto de redemocratização do Brasil pós-ditadura militar*". Contudo, "*passados mais de trinta anos, o amadurecimento político e a consolidação de instituições fortes permitem-nos avançar em relação a essas premissas*". *E, no que se refere ao publicismo, "o avanço significa regressar no sentido de valorizar a participação processual das partes"*.[31]

Com a promulgação da Constituição Brasileira de 1988, sobretudo em razão do disposto nos artigos 1º, *caput*, 5º, incisos II, XXXV, LIII, LIV, LV e 93, inciso IX, fora adotado um novo paradigma no Brasil, o Estado Democrático de Direito, estabelecendo-se bases estruturantes (direitos e garantias fundamentais) para uma constitucionalização do processo[32].

---

das fases de evolução do processo romano, teve, em um primeiro momento, uma natureza de "acordo pelo qual se comprometiam as partes a aceitar a decisão futura". (CABRAL, Antônio do Passo. Convenções Processuais. p. 31-33). É oportuno ressaltar que este tema voltará a ser abordado mais adiante, quando da oportunidade de análise da historicidade dos negócios processuais.

28. GUIMARÃES, Luiz Machado. Processo autoritário e regime liberal. In Estudos de Direito Processual Civil. Rio de Janeiro: Jurídica e Universitária, 1969, p. 128.
29. GODINHO, Robson Renault. Convenções sobre o ônus da prova – estudo sobre a divisão do trabalho entre as partes e os juízes no processo civil brasileiro. p. 3-4.
30. GODINHO, Robson Renault. Convenções sobre o ônus da prova – estudo sobre a divisão do trabalho entre as partes e os juízes no processo civil brasileiro. p. 1.
31. CABRAL, Antônio do Passo. Convenções Processuais. p. 108.
32. André Del Negri esclarece que: "*No Brasil, com a Constituição de outubro de 1988, um novo marco teórico foi instituído e a partir daí o denominado Estado de Direito Democrático (art. 1º, CB/88), apresentou um projeto de democracia estruturado por princípios de direitos fundamentais, com aplicação imediata (art. 5º, 1º, da CB/88), e uma operacionalidade posta à disposição do cidadão*

A referida alteração paradigmática permitiu o aprofundamento de estudos em teoria do processo que buscam ofertar uma releitura constitucionalizada das matrizes teóricas que influenciaram (e ainda influenciam) a doutrina, a jurisprudência, bem como o próprio legislador.

A valorização dos princípios, sua incorporação, explícita ou implícita, pelos textos constitucionais e o reconhecimento pela ordem jurídica de sua normatividade fazem parte desse ambiente.

Para Marcelo Andrade Cattoni de Oliveira, a Constituição de 1988 resgataria o espírito das Constituições de 1891, de 34 e 46, no seu compromisso com a noção cara ao constitucionalismo de governo limitado, democraticamente eleito e comprometido com os direitos fundamentais.[33]

Por conseguinte, evidencia-se que o Estado Democrático de Direito se assenta em dois pilares: a *democracia* e os *direitos fundamentais*.[34] Não há democracia sem o respeito e a realização dos direitos fundamentais, e não há direitos fundamentais sem democracia.

O Poder Democrático, nos termos da Constituição de 1988, é exercido por representantes do povo, o que, por óbvio, não implica sua exclusão, haja vista que, com a outorga do poder ao povo pela Carta Magna, tem-se por indispensável a participação deste nos atos decisórios. Nas palavras de Cattoni de Oliveira:

> *"Há uma diferença técnico-conceitual entre representação e substituição que aqui é pertinente (...) Representar é agir em nome alheio na defesa de direitos ou interesses alheios; substituição é agir em nome próprio na defesa de direitos ou interesses alheios. A questão é que a representação não implica necessariamente, como no caso da substituição, exclusão do representado do processo. O problema, portanto, de se confundir representante e substituto é o de se entender erroneamente que a representação, ao contrário de mediar, viabilizar institucionalmente a participação do representado no processo*

(eixo desse projeto), entendido como construtor e reconstrutor do seu próprio ordenamento jurídico, por intermédios de procedimentos de participação popular e ações processuais constitucional". (DEL NEGRI. André. Teoria da Constituição e do Direito Constitucional. Belo Horizonte: Forum, 2009, p.101). Como afirma Marcelo Campos Galuppo, baseando-se na obra de Lênio Streck: *"A Constituição de 1988 é o marco mais importante em nossa história recente (STRECK, 2007, p. 310-311) de um projeto que transcende ao próprio momento de promulgação do texto da Constituição e que lhe dá sentido normativo, de um projeto que é muito anterior, que vem se desenvolvendo, ainda que sujeito a tropeços, a atropelos, há muito tempo."* (GALUPPO, Marcelo Campos (Coord). Constituição e democracia: fundamentos. Belo Horizonte: Del Rey, 2004., p.246).

33. CATTONI DE OLIVEIRA, Marcelo Andrade. A legitimidade democrática da Constituição da República Federativa do Brasil: uma reflexão sobre o projeto constituinte do Estado Democrático de Direito no marco da teoria do discurso de Jürgen Habermas. In: GALUPPO, Marcelo Campos (Coord.). Constituição e democracia: fundamentos. Belo Horizonte, Fórum, 2009, p.242-243.
34. STRECK, Lenio Luiz. Jurisdição Constitucional e Decisão Jurídica. 3ª. ed. São Paulo. RT. 2013. p. 123

deliberativo, exclui essa participação, com conseqüências obviamente desastrosas do ponto de vista democrático."[35]

Nesse contexto Godinho ressalta que "*a participação das partes no processo vem sendo objeto de novas abordagens, sobretudo com publicações acerca da cooperação ou colaboração no processo e uma nova visão acerca do princípio do contraditório*". Como decorrência dessas discussões, tem-se a "*necessidade de se estudar o âmbito normativo da autonomia privada no processo e, correlatamente, os limites e possibilidades da atuação do juiz*".[36]

Atento a tais premissas constitucionais, o Código de Processo Civil de 2015, com fulcro no reforço da participação (democrática) do jurisdicionado no processo, abre-se à possibilidade da realização de adequações procedimentais pelas partes, ora sozinhas, ora em conjunto com o juiz, buscando a construção de procedimentos aptos a ensejar um processo constitucionalizado efetivo (e adequado) para a resolução do conflito. Do mesmo modo, no intento de oportunizar uma melhor adequação do procedimento ao caso concreto, o CPC/2015 autoriza às partes disporem sobre seus ônus, poderes, faculdades e deveres processuais.

Contudo, em que pese a participação do jurisdicionado na atividade processual ser um dos pilares do Estado Democrático de Direito, implementado no Brasil desde 1988, Godinho, ressaltando a dificuldade doutrinária de aceitação do reforço do papel das partes no *iter* processual, em razão dos entraves teóricos herdados do Movimento da Socialização Processual, aduz que:

> "*Chega a ser intrigante a dificuldade com que a doutrina trabalha a noção de participação das partes no processo, como se houvesse uma ruptura ontológica com a concepção 'liberal' e qualquer tentativa de recrudescer o protagonismo das partes macularia todo o monumento técnico construído no século XX. Essa crença na absoluta publicização do processo resultou em uma espécie de trauma cultural. [...] A autonomia privada – não é exagero afirmar – vem recebendo no processo civil estatal uma intolerância automática, uma resistência irrefletida ou uma diferença constante, como se, ao iniciar o processo, as partes renunciassem à liberdade jurídica. [...] a crença na onisciência e na onipotência do julgador, além de discutível ideológica e metodologicamente, pode levar à exclusão do diálogo no processo, alijando as partes da necessária participação para que seja construída a*

---

35. CATTONI DE OLIVEIRA, Marcelo Andrade. A súmula Vinculante n. 4 do STF e o "Desvio" Hermenêutico do TST: notas programáticas sobre a chamada "nova configuração" da jurisdição constitucional brasileira nos vinte anos da Constituição da República. In: MACHADO, Felipe Daniel Amorim; CATTONI DE OLIVEIRA, Marcelo Andrade (Coords). Constituição e Processo: a contribuição do processo ao constitucionalismo brasileiro. Belo Horizonte. Del Rey, 2009, p. 49
36. GODINHO, Robson Renault. Convenções sobre o ônus da prova – estudo sobre a divisão do trabalho entre as partes e os juízes no processo civil brasileiro. p. 2.

> *decisão final. Isso demonstra que um discurso de efetividade do processo pode simplificar, na verdade, uma ditadura mal disfarçada, inaugurando uma nova 'fase' da ciência processual, em que o processo deixa de ser considerado* ***coisa das partes*** *e praticamente passa a ser uma* ***coisa sem partes.***"[37] ***(grifo nosso)***

Para Fredie Didier:

> *"É curioso, e um tanto contraditório, como processualistas estufam o peito para falar em democratização do processo, defendendo técnicas de facilitação do acesso à justiça, p. ex., e, simultaneamente, ignoram o papel da liberdade, pilar da democracia, no processo. Discurso que afasta a liberdade do ambiente processual tem ranço autoritário. Processo e liberdade convivem. Liberdade não é nem pode ser palavra maldita na Ciência do Direito Processual e no Próprio Direito Processual Civil."* [38]

Não obstante, Godinho salienta ainda que:

> *"As conquistas que advieram com a publicização do processo tornam a cena madura para a convivência natural com uma efetiva participação dos litigantes, que, embora desiguais, não devem ser tratados como inimputáveis e muito menos o juiz deve agir como se estivesse municiado com uma espécie de 'poder geral de curatela'."*[39]

Conforme salientado pelos autores acima transcritos, o profissional do direito brasileiro, em virtude das fortes influências publicistas do movimento da socialização processual, ainda mostra-se relutante a qualquer possibilidade de reforço da participação das partes no *iter* processual, em especial quando esta puder resultar em quebra do protagonismo judicial.

Assume, desse modo, peculiar importância essa "*espécie de trauma que o modelo processual do século XIX causou na doutrina processual*", haja vista que, "*mesmo se admitindo que o modelo compatível com a atual quadra histórica vincula-se a garantias constitucionais, reserva-se exclusivamente à jurisdição estatal a função de tutora*".[40]

---

37. GODINHO, Robson Renault. Convenções sobre o ônus da prova – estudo sobre a divisão do trabalho entre as partes e os juízes no processo civil brasileiro. p. 30, 66 e 205.
38. DIDIER JR., Fredie. Princípio do respeito ao autorregramento da vontade no Processo Civil. in: CABRAL, Antônio do Passo; NOGUEIRA, Pedro Henrique (Coords). Negócios processuais. Salvador: JusPodivm, 2015. p. 21.
39. GODINHO, Robson Renault. Convenções sobre o ônus da prova – estudo sobre a divisão do trabalho entre as partes e os juízes no processo civil brasileiro. p. 205.
40. GODINHO, Robson Renault. Convenções sobre o ônus da prova – estudo sobre a divisão do trabalho entre as partes e os juízes no processo civil brasileiro. p. 29.

Antônio Cabral, atento à rejeição que a temática enfrenta no Brasil, afirma que:

> *"Ao ler ou ouvir falar de "convenções", a primeira reação de grande parcela dos processualistas é negar peremptoriamente sua aplicabilidade ao processo. É exatamente o eco que se observa em parte da doutrina até hoje: às vezes são redigidos verdadeiros manifestos contra a convencionalidade processual, plenos de ideologia e sectarismo metodológico; em outras oportunidades simplesmente se silencia sobre o tema. De qualquer maneira, produziu-se um trauma epistemológico de difícil superação".*[41]

Por conseguinte, visando superar este trauma epistemológico, o problema a ser enfrentado no presente estudo diz respeito à compatibilidade da técnica da Negociação Processual com o modelo processual previsto na Constituição Federal de 1988, buscando-se demonstrar, com fulcro em uma ótica *policêntrica* e *comparticipativa* do processo[42], que a flexibilização procedimental por intermédio da negociação processual, prevista no CPC/2015, atenta-se aos preceitos de eficiência e democracia, bem como às garantias processuais inerentes ao Modelo Constitucional de Processo, resgatando a importância do papel das partes na atividade processual, em especial, na adaptação do procedimento para a resolução efetiva do conflito. Não obstante, buscar-se-á apontar limites garantísticos para sua aplicação e legitimação sob as bases do Devido Processo Constitucional no Estado Democrático de Direito.

É importante ressaltar, desde já, que não se propõe no presente estudo um resgate de uma perspectiva *neoprivatista*[43] do processo através da omissão judicial, mas, sim, respaldado nas premissas do modelo constitucional de processo, buscar-se-á uma investigação crítica do instituto da negociação processual no intento de evidenciar a importância do reforço da participação das partes na gestão do processo (gestão comparticipativa), sem, contudo, jamais perder de vista seus limites frente às diretrizes constitucionais do devido processo legal.[44]

---

41. CABRAL, Antônio do Passo. Convenções Processuais. p. 34.
42. NUNES, Dierle José Coelho. Processo jurisdicional democrático. Curitiba: Juruá, 2008.
43. Barbosa Moreira utilizou a expressão "neoprivatismo" para designar o conjunto de concepções doutrinárias contrárias à exacerbação do elemento publicístico do processo, através do fortalecimento dos poderes do juiz, em especial no que diz respeito às matérias inerentes à prova. (BARBOSA MOREIRA, José Carlos. O Neoprivatismo no Processo Civil. In: Temas de Direito Processual, nona série. São Paulo: Saraiva, 2007, p. 87 e segs)
44. Para Godinho, o estudo sobre os negócios jurídicos processuais mostra-se fundamental na medida em que se devem mensurar precisamente "*os limites e as possibilidades da atuação das partes, não mais, repita-se, com uma visão privatística, e muito menos com um viés estatizante*", a qual "*rechaça a participação dos destinatários do resultado do processo, como se fossem figuras incapazes e, até,*

Tem-se claramente que a técnica da flexibilização procedimental quebra alguns dogmas processuais, como o que os direitos processuais são sempre (e em sua totalidade) indisponíveis.

No que se refere aos dogmas da socialização processual, em especial da "ordem pública" do processo civil, Loïc Cadiet salienta que *"nem tudo é de ordem pública no processo civil, longe disso"*, haja vista que *"com o declínio do legicentrismo e a saída de cena do Estado-gendarme, sob a influência de processos contemporâneos de autonomia individual e democratização do espaço público, o ordenamento jurídico imposto cede cada vez mais um lugar de destaque para uma ordem jurídica negociada"*. O autor frisa que, em que pese o art. 6º do Código Civil francês estabelecer que *"não se pode derrogar, por convenções particulares, as leis que interessam à ordem pública"*, é de se ressaltar que, considerando que as regras processuais não traduzem em sua totalidade a ordem pública, *"a dúvida deve beneficiar a liberdade das partes, o que é uma outra maneira de dizer que tudo que não é proibido é permitido (in dubio pro libertate[45])"*.[46]

Ressalta-se, no entanto, que a flexibilização procedimental proveniente da negociação processual, conforme se verificará de maneira detalhada no presente trabalho, respaldada nas premissas do processualismo constitucional democrático[47], é fruto da comparticipação, ou seja, deve resultar do diálogo profícuo, não podendo (jamais) ser instituída de maneira coercitiva (e solitária) pelo julgador.

Ademais, em que pese sua possibilidade de implementação (conforme será analisado), desde já é forçoso admitir que essa possibilidade de flexibilização procedimental encontra limites na ordem constitucional, bem como no próprio CPC/2015, de modo que nem todo e qualquer exercício de autonomia privada das partes em matéria processual poderá ser admitido como possível. Vale lembrar que até mesmo no campo do direito privado a autonomia

---

inconvenientes". (GODINHO, Robson Renault. Convenções sobre o ônus da prova – estudo sobre a divisão do trabalho entre as partes e os juízes no processo civil brasileiro. p.2-3).

45. A máxima do *in dubio pro libertate* é extraída da obra de Peter Schlosser, segundo o qual a preferência normativa do ordenamento está em favor da liberdade de conformação do processo à vontade das partes. Para Schlosser, para inverter esta lógica, o magistrado teria que apresentar uma fundamentação consistente e específica, à luz das circunstancias concretas, de modo a evidenciar que naquela situação a liberdade e autonomia dos sujeitos do processo para convencionar era incompatível com o caso. (SCHLOSSER, Peter. Einverständliches Parteihandeln im deutschen Zivilprozess. In: CABRAL, Antônio do Passo; NOGUEIRA, Pedro Henrique Pedrosa (Coord.). Negócios Processuais. Salvador: JusPodivm, 2015. p. 105)
46. CADIET, Loïc. Prefácio. In: CABRAL, Antônio do Passo. Convenções Processuais.
47. NUNES, Dierle José Coelho. Processo jurisdicional democrático. Curitiba: Juruá, 2008.

privada encontra limites, não podendo ser diferente na esfera processual, sistema de direito público, que desenvolve o balizamento principiológico-normativo para legitimação democrática da atividade jurisdicional.

Noutro giro, urge imperioso salientar que a utilização da referida técnica ainda sofrerá enorme rejeição pelos operadores do direito em razão das fortes influências do modelo do *Civil Law*, no qual a forma preestabelecida do ato (e do procedimento) ainda é sinônimo de ordem, segurança e previsibilidade, capaz de evitar arbítrios e preferências dos agentes públicos frente aos particulares e assegurar a isonomia de tratamento entre os sujeitos processuais.[48]

Para Antônio Cabral:

> *"Além de proporcionar ordem, previsibilidade e eficiência, a forma é um freio legislativo aos impulsos humanos. Através do regramento legal, a vontade coletiva se impõe aos ímpetos dos litigantes e do juiz, num potente mecanismo de contenção de arbitrariedades. Especialmente num Estado de Direito, que é aquele em que impera o rule of Law, não pode o poder estatal, exercido por meio de agentes públicos, permitir que as preferências e vontades pessoais prevaleçam sobre as prescrições normativas. Formalidades legais talvez sejam o modo mais seguro de evitar-se o arbítrio dos julgadores."*[49]

Tal concepção, *a priori* (tendo em vista a necessidade de investigação do verdadeiro papel do formalismo no Processo, a qual se realizará nos capítulos 4, 5 e 6 do presente estudo) "*faz com que haja dificuldade em desapegar do modelo tradicional de processo*", que confere pouca margem de disposição aos sujeitos processuais sobre a forma e o procedimento.[50]

Destarte, mostra-se elementar investigar qual a função normativa do formalismo no modelo constitucional de processo, analisando suas bases e seu conteúdo, a fim de apontar quais os limites da normatividade da nego-

48. CABRAL, Trícia Navarro Xavier. Reflexos das convenções em matéria processual nos atos judiciais. In: CABRAL, Antônio do Passo; NOGUEIRA, Pedro Henrique (Coords). Negócios processuais. Salvador: JusPodivm, 2015. p. 218.
49. CABRAL. Antônio do Passo. Nulidades no processo moderno: contraditório, proteção da confiança e validade prima facie dos atos processuais. Rio de Janeiro: Forense, 2009. p. 9.
50. CABRAL, Trícia Navarro Xavier. Reflexos das convenções em matéria processual nos atos judiciais. p. 218.

ciação processual[51], ou seja, sobre quais atos processuais poderiam as partes dispor livremente, adequando o procedimento a seus interesses privados.[52]

A compreensão das convenções processuais diz respeito à dogmática da teoria geral do direito processual porque tangencia o tema das fontes da norma processual. Do mesmo modo, remete a debates seculares a respeito da divisão do trabalho entre os sujeitos do processo.[53]

Para que tenhamos a devida compreensão da aplicação e dos limites deste instituto, faz-se indispensável uma análise detalhada de suas bases, seu conteúdo e, principalmente, sua confrontação com os princípios e garantias fundamentais inerentes ao modelo constitucional de processo.

Atento a tal direcionamento, dividiu-se o trabalho em duas partes, sendo que a primeira será destinada à análise dos Negócios Processuais, sua conceituação, receptividade pelo sistema processual brasileiro, espécies, hipóteses de ocorrência, requisitos e limites à luz do modelo constitucional de processo.

---

51. Barbosa Moreira, em suas obras, apresentava preferência pela expressão "*Convenção Processual*", por ser, segundo o autor, mais técnico e aderir à linguagem do CPC. (BARBOSA MOREIRA, José Carlos. Convenções das partes sobre matéria processual. In: Temas de direito processual – terceira série. São Paulo: Saraiva, 1984. p. 89). Trícia Cabral também manifesta clara preferência pela denominação utilizada por Barbosa Moreira, com fulcro nos seguintes fundamentos: "*Primeiro porque "convenções" é a terminologia utilizada pelo Código de Processo Civil atual e também pelo projetado. Segundo, para diferenciar o instituto dos "negócios jurídicos" do Código Civil, já que este também usa a expressão quando há uma só manifestação de vontade. Terceiro porque o termo "contrato" traduz apenas a ideia de forma de materialização do ajuste, sendo que eventual divergência sobre a sua extensão conceitual poderia comprometer o sentido aqui empregado. E quarto porque "acordo" nem sempre indica somente o objeto ou conteúdo das convenções, podendo ainda se referir a um fim específico de fazer cessar uma pendência ou demanda, o que não corresponde exatamente ao que se pretende traduzir.*" (CABRAL, Trícia Navarro Xavier. Reflexos das convenções em matéria processual nos atos judiciais. p. 225-226). Não obstante, Diogo Almeida defende que: "*As convenções processuais são manifestações de vontade plurissubjetivas concorrentes dos contratantes dispondo sobre direitos processuais ou sobre procedimento. São "atos dispositivos contratuais". Quando celebrado extrajudicialmente, possui natureza contratual, aplicando-se a teoria geral dos contratos, mas também as especificidades processuais.*" (ALMEIDA, Diogo Assumpção Rezende de. Das Convenções Processuais no Processo Civil. Tese de Doutorado em Direito. Rio de Janeiro: Faculdade de Direito da Universidade do Estado do Rio de Janeiro, 2014. p. 106-107). Desse modo, considerando a proximidade das convenções processuais com os negócios jurídicos, dado a relevância e o autorregramento da vontade em ambos (com maior ou menor limitação), no presente estudo utiliza-se as expressões "*Negócios Processuais*" e "*Convenções Processuais*" como sinônimos.
52. Revelando preocupações semelhantes: GRECO, Leonardo. Os atos de disposição processual: primeiras reflexões. In: MEDINA, José Miguel Garcia; CRUZ, Luana Pedrosa de Figueiredo; CERQUEIRA, Luís Otávio Sequeira de; JUNIOR, Luiz Manoel Gomes (coord.). Os poderes do juiz e o controle das decisões judiciais: estudos em homenagem à professora Teresa Arruda Alvim Wambier. São Paulo: Revista dos Tribunais, 2008, p. 290-304.
53. CABRAL, Antônio do Passo. Convenções Processuais: Entre Publicismo e Privatismo. p. 20.

Com efeito, no capítulo 2 adentra-se ao estudo dos Negócios Processuais, analisando sua historicidade, conceito, sua interpretação no direito estrangeiro e no direito pátrio, enfrentando (e refutando) de maneira detalhada os motivos que ensejaram a rejeição do instituto no direito brasileiro, buscando-se um rompimento (definitivo) com as amarras teóricas da socialização processual, através do estudo do modelo cooperativo (democrático) de processo.

Fixadas as bases do marco teórico adotado, passa-se à análise da classificação e espécies de negócios processuais.

Do mesmo modo, analisar-se-á a cláusula geral de negociação processual, investigando suas bases normativas no sistema processual à luz do devido processo constitucional.

O capítulo 3 é destinado ao estudo dos requisitos dos negócios processuais, oportunidade na qual será desenvolvida uma análise do enquadramento da referida técnica às diretrizes do Processo Constitucional, investigando os limites da normatividade da vontade no processo, tendo por base o Paradigma Procedimental do Estado Democrático de Direito.

Em suma, faz-se uma análise a respeito da viabilidade, do conteúdo e do alcance dos negócios processuais no direito brasileiro à luz do Modelo Constitucional de Processo no Paradigma Procedimental do Estado Democrático de Direito.

Ultrapassada esta análise, para que consigamos uma interpretação mais adequada da extensão dos efeitos (e dos limites) do negócio processual, em especial no que concerne aos acordos de procedimento, passa-se, na segunda parte do trabalho, à investigação pormenorizada do papel da forma e do formalismo no direito processual civil, investigando seu conteúdo de acordo com os paradigmas do Modelo Liberal, Social e Procedimental.

Assim, o capítulo 4 destina-se ao estudo da concepção de formalismo, analisando as bases do Liberalismo Processual, bem como do formalismo no Modelo Liberal de Processo, verificando sua influência no Brasil, bem como seu declínio.

O capítulo 5 aborda o Formalismo Moderno, perpassando pela socialização processual, os estudos de Franz Klein, sua influência nos ordenamentos europeus, a Reforma Alemã, bem como analisa a Teoria do Processo como Relação Jurídica e o Paradoxo de Bülow, demonstrando o declínio da concepção estatalista de (total ausência de) formalismo processual através da investigação do Modelo de Stuttgart, da Reforma Italiana, da Reforma Portuguesa e da Reforma Inglesa, verificando a ressonância destas no sistema processual brasileiro.

Neste ponto, estudar-se-á a Crise do Estado Social e a estruturação de um novo paradigma, o Estado Democrático de Direito, ensejando as temáticas do capítulo 6, onde será enfrentado o Formalismo Processual Democrático, para que ao final, consigamos ofertar ao interlocutor a correta compreensão do papel do formalismo processual no modelo constitucional de processo.

Desse modo, almejamos alcançar a correta compreensão dos limites dos Negócios Processuais, demonstrando que somente poderia aceitar-se uma flexibilização procedimental se observada rigorosamente a concepção democrática do formalismo processual, resguardando plena eficácia aos direitos fundamentais do jurisdicionado, bem como observando todas as garantias processuais-constitucionais, sem as quais não há de se falar em legitimidade do exercício da jurisdição, e, por conseguinte, em validade da negociação processual.

Capítulo II

NEGÓCIOS PROCESSUAIS

2.1 HISTORICIDADE E CONCEITO

A discussão a respeito da origem da negociação processual remonta a um passado remoto[1], contudo, atento aos objetivos do presente estudo, iniciaremos a análise a partir do processualismo científico.

---

1. Para Antônio Cabral, já nos primórdios do direito processual, ainda no direito romano, verificamos o que poderia ser descrito como o protótipo da negociação processual: a *litiscontestatio*. A feição mais conhecida da *litiscontestatio* desenvolveu-se nos períodos em que se observa a divisão do procedimento em duas fases. A primeira fase (*in iure*) tinha por escopo fixar as pretensões das partes. *"As partes compareciam em juízo e firmavam um acordo pelo qual se comprometiam a aceitar uma decisão futura"*. Na segunda fase (*apud iudicem*), a qual iniciava após a *litiscontestatio*, era aquela em que se julgava o litígio definido na *litiscontestatio*. Neste cenário, Antônio Cabral salienta que: *"No período das legis actiones, no fim da fase in iure, a litiscontestatio representava o momento em que se fixavam os limites do litígio a ser decidido posteriormente pelo iudex. No período do processo per formulas, com o abandono da oralidade e a previsão de fórmulas escritas para definir a controvérsia, a litiscontestatio assumiu, com todo vigor, o formato de um acordo a partir do qual as partes se comprometiam a participar da fase apud iudicem e aceitar a sentença que fosse prolatada. Já no período da cognitio extra ordinem, a litiscontestatio mudou de figura, passando a significar apenas uma narrativa do autor da pretensão perante o magistrado, seguida da resposta do réu. Não obstante, nas duas primeiras fases (legis actiones e per formulas), a litiscontestatio podia ser visualizada como instrumento de tipo arbitral que representou o formato mais primitivo – e o mais difundido – de acordo processual"*. (CABRAL, Antônio do Passo. Convenções Processuais: Entre Publicismo e Privatismo. p. 13-15) Frisa-se que a influência do instituto da *litiscontestatio* no direito processual foi tão grande que *"muitos autores passaram a definir a própria natureza do processo como contrato ou quase-contrato por sua causa"*. Não obstante, o seu formato privatístico, próprio do processo romano daquela época, ligado à natureza contratual, *"marcou a compreensão que todo processualista tem até hoje de diversos institutos processuais"*. Por metonímia, a litiscontestatio foi identificada com qualquer negócio processual, ficando os acordos sobre o procedimento historicamente à sombra do privatismo romano, associados à ideia de um processo civil que atendesse puramente aos interesses das partes, em que o Estado-juiz tivesse postura passiva, poucos poderes e quase nenhuma iniciativa. (CABRAL, Antônio do Passo. Convenções Processuais: Entre Publicismo e Privatismo. p. 15-16). Não obstante, Remo Caponi aduz que no transcorrer da história, verifica-se uma diminuição da capacidade de regulamentação tradicional pelo Estado, ao lado do desenvolvimento de ampla autonomia negocial pelos civis. Diante desta relação entre Estado e Sociedade, presenciou-se a difusão de normas consensuais e cooperativas, inserindo os acordos

A história do estudo da autonomia científica do processo, em razão do paradigma do Estado Social, coincide com a história da hipertrofia dos poderes dos juízes e da atrofia da autonomia das partes.[2]

Com efeito, Godinho relembra que ao menos nos países de tradição romano-germânica, "*a formação doutrinária do processualismo coincidiu – e, em certa medida, foi derivada – com a reação ao "liberalismo" e, consequentemente, deu início ao que normalmente é denominado de publicismo do processo*" [3].

A reboque dessa percepção, os acordos processuais foram posicionados no centro do debate entre publicismo e privatismo. Segundo a lógica predominante, "*não havia como conciliar uma suposta autonomia das partes na definição dos rumos do procedimento com a presença do Estado e os interesses públicos que são veiculados na jurisdição*".[4]

Historicamente, na era moderna, a discussão remonta aos primórdios do processualismo científico e o próprio embate na doutrina alemã de como o equivocado modelo da relação jurídica se equacionaria com a necessária (ou não) apresentação do juiz no âmbito de interlocução com as partes.[5]

Como lembra Tarello, neste embate, a versão estadista logrou predominância (especialmente pelo discurso de Bülow) de modo que a referida relação ocorreria entre o juiz e as partes, e não entre as partes (perspectiva angular). Não a de viés linear, com a mantença do juiz "*fora da relação*" (como em Köhler), nem mesmo a de Adolf Wach, de premissa liberal.[6]

---

jurídicos como meio de formação de vínculo jurídico. (CAPONI, Remo. Autonomia privata e processo civile: gli accordi processuali. Civil Procedure Review. V.1. n.2, p. 42-57, jul/set., 2010)

2. GODINHO. Robson Renault. A possibilidade de negócios jurídicos atípicos em matéria probatória. In: CABRAL, Antônio do Passo; NOGUEIRA, Pedro Henrique (Coords). Negócios processuais. Salvador: JusPodivm, 2015. p. 407.
3. GODINHO. Robson Renault. A possibilidade de negócios jurídicos atípicos em matéria probatória. In: CABRAL, Antônio do Passo; NOGUEIRA, Pedro Henrique (Coords). Negócios processuais. p. 407.
4. CABRAL, Antônio do Passo. Convenções Processuais: Entre Publicismo e Privatismo. p. 16. Todavia, Cabral ressalta que "*não é difícil perceber quão curiosa é essa intolerância aguda dos processualistas em relação aos instrumentos de base negocial quando observamos que, na realidade do mundo contemporâneo, as pessoas abdicam todo dia de direitos fundamentais. Basta vermos programas televisivos em que indivíduos se permitem ser filmados em sua intimidade; ou programas de auditório em que as pessoas se submetem a atividades degradantes, que poderiam ser consideradas ofensivas à sua dignidade humana; ou eventos esportivos em que lutadores ingressam em um ringue voluntariamente admitindo sofrer lesões corporais, em violação ao seu direito fundamental à integridade física. Ora, à vista de tão corriqueiros atos de disposição sobre garantias fundamentais, por quê seria de escandalizar quando, em um processo, partes maiores, capazes e bem representadas convencionam sobre a redução de um prazo?*"(Convenções Processuais: Entre Publicismo e Privatismo. p. 17.)
5. THEODORO JÚNIOR, Humberto; NUNES, Dierle; BAHIA, Alexandre Melo Franco; PEDRON, Flávio Quinaud. Novo CPC – Fundamentos e sistematização. Rio de Janeiro: Forense, 2015. p. 230
6. THEODORO JÚNIOR, Humberto; *et al.* Novo CPC – Fundamentos e sistematização. p. 230

Essa reação ao liberalismo processual, entretanto, significou uma "*exclusão da autonomia das partes, como se, para evitar que o processo continuasse a ser "coisa das partes", fosse necessária uma reação radical transformando-o em uma coisa sem partes*".[7]

Destarte, a preocupação da doutrina alemã (em especial) dizia respeito à impossibilidade de reconhecer à autonomia privada[8], no campo processual, atuação tão ampla como a que se lhe abre o terreno privatístico, uma

---

7. GODINHO. Robson Renault. A possibilidade de negócios jurídicos atípicos em matéria probatória. In: CABRAL, Antônio do Passo; NOGUEIRA, Pedro Henrique (Coords). Negócios processuais. p. 408.

8. Aqui, faz-se importante ressaltar que as expressões autonomia da vontade e autonomia privada não são sinônimas, possuindo cada qual um significado diferente. A distinção entre autonomia privada e autonomia da vontade é de grande relevância e implica em consequências práticas importantes, em especial para o presente estudo, tendo em vista que altera a própria noção de negócio jurídico. Autonomia da vontade assenta suas bases no paradigma do Estado Liberal dos séculos XVIII e XIX, marcado por uma ideologia individualista, onde o indivíduo possuía total autonomia frente ao estado, sendo, por conseguinte, sua vontade livre e respeitada pelo Estado. A compreensão do direito à época era a de que o Estado deveria intervir minimamente na esfera privada (Estado Absenteísta). O homem tinha plena liberdade para celebrar negócios jurídicos, sendo livre para fixar o conteúdo desses negócios e escolher com quem contratar. Em suma, não havia restrições à liberdade contratual. Cristiano Chaves e Nelson Rosenvald diferenciam autonomia da vontade e autonomia privada informando que há uma enorme distância entre uma e outra. Para os referidos autores: "*A autonomia da vontade é centrada em três princípios: a) liberdade contratual, como livre estipulação do conteúdo do contrato, sendo suficiente à sua perfectibilidade a inexistência dos vícios subjetivos do consentimento; b) intangibilidade do pactuado – o 'pacta sunt servanda' exprime a ideia de obrigatoriedade dos efeitos contratuais pelo fato de o contrato ser justo pela mera razão de emanar do consenso entre pessoas livres; c) relatividade contratual, pactuada pela noção de vinculatividade do pacto, restrita às partes, sem afetar terceiros, cuja vontade e um elemento estranho à formação do negócio jurídico.*" (FARIAS, Cristiano Chaves de. E ROSENVALD, Nelson. Curso de Direito Civil. Contratos. Volume IV. Salvador/BA: Editora JusPodivm, 2012, p. 142.) Ocorre que, com o pós 1ª Guerra Mundial, a autonomia da vontade passa a ser relativizada, assumindo o Estado uma posição mais intervencionista, regulando com mais rigor as relações privadas. Neste contexto, a autonomia, certamente, sofre limitações, contudo, não desaparece. César Fiuza e Bruno Torquato aduzem que a contratualidade teria evoluído da autonomia da vontade para a autonomia privada, haja vista que o contrato deixou de ser o acordo livre de vontade entre as partes (em razão da intervenção do Estado), sendo possível contratar qualquer situação que seja do desejo e da necessidade humana, para representar um valor de utilidade social. Assim, a contratualidade passa a representar a combinação de três elementos: ordem; justiça e liberdade. (FIUZA, César., SÁ, Maria de Fátima Freide de. E NAVES, Bruno Torquato de Oliveira. Direito Civil. Da Autonomia Privada nas Situações Jurídicas Patrimoniais e Existenciais. Belo Horizonte/MG: Editora Del Rey. 2007, p. 57). Atento à tal limitação, Eurico Cabral define a autonomia privada como "*poder do particular de auto-regular-se nos limites do ordenamento jurídico*". (CABRAL, Eurico de Pina. A "Autonomia" no Direito Privado. Revista de Direito Privado. a.5, n. 19, jul./set., 2004, p. 87). Consectário ao exposto, verifica-se que a autonomia da vontade cedeu lugar à autonomia privada, deixando de existir a vontade suprema das partes (isoladamente considerada), e, impondo um condicionamento desta ao ordenamento jurídico vigente.

vez que no processo, instituto do direito público, tudo aquilo que não fosse expressamente permitido deveria ser considerado proibido.[9]

Vale ressaltar que Köhler, grande corifeu da negociação processual[10], na contramão da ideologia socializadora que ganhava força à época[11], defendia a possibilidade de que as próprias partes pudessem assumir regramentos processuais independentemente de respaldo judicial.

Segundo Antônio Cabral, Köhler afirmava que o contrato não é apenas uma figura do direito civil, "*mas que pode nascer e se desenvolver em qualquer ramo do direito, podendo verifica-se também no direito público, e assim no direito processual*".[12]

Assim, Köhler, aproveitando os conceitos do direito privado e da teoria geral dos fatos jurídicos, define então o "*contrato processual*" como o negócio jurídico plurilateral de natureza privada (sem dado autoritativo) que, por força da sujeição das partes a seu conteúdo, produziria efeito no processo.[13]

Já no século passado, Adolf Schönke admitia as convenções privadas sobre determinadas situações processuais (*v.g.* pacto de não executar), mas esses acordos não surtiriam efeitos imediatos de caráter processual, embora obrigassem os interessados a proceder segundo eles.[14] Friedrich Lent procurou identificar negócios processuais no âmbito dos atos processuais praticados pelas partes; seriam verificados quando os efeitos processuais se produziriam quando pretendidos pela parte.[15] Mais recentemente, também Leibe e Jauerning admitem, embora excepcionalmente, a existência de contratos processuais (*v.g.* compromisso arbitral), segundo a ZPO.[16]

Na Itália, Chiovenda[17] admitiu claramente a figura dos negócios processuais, visto que em certos atos a lei relaciona imediatamente, a produção

---

9. BARBOSA MOREIRA, José Carlos. Convenções das partes sobre matéria processual. p. 84.
10. KOHLER, Josef. Ueber process rechtliche Verträge und Creationen. Gesammelte Beiträge zum ZivilprozeB. Berlin: Scientia Verlag Aalen, 1894, Reed. 1969.
11. CABRAL, Antônio do Passo. Convenções Processuais: Entre Publicismo e Privatismo. p. 90.
12. CABRAL, Antônio do Passo. A Resolução nº 118 do Conselho Nacional do Ministério Público e as Convenções Processuais. In: CABRAL, Antônio do Passo; NOGUEIRA, Pedro Henrique (Coords). Negócios processuais. Salvador: JusPodivm, 2015. p. 542.
13. CABRAL, Antônio do Passo. Convenções Processuais: Entre Publicismo e Privatismo. p. 41.
14. SCHÖNKE, Adolf. Direito Processual Civil. Revisão Afonso Celso Rezende. Campinas: Romana, 2003, p. 148
15. LENT, Friedrich. *Diritto Processuale Tedesco*. Tradução Eduardo Ricci. Napoli: Morano, 1959, p. 122.
16. DIDIER JR., Fredie; NOGUEIRA, Pedro Henrique Pedrosa. Teoria dos Fatos Jurídicos Processuais. 2. ed. Salvador: JusPodivm, 2013. p.56
17. Fredie Didier e Pedro Nogueira salientam que, antes de Chiovenda, Luigi Ferrara (1908) aceitava a noção de negócio jurídico processual por influência dos autores alemães (Wach, Trutter,

de efeitos com a vontade das partes.[18] Assim se daria com os atos unilaterais praticados com o fim de criar, modificar ou extinguir direitos processuais (renúncia, aceitação da herança etc.).

Concepção bem particular foi a desenvolvida por Carnelutti, na qual o autor italiano partia da premissa de que as noções de direito subjetivo e negócio jurídico seriam correlatas. A partir daí, enumera as características do negócio processual:

> *"(a) ser um ato de exercício de um poder cuja finalidade prática consista em determinar a conduta alheia por meio de seu efeito jurídico, (b) sendo o poder jurídico exercitado um direito subjetivo. Uma ampla relação de atos concretos poderiam ser reconduzidos ao conceito de negócio processual (compromisso, requerimentos das partes, revogações, etc.)*[19]

Mais recentemente, Fazzalari também admitiu a existência de negócios processuais, que, segundo ele, melhor seriam denominados "*atos processuais negociais*" [20].

No direito francês, Loïc Cadiet assevera que os acordos processuais harmonizam-se com o princípio da cooperação entre partes e julgador[21], que é tido como uma vocação universal nos termos dos Princípios de Processo Civil Transnacional da UNIDROIT. Para o autor, a cooperação processual juntamente com o princípio do contraditório, constituem os pilares do processo civil francês e denotam um modelo processual que transcende as concepções típicas do *Common Law* e do *Civil Law*.[22]

Bülow e Kholer). (Teoria dos Fatos Jurídicos Processuais. p. 56)

18. CHIOVENDA, Giuseppe. Instituições de Direito Processual Civil. Tradução Paulo Capittanio. Campinas. Bookseller, 1998, v. 3, p. 25-26.
19. CARNELUTTI, Francesco. Sistema de Direito Processual Civil, III. Tradução Hiltomar Martins Oliveira. São Paulo: Classic Book, 2000, p. 124-125.
20. FAZZALARI, Elio. Instituições de Direito Processual. Tradução Eliane Nassif. Campinas: Bookseller, 2006, p. 416.
21. Para o autor, *"o processo é dominado por um princípio de cooperação eficiente entre juiz e partes, na busca por uma solução justa e eficaz do litígio. Esta concepção é aquela que o direito global tende a promover, como evidenciado nos Princípios de Processo Civil Transnacional da UNIDROIT, especialmente o princípio nº 11.2, nos termos do qual "as partes dividem com o tribunal o encargo de fomentar uma solução justa, eficaz e razoavelmente rápida do litígio"."* (CADIET, Loïc. Prefácio. In: CABRAL, Antônio do Passo. Convenções Processuais.)
22. CADIET, Loïc. Los acuerdos procesales em derecho francês: situación actual de la contractualización de processo y la justicia en Francia. Disponível em: www.civilprocedurereview.com. Consultado em 17.03.2015. Rodrigo Mazzei e Bárbara Chagas, no que tange ao Princípio da Cooperação, frisam que *"o legislador pátrio, atendendo à nova concepção do processo e do princípio do contraditório, acolheu e inseriu expressamente o princípio da cooperação no Novo Código de Processo Civil, no art. 6º. O dispositivo assevera que não só as partes estão obrigadas a cooperar entre si, mas sim todos os sujeitos do processo. Ou seja, também o julgador é destinatário desta norma processual que corrobora*

Antônio Cabral lembra que foi só no fim do séc. XX que o tema dos acordos processuais ganharia novos ares. Para o autor, *"embora com abordagem diversa da alemã, foi na experiência dos tribunais franceses que os acordos processuais encontraram terreno fértil para prosperar"*. Cabral ressalta que *"ao inventariarmos exemplos que ilustram a prática jurisprudencial francesa, vemos que os acordos processuais são praticados na França há mais de trinta anos"*.[23]

A doutrina brasileira, por seu turno, quando não recusou valor à figura[24], simplesmente silenciou sobre o problema, salvo algumas exceções.[25] Em perspectiva específica, no Brasil, Calmon de Passos em 1959, em sua tese de livre docência pela UFBA[26] e Barbosa Moreira, em texto publicado ainda na década de 80 do século XX[27], apresentam os primeiros trabalho acerca da matéria.

---

a teoria dos negócios jurídicos processuais." (MAZZEI, Rodrigo; CHAGAS, Bárbara Seccato Ruis. Os negócios jurídicos processuais e a arbitragem. In: CABRAL, Antônio do Passo; NOGUEIRA, Pedro Henrique (Coords). Negócios processuais. Salvador: JusPodivm, 2015.p. 525-526).

23. CABRAL, Antônio do Passo. Convenções Processuais. p. 116.

24. Recusam a figura do negócio processual, no Brasil: DINAMARCO, Cândido Rangel. Instituições de Direito Processual Civil, II. 6. ed. São Paulo: Malheiros, 2009, p. 484; MITIDIERO, Daniel. Comentários ao Código de Processo Civil, II. São Paulo: Memória Jurídica, 2005, p. 16; GRECO FILHO, Vicente. Direito Processual Civil Brasileiro, 18. ed. São Paulo: Saraiva, 2007, v.2, p. 6. Frisa-se que os argumentos apresentados são similares: No processo não haveria espaço para o autorregramento da vontade, uma vez que os efeitos de possível ocorrência dos atos dos sujeitos do processo já estariam previamente disciplinados pela lei.

25. *"Um dos mais antigos estudos monográficos no Brasil a respeito das convenções das partes em matéria processual data de 1984, da lavra de José Carlos Barbosa Moreira, oportunidade em que o autor, ao registrar a pouca atenção que a doutrina brasileira dedicava ao tema, consignou a existência de inúmeros estudos na Europa, especialmente na Alemanha e na Itália."* (OLIVEIRA, Paulo Mendes de. Negócios processuais e duplo grau de jurisdição. In: CABRAL, Antônio do Passo; NOGUEIRA, Pedro Henrique (Coords). Negócios processuais. Salvador: JusPodivm, 2015. p. 422) Na atualidade, grandes obras são dedicadas ao estudo dos negócios processuais, dentre as quais destacamos os estudos de Antônio do Passo Cabral (CABRAL, Antônio do Passo. Convenções Processuais: Entre Publicismo e Privatismo. Tese apresentada como requisito parcial para obtenção do grau de Livre-Docente. São Paulo: Faculdade de Direito do Largo São Francisco, 2015), que se dedica ao enfrentamento do tema em perspectiva "híbrida" de processo, não se alinhando a premissas privatistas, tampouco a ideais socializadores.

26. Calmon de Passos defendia uma posição intermediária em relação os negócios jurídicos processuais. Para o autor, ao se interpretar o art. 158 do CPC/73, não haviam dúvidas de que os negócios processuais seriam admissíveis, contudo, para que a vontade das partes pudesse produzir os efeitos pretendidos, era indispensável a homologação do juiz. (CALMON DE PASSOS, José Joaquim. A nulidade no processo civil. Tese de Livre-docência apresentada à UFBA. Imprensa Oficial da Bahia, 1959.)

27. BARBOSA MOREIRA, José Carlos. Convenções das partes sobre matéria processual. In: Temas de direito processual – terceira série. São Paulo: Saraiva, 1984. p. 87-98.

Pontes de Miranda, ponderando sob as bases do Código de Processo Civil de 1939[28], explicava a *desistência da ação* como um negócio jurídico, sem, contudo, se preocupar em nos fornecer maiores esclarecimentos.[29]

Um dos grandes argumentos para a rejeição dos negócios processuais no Brasil assenta-se na "*interpretação da segurança jurídica e do devido processo legal sob a ótica de que o processo deve estar regulamentado por lei, e apenas por ela*", como modo de garantir aos jurisdicionados e aos aplicadores do direito o "*pleno conhecimento das ferramentas à disposição para o exercício da jurisdição*".[30]

Fredie Didier e Pedro Nogueira salientam que a mesma postura da doutrina brasileira é encontrada na processualística latino-americana, embora alguns autores, como Juan Monroy Gálvez[31], tenham se debruçado sobre o tema e admitido a existência de negócios processuais.[32]

Na doutrina estrangeira, algumas críticas foram lançadas, em especial por Rosemberg[33], cujo argumento básico é o de ser infrutuoso o intento de selecionar uma quantidade de atos como declarações de vontade, para diferenciá-los, como negócios jurídicos processuais, dos demais atos processuais das partes. Enquanto no direito civil haveria uma série de

---

28. PONTES DE MIRANDA, Francisco Cavalcanti. Comentários ao Código de Processo Civil. 2. ed. Rio de Janeiro: Forense, 1958. p. 261.
29. THEODORO JÚNIOR, Humberto; *et al.* Novo CPC – Fundamentos e sistematização. p. 231
30. MAZZEI, Rodrigo; CHAGAS, Bárbara Seccato Ruis. Os negócios jurídicos processuais e a arbitragem. In: CABRAL, Antônio do Passo; NOGUEIRA, Pedro Henrique (Coords). Negócios processuais. p. 524. Em verdade, conforme será adiante demonstrado, em que pese a preocupação doutrinária, tais argumentos não merecem prosperar, pois os negócios jurídicos processuais não colocam em risco os princípios constitucionais mencionados. Em verdade, não se objetiva transgredi-los, senão interpretá-los em conjunto com outro pilar do ordenamento jurídico: a efetividade. Assim, parte-se do reconhecimento de que o sistema normativo processual não se apresenta como exaustivo e fechado em sua própria autorreferência normativa, cabendo o enriquecimento do sistema como exercício equilibrado da autonomia da vontade das partes. (CAPONI, Remo. Autonomia privata e processo civile: gli accordi processuali.) Na mesma linha, Bruno Garcia Redondo salienta que a questão da flexibilização do procedimento está diretamente relacionada com a concepção de devido processo legal. O autor propõe que, quando os meios de resolução de conflitos previstos em lei apresentarem-se ineficientes para o caso concreto, deve-se flexibilizá-los, no intuito de garantir a consecução da finalidade do "*devido processo de direito*", ponderando-se a relação fins e meios da jurisdição. (REDONDO, Bruno Garcia. Devido Processo "legal" e flexibilização do procedimento pelo juiz e pelas partes. Revista Dialética de Direito Processual. São Paulo: Dialética, n. 130, jan. 2014, p. 09-16.)
31. GÁLVEZ, Juan Monroy. Teoría General del Proceso. 3. ed. Lima: Communitas, 2009, p. 351.
32. DIDIER JR., Fredie; NOGUEIRA, Pedro Henrique Pedrosa. Teoria dos Fatos Jurídicos Processuais. p. 58
33. ROSEMBERG, Leo. Tratado de Derecho Procesal Civil, I. Tradução Angela Romera Vera. Lima: Ara, 2007, p. 407.

normas aplicáveis àquelas declarações de vontade (*v.g.* regras sobre representação, condições, termos, vícios de vontade etc.), no direito processual seria diferente, já que todos os atos processuais da parte teriam sempre a mesma regulação.

Didier e Nogueira informam que Denti negava o caráter processual dos atos de autonomia privada, que manteriam com o processo uma relação de mera ocasionalidade, a exemplo da conciliação judicial, que não teria nenhum conteúdo processual autônomo, e os atos praticados fora do processo (*v.g.* compromisso, acordo para modificação de competência, pactos sobre provas etc.). Ambos não teriam propriamente efeitos processuais, mas apenas relevância no processo.[34]

Também Liebman[35] procurava distinguir os atos processuais dos negócios jurídicos, porquanto nos primeiros, embora caracterizados como fatos voluntários, a vontade dirige à prática do ato, enquanto nos segundos a vontade dirige-se à obtenção de um dado efeito. Os efeitos no tocante aos atos processuais já viriam estabelecidos em lei.

Com efeito, levando em consideração esta breve resenha doutrinária, pode-se, aqui, se valer do conceito de negócio processual cunhado por Didier e Nogueira, para quem, negócio processual é o "*ato jurídico voluntário em cujo suporte fático esteja conferido ao respectivo sujeito o poder de escolher a categoria jurídica ou estabelecer, dentro dos limites fixados no próprio ordenamento jurídico, certas situações jurídicas processuais*"[36].

Leonardo Greco, a seu turno, define as convenções processuais como "*atos de disposição das partes que subtraem questões processuais da apreciação judicial ou que condicionam o conteúdo de decisões posteriores*", podendo o ato ser praticado no processo ou fora dele, mas" *para nele produzir efeitos*".[37]

Na esteira deste entendimento Paula Sarno Braga salienta que "*serão negócios processuais quando existir um poder de determinação e regramento da categoria jurídica e de seus resultados (com limites variados).*" [38]

Antônio Cabral, discordando da utilização da expressão "escolha da categoria jurídica" como sendo apta a designar a autonomia privada nos negócios jurídicos,

---

34. DIDIER JR., Fredie; NOGUEIRA, Pedro Henrique Pedrosa. Teoria dos Fatos Jurídicos Processuais. p. 59
35. LIEBMAN, Enrico Tullio. Manual de Direito Processual Civil, I. p. 291.
36. DIDIER JR., Fredie; NOGUEIRA, Pedro Henrique Pedrosa. Teoria dos Fatos Jurídicos Processuais. p. 59
37. GRECO, Leonardo. Os atos de disposição processual – Primeiras Reflexões. Revista Eletrônica de Direito Processual, 1ª Edição – Outubro/Dezembro de 2007. p. 08.
38. BRAGA, Paula Sarno. Primeiras Reflexões sobre uma Teoria do Fato Jurídico Processual: Plano da Existência. In: Revista de Processo. p.312.

bem como ressaltando que a palavra "categoria" não tem sentido técnico-jurídico próprio, apresenta uma definição mais completa de convenção processual:

> *"Convenção (ou acordo) processual é o negócio jurídico plurilateral pelo qual as partes, antes ou durante o processo e sem necessidade da intermediação de nenhum outro sujeito, determinam a criação, modificação e extinção de situações jurídicas processuais, ou alteram o procedimento."* [39]

Ressalta-se, no entanto, que, em que pese apresentar conceito mais claro e completo, Antônio Cabral formula a referida definição à luz dos negócios bilaterais (que serão estudados mais a diante), não servindo, portanto, para conceituar os negócios processuais que envolvem a participação do Estado enquanto sujeito do negócio (negócios plurilaterais).

Entretanto, não obstante as diferenças conceituais acima retratadas, a negociação processual possui um ponto central para todos os autores, a saber, a influência da autonomia privada dos sujeitos processuais no regramento do processo, seja para alterar as disposições procedimentais, seja para dispor sobre ônus, poderes, faculdades e deveres, visando adaptar o processo às peculiaridades do caso concreto.

2.2 NEGÓCIOS PROCESSUAIS NO DIREITO ESTRANGEIRO

Os negócios processuais também são tratados em ordenamentos estrangeiros (com maior ou menor amplitude), em especial na Alemanha, França, Itália e Inglaterra.

Segundo Fernando Gajardoni, os ordenamentos estrangeiros, independentemente de se filiarem ao sistema adversarial ou inquisitorial, "*acabam permitindo que o procedimento seja flexibilizado em favor da adequada tutela de direitos, pouco importando se isto representa ou não quebramento do modelo processual historicamente desenhado*"[40].

Trícia Cabral explica que, no direito alemão, a ZPO, em vigor desde 1879, sofreu relevante reforma processual em 2002, introduzindo modificações na gestão do processo civil, para assegurar um maior acesso à justiça.[41]

Nunes, ressaltando a modificação da compreensão de protagonismo judicial ocorrida no sistema processual alemão (que será abordada de maneira detalhada nos capítulos 5 e 6), a qual acabou por resultar em um reforço

---

39. CABRAL, Antônio do Passo. Convenções Processuais: Entre Publicismo e Privatismo. p. 57.
40. GAJARDONI, Fernando da Fonseca. Flexibilização Procedimental: um novo enfoque para o estudo do procedimento em matéria processual de acordo com as recentes reformas do CPC. p. 112.
41. CABRAL, Trícia Navarro Xavier. Reflexos das convenções em matéria processual nos atos judiciais. p. 222.

da participação das partes (e de seus advogados) na gestão do processo, afirma que:

> *"A denominada "comunidade de trabalho" (Arbeitsgemeinschaft) entre o juiz e as partes (e seus advogados), idealizada pela doutrina tedesca (ROSEMBERG, 1956, p. 6) e que, levada a sério, permitiu na Alemanha uma formação unitária dos futuros magistrados e advogados, impediu que a relação entre eles se transformasse em conflito de categorias (CAPONI, 2007, p. 274), além de delinear, na doutrina processual, a idealização do policentrismo processual (TARUFFO, 2002c, p. 160), que afasta a concepção de protagonismo."*[42]

Adotou-se, sob este ideário, um sistema processual mais flexível, "*com capacidade de adaptação às características singulares da causa, autorizando a estipulação de "contratos processuais" pelas partes*"[43].

No direito francês, a flexibilização negocial do procedimento foi implementada pelo *Décret* nº. 2005-1678 de 28 dezembro 2005, que previu um processo mais fluido e elástico, capaz de se modelar para atender às particularidades da causa, tendo como protagonista o juiz.[44] Em contrapartida, para Trícia Cabral, "*iniciou-se no direito francês um movimento, traduzido pela necessidade de existência de um modelo jurídico negocial, ao lado de um modelo jurídico imposto pelo Estado*".[45]

Destarte, sob influência dos estudos de Cadiet, a autora aduz que:

"Iniciou-se uma reflexão sobre a contratualização da justiça, do processo e dos modos de regramento dos litigantes, temas estes aparentemente paradoxais com o processo, que representa um desacordo. Harmonizou-se, assim, o princípio da cooperação com o princípio do contraditório, normas estas que direcionam as técnicas contratuais."[46]

> Em consonância com Antônio Cabral, essa cooperação deve ser buscada espontaneamente pelas partes e pelo Estado, tanto por mecanismos legais quanto por instrumentos contratuais. Neste sentido, "*a jurisprudência*

---

42. NUNES, Dierle José Coelho. Processo jurisdicional democrático. p. 213.
43. CABRAL, Trícia Navarro Xavier. Reflexos das convenções em matéria processual nos atos judiciais. p. 222.
44. TROCKER, Nicolò. Poteri del giudice e diritti delle parti nel processo civile: gli insegnamenti di Calamandrei e le riforme processuali in Europa. In: Poteri del giudice e diritti delle parti nel processo civile: atti del Converno di Siena del 23-24 novembre 2007. Napoli; Roma: Edizioni Scientifiche Italiane, 2010. p. 165-195.
45. CABRAL, Trícia Navarro Xavier. Reflexos das convenções em matéria processual nos atos judiciais. p. 222.
46. CABRAL, Trícia Navarro Xavier. Reflexos das convenções em matéria processual nos atos judiciais. p. 222.

francesa desenvolveu o contrat de procédure, um acordo plural entre os sujeitos do processo em que todos deliberam sobre as regras que disciplinarão aquele processo específico".[47]

Na Itália, o acordo de procedimento foi instituído pela reforma de 18 de junho de 2009, por intermédio da Lei nº. 69/2009, realizando inúmeras alterações no *Codice di Procedura Civile*, em busca de efetividade e melhora qualitativa da justiça.[48]

Através desta reforma,

> *"alguns institutos foram remodelados, com o aperfeiçoamento de relevantes técnicas processuais, oportunidade em que se previu o calendário do processo, inspirado no contrato de procedimento do direito francês, em que o juiz, junto com as partes e após a fixação dos pontos controvertidos e definição dos meios de prova requeridos pelos litigantes, faz uma estimativa temporal do procedimento de acordo com a urgência e a complexidade da causa."*[49]

O ordenamento jurídico inglês, sob influência dos deveres inerentes à cooperação, também sofreu significativa mudança na postura do juiz, antes habituado a agir e falar pouco. Segundo Trícia Cabral, a atual tendência é a de que o juiz inglês tenha maior contato com o processo, inclusive na produção da prova. Com efeito, após a promulgação das *Rules of Civil Procedure* (o código de processo civil inglês), inúmeros poderes foram outorgados ao juiz, em especial os poderes de gestão (alguns nomeados de *case management*[50]), autorizando o julgador a regular a direção do litígio e conduzir o processo de forma a se alcançar a justiça substancial.[51]

47. CABRAL, Antônio do Passo. Nulidades no Processo Moderno. Contraditório, Proteção da Confiança e Validade Prima Facie dos Atos Processuais. p. 219.
48. CABRAL, Trícia Navarro Xavier. Reflexos das convenções em matéria processual nos atos judiciais. p. 223.
49. CABRAL, Trícia Navarro Xavier. Reflexos das convenções em matéria processual nos atos judiciais. p. 223.
50. O *Case Management*, em apertada síntese, corresponde à técnica de reconhecer às partes e ao juiz amplos poderes para influenciar no procedimento, tanto na eleição dos ritos, quanto na sua composição e no desenrolar de sua estrutura, em prol da melhor adequação do instrumento à tutela do direito. As regras processuais inglesas permitem alto grau de liberdade procedimental. (BARBOSA MOREIRA, José Carlos. A Revolução Processual Inglesa. In: Temas de Direito Processual: Nona Série, São Paulo: Saraiva, 2007. p. 74-75.)
51. CABRAL, Trícia Navarro Xavier. Reflexos das convenções em matéria processual nos atos judiciais. p. 223-224.

Em suma, houve o abrandamento dos excessos do sistema adversarial (*adversary system*), incrementando-se os poderes do juiz na direção formal do processo.[52]

É importante registrar que as *Rules of Civil Procedure* preveem apenas três procedimentos (*tracks*) para a resolução dos litígios, cuja escolha pode ser variada, de acordo com as peculiaridades da causa.[53]

Nunes, explicando o funcionamento do sistema inglês, ressalta que:

> *"O procedimento bifásico pode possuir vários percursos (tracks) na segunda fase (de discussão), dependendo das especificidades do caso concreto. Tal escolha não é realizada solitariamente pelo juiz, mas por ele, em discussão com as partes, partindo de alguns critérios legais e do princípio da proporcionalidade (DONZELLI, 2005, p. 542).*
>
> *Na fase preliminar (pre trial), fomenta-se o debate de modo a escolher e preparar a segunda fase de discussão (trial) (DONZELLI, 2005, p. 560).*
>
> *Após essa primeira fase preparatória, escolhe-se a segunda fase dentre três opções: o small claim track, o fast track e o multi track. O primeiro, para as causas mais simples em valor (até 5.000 libras) e em complexidade; o segundo, para causas no valor de 5.000 a 15.000 libras esterlinas; e o terceiro, para as causas mais complexas (DONZELLI, 2005, p. 558)"*[54]

Frisa-se, ainda com esteio em Nunes, que a elasticidade deste procedimento não dependia somente do valor da causa, mas também da verificação pelo juiz, em colaboração com as partes, da natureza do provimento requerido, da complexidade das questões fático-jurídico-probatórias, do número de partes, do número de provas orais, do valor de eventual demanda reconvencional e da importância da demanda para as pessoas envolvidas.[55]

A eleição desses procedimentos, contudo, não ficou exclusivamente na esfera legislativa, ou estritamente atrelada ao valor da causa. Em consonância com Fernando Gajardoni, salvo nas situações expressamente vedadas pela *Rules of Civil Procedure*, as partes e o juiz *"podem optar por quaisquer destes procedimentos, respeitados alguns mínimos limites legais que indicam os dados tidos por relevantes para a opção procedimental (matters relevant to allocation to a track), nos termos da regra de n. 26.8"*. Entre estes dados destacam-se a *"complexidade dos fatos, do direito ou das evidências, o número de litigantes ou*

52. CABRAL, Trícia Navarro Xavier. Reflexos das convenções em matéria processual nos atos judiciais. p. 224.
53. CABRAL, Trícia Navarro Xavier. Reflexos das convenções em matéria processual nos atos judiciais. p. 225.
54. NUNES, Dierle José Coelho. Processo jurisdicional democrático. p. 132.
55. NUNES, Dierle José Coelho. Processo jurisdicional democrático. p. 132.

sua quantidade especial, os reflexos da decisão para pessoas que não serão partes, a quantidade de prova a ser produzida etc.". No entanto, "*nada impede que o procedimento seja modificado (re-allocation traks), com a adoção do iter padrão diverso do inicial (R. 26.10), independentemente, repita-se, do valor da causa*".[56]

Em suma, nos referidos países, conforme será analisado de maneira detalhada mais a diante, em que pese as fortes influências do modelo social de processo, abriu-se para a implementação do princípio da cooperação, ampliando a participação de todos os sujeitos na atividade processual, bem como propiciando a celebração de negócios processuais para a adaptação do procedimento às peculiaridades do litígio.

2.3 NEGÓCIOS PROCESSUAIS NA DOUTRINA BRASILEIRA – OPINIÕES CONTRÁRIAS

Tradicionalmente a doutrina processual brasileira sempre foi muito "*arredia*" em admitir os negócios processuais, valendo-se, para tanto, de vários argumentos: por ser ramo do direito público, no processo só haveria normas cogentes; a fonte da norma processual seria apenas a regra legislada; qualquer negócio envolveria necessariamente prerrogativas do juiz; e, não haveria espaço de consensualidade ou convencionalidade no direito público, e portanto no processo.[57]

Para Antônio Cabral, normalmente, "*associam-se os "negócios" aos contratos privados; e por incluir-se no campo do direito público, o processo não admitiria opções negociais*" [58].

Conforme alhures ressaltado, a grande maioria dos doutrinadores brasileiros não abordou o tema da negociação processual, deixando de examinar a possibilidade de existência de negócios jurídicos processuais. Contudo, há os que se manifestam contrariamente à sua existência.

Cândido Rangel Dinamarco considerava impossível a existência de negócios jurídicos processuais, pois, para o autor, os efeitos dos atos processuais sempre resultariam da lei, não sofrendo qualquer influência da vontade. Assim sendo, os atos processuais das partes não teriam efeito da livre autorregulação, que é própria dos negócios jurídicos. De igual modo, os atos do juiz também não teriam o efeito da livre autorregulação, uma vez que ele não dispõe para si, nem pratica atos no processo com funda-

56. GAJARDONI, Fernando da Fonseca. Flexibilização Procedimental: um novo enfoque para o estudo do procedimento em matéria processual de acordo com as recentes reformas do CPC. p. 114-115.
57. CABRAL, Antônio do Passo. A Resolução nº 118 do Conselho Nacional do Ministério Público e as Convenções Processuais. In: CABRAL, Antônio do Passo; NOGUEIRA, Pedro Henrique (Coords). Negócios processuais. p. 541.
58. CABRAL, Antônio do Passo. A Resolução nº 118 do Conselho Nacional do Ministério Público e as Convenções Processuais. p. 541.

mentação na autonomia da vontade, mas com fulcro no poder estatal de que é investido.[59]

Negócio jurídico, para o autor, seria ato de autorregulação de interesses, respaldado na vontade privada. Com efeito, todo negócio jurídico pressupõe que seus efeitos sejam, exata e precisamente, aqueles que as partes almejam, o que não ocorre no processo, tendo em vista que a lei estabelece consequências dos atos praticados no processo, sem conferir qualquer margem de intervenção das partes.

Daniel Mitidiero também nega existência aos Negócios Jurídicos Processuais, tendo em vista que, para ele, "*todos os efeitos possíveis de ocorrência em virtude de atos dos sujeitos processuais já estão normados (ou normatizados) pela legislação*"[60].

Calmon de Passos, a seu turno, adota posição intermediária. Assume que, em tese, em face da redação do art. 158 do CPC/73[61], a figura do negócio processual poderia ser admitida em nosso direito. Não obstante, ressalta que as declarações negociais das partes, para produzirem efeito no processo, necessitariam de intermediação judicial. Em suma, a desistência do recurso, ou acordo para suspensão do processo, seriam negócios jurídicos apenas por razão da relevância que, em tais circunstâncias, seria dada à vontade das partes em produzir o resultado. Disso não decorreria, porém, que a eficácia do processo seja produzida pelas próprias declarações. Para o autor, sem pronunciamento judicial integrativo, essas consequências de natureza processual seriam inexplicáveis.[62]

Com efeito, os atos listados por Calmon de Passos não seriam negócios processuais, tendo em vista que a eficácia no processo não seria produzida pela declaração das próprias partes.

Por conseguinte, analisando a doutrina pátria, Leonardo Carneiro da Cunha ressalta que as opiniões contrárias à existência dos negócios processuais partem do pressuposto de que "*somente há negócio jurídico se os efeitos produzidos decorrerem direta e expressamente da vontade das partes*", o que não se verifica no processo, uma vez que os efeitos dos atos decorrem de lei, ou porque necessitariam da intervenção judicial para serem produzidos.[63]

---

59. DINAMARCO, Cândido Rangel. Instituições de direito processual civil. p. 484.
60. MITIDIERO, Daniel. Comentários ao Código de Processo Civil. p. 13.
61. Art. 158 – Os atos das partes, consistentes em declarações unilaterais ou bilaterais de vontade, produzem imediatamente a constituição, a modificação ou a extinção de direitos processuais.
62. PASSOS, J. J. Calmon de. Esboço de uma Teoria das Nulidades Aplicada às Nulidades Processuais. Rio de Janeiro: Forense, 2002. p. 69-70.
63. CUNHA, Leonardo Carneiro da. Negócios jurídicos processuais no Processo Civil Brasileiro. In: CABRAL, Antônio do Passo; NOGUEIRA, Pedro Henrique (Coords). Negócios processuais. Salvador: JusPodivm, 2015.. p. 36.

Desse modo, visando refutar a referida crítica, passa-se à investigação do papel da vontade no processo, bem como da vinculação desta com os efeitos resultantes do negócio processual.

2.3.1 O Dogma da Irrelevância da Vontade no Processo

Através da análise dos autores acima apontados, verifica-se que as opiniões contrárias à existência do negócio processual consideram que a vontade não teria qualquer relevância na produção de efeitos do ato processual. Nesse contexto, Cunha salienta que, para estes autores, "*o sentido juridicamente relevante do ato processual seria objetivo, sem qualquer ligação a elementos estranhos à declaração*".[64]

A vontade das partes seria, desse modo, irrelevante para a determinação dos efeitos que os atos processuais produziriam. Os efeitos dos atos processuais não seriam, nas palavras de Cunha, "*moldáveis*". Para o autor, "*a única disponibilidade que as partes teriam seria a opção de praticar ou não o ato previsto numa sequência predeterminada pelo legislador*". Independentemente da opção da parte, "*os efeitos dos atos processuais já estariam tabelados*".[65]

De acordo com Paula Costa e Silva, "*não há efeito jurídico ex voluntate. Todos são ex lege no sentido de que decorrem de imputações feitas aos fatos, inclusive atos, pelas normas jurídicas*".[66]

Desde Bülow há forte estigma em separar o direito processual do direito material, havendo um protagonismo do juiz na condução do processo.[67] O processo, nesse contexto, "*compreenderia um concurso de ações de sujeitos diferenciados: uns pedem; outros, munidos de poderes de autoridade, decidem*". Tal concepção denota que "*as partes encontram-se em posição de inferioridade, não havendo posição de igualdade entre o juiz e as partes*".[68]

Segundo Cunha,

> "*este pensamento formou o dogma da irrelevância da vontade no processo, pois não seria possível vincular o juiz à vontade de quem se encontrasse em*

---

64. CUNHA, Leonardo Carneiro da. Negócios jurídicos processuais no Processo Civil Brasileiro. p. 37.
65. CUNHA, Leonardo Carneiro da. Negócios jurídicos processuais no Processo Civil Brasileiro. p. 38.
66. SILVA, Paula Costa e. Acto e Processo: o dogma da irrelevância da vontade na interpretação e nos vícios do acto postulativo. Coimbra: Coimbra ed., 2003, p. 236.
67. Atento à influência das ideias de Bülow, e, em especial do movimento da socialização processual no direito brasileiro, Godinho ressalta que "*no Brasil prevalece a "cultura da sentença", mas talvez seja mais adequado falar em uma cultura burocrática ou cultura da estatalidade, no sentido de Estado provedor de todos os serviços públicos essenciais.*" (GODINHO, Robson Renault. Convenções sobre o ônus da prova – estudo sobre a divisão do trabalho entre as partes e os juízes no processo civil brasileiro. p.15).
68. CUNHA, Leonardo Carneiro da. Negócios jurídicos processuais no Processo Civil Brasileiro. p. 38.

> *posição de inferioridade. Logo, seria irrelevante a vontade das partes no processo. O dogma da irrelevância da vontade no processo decorre, ainda, do estigma de separar o direito processual do direito material."*[69]

Por conseguinte, o *dogma da irrelevância da vontade no processo* impediu que se desenvolvesse uma adequada teoria sobre os atos processuais, não havendo, em consonância com Cunha, "*um tratamento satisfatório sobre a interpretação dos atos processuais, nem sobre os vícios da vontade nos atos processuais*".[70]

Seguindo essa (equivocada) premissa, sendo a autonomia privada das partes irrelevante no processo, e, por conseguinte, a vontade destas, e tendo em vista que a vontade é característica inerente aos negócios jurídicos, torna-se forçoso concluir que, sob esta ótica, não haveriam negócios processuais.[71]

2.3.2 O Publicismo no Processo e o Protagonismo Judicial

Embora as codificações sejam fruto das ideias liberais, a legislação processual em vários países, conforme será verificado ao longo do presente estudo, passou a receber grande influência das bases preconizadas por Franz Klein e do Código de Processo Civil Austríaco – ZPO, por ele elaborado, em cujas premissas predominava a prevalência do interesse público, o fortalecimento do papel do estado no processo, os poderes instrutórios do juiz, a busca da verdade real e a promoção da efetiva igualdade das partes no processo (igualdade material).[72]

Nesse contexto de protagonismo do juiz, o autor da demanda apenas limitava-se a simples função de provocar o exercício da jurisdição, outorgando ao juiz o poder de impulso do procedimento.

Sob este viés, Anton Menger defendia que "*quando o demandante houvesse proposto sua demanda e o demandado houvesse contestado, o juiz deveria proceder no litígio de oficio.*"[73]

Nunes salienta que, para Menger, o juiz deveria auxiliar as partes buscando o esclarecimento dos requerimentos obscuros, sugerindo o preenchimento de detalhes incompletos e impedindo que o engano ou o desconhecimento na sua elaboração inviabilizem o julgamento.[74]

---

69. CUNHA, Leonardo Carneiro da. Negócios jurídicos processuais no Processo Civil Brasileiro. p. 38.
70. CUNHA, Leonardo Carneiro da. Negócios jurídicos processuais no Processo Civil Brasileiro. p. 38.
71. CUNHA, Leonardo Carneiro da. Negócios jurídicos processuais no Processo Civil Brasileiro. p. 38.
72. NUNES, Dierle José Coelho. Processo jurisdicional democrático. Curitiba: Juruá, 2008.
73. MENGER. Anton. *El derecho civil e los pobres*. Atalaya: Buenos Ayres, 1947. p.69
74. NUNES, Dierle José Coelho. Processo jurisdicional democrático. p. 83.

Destarte, migrou-se de um modelo liberal[75], no qual o juiz mantinha uma posição de passividade frente à supremacia das partes e de seus advogados, para um modelo social, conferindo ao julgador uma suposta função assistencial que este desempenharia, e instituindo-se, paulatinamente, no âmbito processual moderno, a implementação do discurso do protagonismo judicial.[76]

A legislação processual brasileira, embora seja permeada de estrutura liberal, sofreu a influência europeia de instituição do publicismo e da ruptura da visão liberal do processo, implementando uma intervenção ativa do Estado na atividade processual mediante o reforço do protagonismo do juiz e de seus poderes instrutórios.[77]

Não sem razão, "*a doutrina tradicional brasileira nega o caráter jurisdicional da arbitragem*" [78], haja vista que o pressuposto basilar da socialização processual é a atividade jurisdicional lastreada no protagonismo do Estado frente às partes, o que não ocorre na arbitragem.

Com efeito, os árbitros, em conformidade com as disposições do Código de Processo Civil de 1939, "*não proferiam sentenças, mas laudos*". Vale ressaltar que o laudo deveria ser homologado pelo juiz que possuía competência originária para julgamento da demanda. Para a homologação do laudo arbitral, "*era necessária a instauração de um procedimento especial perante o juiz a que originariamente tocasse o julgamento da causa*". A homologação do laudo por um juiz era condição *sine qua non* para sua execução. Em suma, "*o laudo, para produzir os mesmos efeitos de uma sentença judiciária, precisava ser homologado por um juízo estatal, a partir de quando ostentaria a eficácia de título executivo judicial.*"[79]

No que diz respeito à arbitragem, segundo Cunha:

> "*Muitas das normas previstas no CPC de 1939 foram reproduzidas no CPC de 1973 a respeito do compromisso arbitral. A exceção de impedimento ou suspeição era apresentada ao juiz estatal, competente para a homologação do laudo arbitral. Ao juízo arbitral não era possível empregar medidas coercitivas, quer contra as partes, quer contra terceiros, nem decretar medidas cautelares. Quando fosse necessária a aplicação de alguma medida coercitiva ou cautelar, o juízo arbitral deveria solicitá-las à autoridade competente para homologação do laudo.*"[80]

---

75. As transições dos modelos processuais e os impactos das mudanças paradigmáticas no processo serão devidamente abordadas mais adiante.
76. NUNES, Dierle José Coelho. Processo jurisdicional democrático. p. 86.
77. NUNES, Dierle José Coelho. Processo jurisdicional democrático. p. 97.
78. CUNHA, Leonardo Carneiro da. Negócios jurídicos processuais no Processo Civil Brasileiro. p. 36.
79. CUNHA, Leonardo Carneiro da. Negócios jurídicos processuais no Processo Civil Brasileiro. p. 37.
80. CUNHA, Leonardo Carneiro da. Negócios jurídicos processuais no Processo Civil Brasileiro. p. 37.

Do mesmo modo que se apresentavam restrições à arbitragem, a doutrina, por muito tempo, sequer mencionava a figura dos negócios processuais, tendo em vista que "*alguns, diante do modelo de processo adotado, em que era marcante o publicismo, o estadismo e o protagonismo do juiz, negavam expressamente a possibilidade de negócios processuais*"[81].

Com base nessa premissa de processo lastreada no protagonismo judicial, repeliu-se a importância da atividade das partes, acarretando a conclusão de ser impossível a celebração de negócios jurídicos processuais. Cunha ressalta que a própria expressão "*negócio jurídico*" sempre soou como algo próprio do direito privado, não sendo, desse modo, compatível com a estatalidade da jurisdição e com os poderes do juiz, muito menos com seu protagonismo no processo.[82]

2.4 OPINIÕES FAVORÁVEIS

Percebe-se que a resistência aos negócios processuais, em sentido amplo, possui inegavelmente uma "*dimensão ideológica*", a qual se manifesta de maneira mais evidente ao se imaginar uma maior interferência das partes no processo, na medida em que, com esteio na socialização processual, "*há de se depurar a atividade probatória para que o ato de julgar não receba outras interferências e seja proferido de maneira solipsista*".[83,84]

---

81. CUNHA, Leonardo Carneiro da. Negócios jurídicos processuais no Processo Civil Brasileiro. p. 37.
82. CUNHA, Leonardo Carneiro da. Negócios jurídicos processuais no Processo Civil Brasileiro. p. 37.
83. RANGEL, Rui Manoel de Freitas. O Ônus da Prova no Processo Civil. 2ª ed. Coimbra: Almedina, 2002, p. 183-184.
84. Godinho, ao analisar os acordos processuais no campo probatório aduz que: "*É inegável que a celebração de negócio probatório pelas partes afetará, em maior ou menor medida, a atividade do juiz, mas isso não é exclusividade ou algum tipo de efeito idiossincrático desse tipo de acordo. Na realidade, todo e qualquer negócio jurídico processual repercute inexoravelmente na atividade do juiz. Trata-se de uma consequência inerente e automática. Pense-se, por exemplo, na tradicional e conhecidíssima cláusula de eleição de foro. Não se discute a viabilidade abstrata e, em essência, as partes estão não só escolhendo onde serão julgadas, como também excluem a possibilidade de julgamento em foro diverso. Igualmente nos acordos sobre aspectos procedimentais, como os relacionados a prazos, ordem de realização de atos processuais, entre outros, a atividade do juiz é afetada. A desistência e a renúncia também podem configurar negócios processuais e naturalmente, atingirem a atividade jurisdicional. No campo probatório, a já mencionada indicação consensual de perito – agora negócio processual típico, é um exemplo claro de negócio que repercute na atividade judicial. (...) Os exemplos poderiam se multiplicar, mas a ideia que deve ser fixada é a inevitabilidade de um negócio processual afetar a atividade do juiz, o que, por si só, não atinge sua admissibilidade. Na medida em que um ato processual em sentido amplo se dará no contexto de um processo, a atividade jurisdicional será atingida. Isso vale para qualquer negócio processual e, por isso, não caracteriza uma nota distintiva dos acordos probatórios e, muito menos, constitui argumento válido para inadmiti-los aprioristicamente.*" (GODINHO. Robson Renault. A possibilidade de negócios jurídicos atípicos em matéria probatória. p. 412).

Rogério Lauria Tucci defende a existência dos negócios jurídicos processuais em razão do disposto no art. 158 do CPC de 1973, o qual dispõe que "*os atos das partes, consistentes em declarações unilaterais ou bilaterais de vontade, produzem imediatamente a constituição, a modificação ou a extinção de direitos processuais*"[85]. Assim, os atos das partes podem criar, modificar ou extinguir situações jurídicas, com efeitos imediatos, salvo a desistência da ação, cuja eficácia depende de homologação judicial. O autor elenca ainda uma série de negócios processuais típicos e afirma que eles podem ser unilaterais e bilaterais, concluído que a inércia do litigante também pode gerar a efetuação de um negócio processual, a exemplo da anuência implícita do réu quanto à desistência da ação, manifestada depois de apresentada a contestação.[86]

Pontes de Miranda entende que os atos processuais não são, em princípio, negócios jurídicos, mas reconhece os negócios jurídicos processuais sobre a desistência da demanda ou de recurso, o de não usar rito especial ou de não empregar o procedimento executivo[87], o de só se admitir prova documental, ou alguma outra, em determinados casos.[88]

Ao analisar os atos das partes e sua classificação, Moacyr Amaral Santos suscita a existência de *atos dispositivos*, podendo ser *unilaterais* (quando a manifestação de vontade é de uma única parte, a exemplo da desistência da ação e da desistência do recurso), *concordantes* (consistentes em declaração de vontade de uma parte que adere a parte contrária, mesmo por omissão, a exemplo da desistência da ação após a contestação ou a inércia do réu em não opor exceção de incompetência relativa do juízo) ou *contratuais* (consistentes em declarações bilaterais expressas de vontade, a exemplo da eleição do foro). Assim, para o autor, os atos dispositivos das partes são negócios processuais.[89]

Barbosa Moreira também admite a existência das *convenções processuais* ou, como denomina o autor, *convenções celebradas pelas partes sobre maté-*

85. Idêntica redação é encontrada no art. 200 do CPC/2015, que dispõe que *"Os atos das partes consistentes em declarações unilaterais ou bilaterais de vontade produzem imediatamente a constituição, modificação ou extinção de direitos processuais."*
86. TUCCI, Rogério Lauria. Negócio jurídico processual. Enciclopédia Saraiva de Direito. São Paulo: Saraiva, 1977, v. 54, p. 190-192.
87. A mesma disposição é encontrada no CPC/2015, em seu artigo 785, ao estabelecer que *"A existência de título executivo extrajudicial não impede a parte de optar pelo processo de conhecimento, a fim de obter título executivo judicial".* Em suma, o CPC/15 prevê expressamente o negócio processual unilateral (típico) do não emprego do procedimento executivo pelo Autor da demanda, titular do direito constante de título executivo extrajudicial.
88. PONTES DE MIRANDA, Francisco Cavalcanti. Comentários ao Código de Processo Civil. Rio de Janeiro: Forense, 1974, t. 3, p. 5.
89. SANTOS, Moacyr Amaral. Primeiras linhas de direito processual civil: processo de conhecimento. 25ª ed. Atual. Maria Beatriz Amaral Santos Köhnen. São Paulo: Saraiva. 2007, n. 299. p. 291-292.

ria processual. Lembra o autor que existe a eleição convencional do foro, a convenção para suspensão do processo, a distribuição convencional do ônus da prova[90], o adiantamento da audiência por convenção das partes, dentre outras, advertindo que "*a liberdade de convenção das partes está inserida no âmbito das normas processuais dispositivas*".[91]

De acordo com Barbosa Moreira, nada impede que autor e réu comprometam-se, por exemplo, a não indicar assistentes técnicos, deixando ao exclusivo encargo do perito a realização da diligência. Desse modo, "*a vontade das partes pode ordenar-se a influir no modo de ser do processo, no conteúdo da relação processual*", concebendo-se também que "*as partes queiram criar a obrigação de assumir determinado comportamento, de praticar ou deixar de praticar certo ato processual, como não recorrer, desistir do recurso interposto, não executar a sentença, desistir da ação ou da execução*", dentre outros.[92]

Leonardo Greco, seguindo a mesma linha de entendimento de Moacyr Amaral e Barbosa Moreira, afirma ser possível às partes, como destinatários da pretensão jurisdicional, celebrarem as chamadas convenções processuais, assim entendidos todos os atos bilaterais praticados no curso do processo ou para nele produzirem efeitos, que dispõem de questões do processo.[93]

Bernardo Silva de Lima, salientando a necessidade de rompimento do engessamento do papel das partes lastreado no protagonismo jurisdicional, também aceita a existência de negócios jurídicos processuais, destacando que a celebração deles consiste em "*criar braços do princípio democrático no bojo do processo*".[94]

Fernando Antônio Negreiros Lima também admite a existência de negócios jurídicos processuais, apresentando como exemplo a opção das partes pelo juízo arbitral, a convenção sobre o ônus da prova, a desistência do recurso, a renúncia ao direito de queixa, a suspensão convencional do

---

90. A distribuição convencional do ônus da prova encontrava-se prevista no "esquecido" parágrafo único do art. 333 do CPC/73, que apenas negava validade ao referido negócio processual quando este *"I - recair sobre direito indisponível da parte"* ou *"II - tornar excessivamente difícil a uma parte o exercício do direito".* Atualmente, a mesma encontra-se disposta no § 3º do art. 373 do CPC/2015, o qual apresenta nas mesmas restrições do código anterior. A "novidade" (em termos de previsão legal) do Código 2015 fica a cargo do § 4º do art. 373, o qual prevê que *"a convenção de que trata o § 3º pode ser celebrada antes ou durante o processo".*
91. BARBOSA MOREIRA, José Carlos. Convenções das partes sobre matéria processual. p. 87-94.
92. BARBOSA MOREIRA, José Carlos. Convenções das partes sobre matéria processual. p. 94-98.
93. GRECO, Leonardo. Os atos de disposição processual – primeiras reflexões. p. 290-304.
94. LIMA, Bernardo Silva de. Sobre o negócio jurídico processual. in: Revisitando a teoria do fato jurídico: homenagem a Marcos Bernardes de Mello. DIDIER JR., Fredie; EHRHARDT JR, Marcos (Coord,). São Paulo: Saraiva, 2010. p. 122.

processo, o oferecimento de perdão penal e sua aceitação pelo ofendido, bem como a desistência da ação.[95]

Não obstante, para o autor:

> *"Em todas as hipóteses aludidas, é certo que a lei processual interfere, traça limites, impõe condicionamentos: a desistência do recurso supõe expressos poderes conferidos ao advogado da parte desistente (RTJ 118/117); a suspensão convencional do processo não pode exceder a seis meses (art. 265, § 2°, CPC); a renúncia do direito de queixa em relação a um dos autores do crime necessariamente se estende a todos (art. 49, CPP); o repúdio ao perdão há de se dar expressamente, em três dias, importando em aceitação o silêncio da parte (art. 58, CPP). Mas, é precisamente isso o que ocorre em relação aos negócios jurídicos não processuais: também eles sofrem constrangimentos legais, como oportunamente nos adverte a lição de Miguel Reale, mencionada antes, sem que se cogite negar, só por isso, a possibilidade de negócios jurídicos de direito material."*[96]

Frisa-se, nestes termos, que a proposta de descaracterizar o negócio jurídico a partir do argumento segundo o qual os efeitos, no campo processual, seriam sempre *ex lege*, também não satisfaz.[97] Nogueira e Didier ressaltam que "*os efeitos jurídicos a rigor, decorrem do fato jurídico (independentemente de ser a espécie negocial ou não). Somente a previsão em abstrato dos efeitos se encontra nas normas jurídicas.*"[98] Desse modo, não há efeitos exclusivamente *ex voluntate*.

A autonomia privada pode ser restrita em maior ou menor escala, mas isso não descaracteriza o ato como negócio. Todo efeito jurídico é consequência da incidência de uma conduta no ordenamento jurídico. Segundo Nogueira, "*ora a norma confere à autonomia privada mais liberdade, para a produção de eficácia jurídica, ora essa liberdade é limitada*". O ponto central para caracterização do negócio jurídico é a circunstância de "*a vontade estar direcionada não apenas à prática do ato, mas, também, à produção de um determinado efeito jurídico, com poder de autorregramento*". Há nestes casos, "*escolha da categoria jurídica, ou, dentro de amplitude variada, das situações jurídicas que advirão*".[99]

---

95. LIMA, Fernando Antônio Negreiros. Teoria geral do processo judicial. São Paulo: Atlas, 2013. p. 547.
96. LIMA, Fernando Antônio Negreiros. Teoria geral do processo judicial. p. 548.
97. DIDIER JR., Fredie; NOGUEIRA, Pedro Henrique Pedrosa. Teoria dos Fatos Jurídicos Processuais. p. 60
98. DIDIER JR., Fredie; NOGUEIRA, Pedro Henrique Pedrosa. Teoria dos Fatos Jurídicos Processuais. p. 60
99. NOGUEIRA, Pedro Henrique Pedrosa. Sobre os acordos de procedimento no Processo Civil Brasileiro. In: CABRAL, Antônio do Passo; NOGUEIRA, Pedro Henrique (Coords). Negócios processuais. Salvador: JusPodivm, 2015. p. 87.

Ademais, o conceito de negócio jurídico "*não preconiza a ligação direta e unívoca de todos os efeitos decorrentes do ato à vontade manifestada pela parte, como se para ter configurado o negócio o figurante precisasse estipular livremente o conteúdo de todos os efeitos*"[100].

Nesta senda, faz-se oportuna as ponderações de Paula Costa e Silva a respeito das tentativas doutrinárias de recusar o caráter negocial de certos atos do processo quanto não houvesse ligação direta entre a vontade e os respectivos efeitos:

> *"(...) a expressão negócio processual pode induzir em erro se através dela se pretende, uma vez mais, afirmar que todos os efeitos induzidos por um acto processual devem ser abrangidos pela vontade do respectivo autor. Os efeitos que os actos, independentemente do respectivo conteúdo e da zona de ataque, têm no processo estão estabelecidos por lei."*[101]

A necessidade de correspondência unívoca e direta entre a vontade e os efeitos resultantes do ato, "*nem mesmo no plano do direito material se verificaria*" [102] (haja vista a limitação imposta à autonomia privada pelo ordenamento), demonstrando que a rejeição ao negócio processual, por tal argumento (conforme se verificou nas opiniões contrárias), não se revela acertada.

Os negócios processuais têm como objeto situações jurídico-processuais. Conforme Miguel Teixeira de Sousa, "*é a disponibilidade sobre os efeitos processuais que afere a admissibilidade dos negócios processuais*"[103].

Segundo Paula Braga, existem negócios jurídicos processuais, sendo admissível, até mesmo, a existência de negócios processuais atípicos, "*desde que não contrariem normas cogentes*".[104]

Frisa-se que este também é o entendimento de Nogueira e Didier, os quais, além de defender a existência de negócios jurídicos processuais, tam-

---

100. NOGUEIRA, Pedro Henrique Pedrosa. Sobre os acordos de procedimento no Processo Civil Brasileiro. p. 87.

101. SILVA, Paula Costa e. Acto e Processo – o dogma da irrelevância da vontade na interpretação e nos vícios do acto postulativo. p. 270.

102. Pedro Nogueira ressalta ainda que, *"quando alguém saca uma nota promissória (negócio jurídico unilateral de direito cambiário), não exige a lei que o emitente configure todos os efeitos decorrentes do seu ato. Além disso, há vários efeitos que operam mesmo que o emitente não os queira. Assim, v.g., ao emitir uma nota promissória agrega-se-lhe inapelavelmente o caráter de título executivo (CPC/2015, art. 784, I). São, como se vê, efeitos previstos na lei, contra os quais a vontade do estipulante nada pode, mas, nem por isso, se cogita de afastar o caráter negocial daquele ato."* (NOGUEIRA, Pedro Henrique Pedrosa. Sobre os acordos de procedimento no Processo Civil Brasileiro. p. 87.)

103. SOUSA, Miguel Teixeira de. Estudos sobre o Novo Processo Civil. 2. ed. Lisboa: Lex, 1997, p. 193.

104. BRAGA, Paula Sarno. Primeiras Reflexões sobre uma Teoria do Fato Jurídico Processual: Plano da Existência. In: Revista de Processo. p.318.

bém atentam-se para a manutenção da ordem jurídica processual lastreada no respeito ao devido processo legal, defendendo a existência de limites à normatividade estatuída pelas partes ao celebrarem convenções processuais (os quais serão abordados mais a diante).[105]

Não obstante, para Nogueira, também não parece convincente a ideia de que os negócios processuais estariam sempre a depender da intervenção ou intermediação judicial para produzir os seus efeitos. De acordo com o autor, "*é preciso não confundir os efeitos processuais do ato do processo e os efeitos da cadeia procedimental como unidade*". A desistência do recurso, por exemplo, já produz o efeito de transitar em julgado de imediato a decisão recorrida[106], sem que se necessite da intermediação judicial para a sua propagação. Com efeito, se às partes é dada a possibilidade de manifestar vontade abdicando do direito de recorrer e o ordenamento jurídico valora e recebe esse querer, dando-lhe (inclusive) primazia sobre os provimentos jurisdicionais posteriores que o contrariem, "*é porque está reconhecido o poder de autorregramento da vontade no processo*".[107]

Desse modo, tem-se por insubsistentes os argumentos de origem publicista que visam esvaziar o conteúdo eficacial dos negócios processuais, mostrando-se evidente sua aplicação e produção de efeitos no direito processual pátrio.[108]

---

105. DIDIER JR., Fredie; NOGUEIRA, Pedro Henrique Pedrosa. Teoria dos Fatos Jurídicos Processuais. p. 54-64.

106. BARBOSA MOREIRA, José Carlos. Comentários ao Código de Processo Civil, V. 14. ed. Rio de Janeiro: Forense 2008. p. 335.

107. NOGUEIRA, Pedro Henrique Pedrosa. Sobre os acordos de procedimento no Processo Civil Brasileiro. p. 81.

108. No que tange à desistência do recurso e a influência de argumentos de origem publicista sobre o mesmo, no intento de esvaziar seu conteúdo eficacial, faz-se interessante ressaltar o ocorrido no recurso selecionado para julgamento no STJ, o caso representativo de controvérsia contido no recurso especial nº. 1.063.343. No referido processo, uma vez verificada a existência de uma multiplicidade de recursos que versavam sobre a mesma matéria, foi instaurado o procedimento de julgamento de recursos repetitivos, fazendo-se a comunicação aos Presidentes dos Tribunais Regionais Federais e dos Tribunais de Justiça da aludida instauração, determinando, por conseguinte, a suspensão do processamento dos Recursos Especiais que versassem sobre a mesma temática. Ocorre que, após a inclusão do processo em pauta para julgamento, mas antes de iniciada a sessão, foi formalizado pelo recorrente que teve seu recurso selecionado como paradigma pedido de desistência do recurso interposto. Diante dessas circunstâncias, em dezembro de 2008 a Corte Especial do STJ, frisando ser da essência do sistema de processamento e julgamento de recursos especiais repetitivos o interesse coletivo da questão posta em juízo, decidiu pela impossibilidade de desistência recursal por parte do recorrente que teve seu Recurso Especial selecionado como representativo da controvérsia. Na ocasião, a ministra Nancy Andrighi levantou questão de ordem, demonstrando inconformismo com o fato de os advogados terem pedido desistência de dois recursos depois que foram colocados na pauta de julgamento pela sistemática de julgamento de Recursos Repetitivos. Para a ministra, depois

2.4.1 Para Além do Protagonismo Judicial – Por um Modelo Cooperativo de Processo

A possibilidade de convenção das partes em matéria processual, conforme já se viu, não é algo propriamente novo no sistema processual brasileiro. Flávio Yarshell ressalta que, no direito positivo, a disciplina legal da arbitragem[109] ganhou fôlego inegável com a Lei nº. 9.307/96, mas, a rigor, já vigorava antes disso. Do mesmo modo, no CPC de 1973, "*desde sempre se facultou convenção sobre competência (eleição de foro) e distribuição do*

---

que o recurso é encaminhado à seção ou à Corte Especial, o interesse na definição da causa deixa de ser apenas das partes e passa a ser público, não surtindo efeitos o pedido de desistência após o processo estar preparado para julgamento pelo incidente de recursos repetitivos. Faz-se importante salientar que o referido entendimento foi reafirmado pela Corte no julgamento do REsp. n. 1.721.705/SP, também de relatoria da Min. Andrighi, cuja discussão central consistia em definir se a operadora de plano de saúde estaria autorizada a negar tratamento prescrito, sob o fundamento de que a utilização em favor do paciente está fora das indicações descritas na bula/manual registrado na ANVISA (uso *off-label*). Na hipótese, o julgamento foi designado para a sessão do dia 28/08/2018, sendo publicada no dia 20/08/2018, e, o pedido de desistência da parte recorrente foi protocolizado no dia 24/08/2018 (sexta-feira). Os autos foram conclusos no dia 27/08/2018 (segunda-feira). Analisando o pedido, a Min. Relatora afirma que *"a parte possui o direito desistir do processo, mas, verificada a existência de interesse público, o relator pode, mediante decisão fundamentada, promover o julgamento do recurso para possibilitar a apreciação da questão de direito"*. Diante dessas circunstâncias, a Corte Especial do STJ, frisando ser da essência do sistema de processamento e julgamento de recursos especiais repetitivos o interesse coletivo da questão posta em juízo, decidiu pela impossibilidade de desistência recursal por parte do recorrente que teve seu Recurso Especial selecionado como representativo da controvérsia. Nesta senda, faz-se indispensável ressaltar que a desistência do recurso está prevista no art. 998 do CPC/2015, consistindo em negócio processual unilateral, na qual o recorrente possui a faculdade de exigir que seu recurso, anteriormente interposto, não seja apreciado, *independentemente da anuência do recorrido ou dos eventuais litisconsortes*. Assim, não subsistem razões que respaldem os fundamentos invocados pelo STJ para impedir a desistência do recurso representativo da controvérsia, esvaziando o conteúdo eficacial do referido negócio processual. Vale ressaltar que no intento de corrigir o referido equívoco, bem como visando equacionar o interesse público (do julgamento da temática) com a garantia de eficácia da desistência do recurso, o CPC/2015 prevê, no parágrafo único do art. 998, que *"a desistência do recurso não impede a análise da questão cuja repercussão já tenha sido requerida e daquele objeto de julgamento de recursos extraordinários e especiais repetitivos"*. Ou seja, oportuniza-se o julgamento da "tese" representativa da controvérsia, sem negar eficácia ao negócio processual. Para uma análise mais pormenorizada das situações em comento: FARIA, Guilherme Henrique Lage; PEDRON, Flávio Quinaud. ABDPRO#52 – Desistência do Recurso: Pode a parte ser obrigada a ver seu recurso ser julgado?. Empório do Direito. 03/10/2018. <https://emporiododireito.com.br/leitura/abdpro-52-desistencia-do-recurso-pode-a-parte--ser-obrigada-a-ver-seu-recurso-ser-julgado>. Acesso em: 15/06/2019.

109. *"Pode-se dizer com tranqüilidade que a cláusula arbitral é um negócio jurídico processual, eis que a vontade manifestada pelas partes produz desde logo efeitos (negativos) em relação ao processo (estatal) e positivos, em relação ao processo arbitral (já que, com a cláusula, atribui-se jurisdição aos árbitros)."* (CARMONA, Carlos Alberto. Arbitragem e Processo: um comentário à Lei 9.307/96. 3ª Ed. São Paulo: Altas, 2009. p. 101)

ônus da prova, dentre outros". Outrossim, "*na legislação extravagante havia tal possibilidade, como no inciso IV do art. 58 da Lei 8.245/91*[110]".[111]

A adequação procedimental[112], sempre invocada para explicar a criação de procedimentos especiais pelo legislador[113], passou também a ser invocada para justificar a adaptação do procedimento pelo juiz no caso concreto.

Antônio Cabral lembra que a "*crescente inadequação das formalidades do procedimento estatal às necessidades do tráfego jurídico*" é uma das maiores razões do fortalecimento da negociação processual, em especial considerando que "*as modalidades de tutela jurisdicional e os instrumentos processuais estabelecidos para assegurar sua prestação não mais respondiam ás exigências de flexibilidade, adaptação e efetividade*".[114]

É importante ressaltar que a temática inerente às *tutelas jurisdicionais diferenciadas* ou, conforme preferem Nunes e Érico Andrade, "*tutelas processuais diferenciadas*"[115], passou a ser objeto do debate da ciência processual a partir do trabalho de Proto Pisani publicado na década de 70 [116], no qual o autor italiano visualiza a necessidade de diversificação das técnicas processuais para as diversas hipóteses de direito material a serem aplicados e analisados no caso concreto. Assim, a questão somente poderia ser devidamente colocada em discussão, a partir daquele momento histórico, "*em face da viabilidade de pensar uma quebra do modelo neutro e único de*

---

110. Art, 58, IV da Lei 8.245/91: "*desde que autorizado no contrato, a citação, intimação ou notificação far – se – á mediante correspondência com aviso de recebimento, ou, tratando – se de pessoa jurídica ou firma individual, também mediante telex ou fac-símile , ou, ainda, sendo necessário, pelas demais formas previstas no Código de Processo Civil*".

111. YARSHELL, Flávio Luiz. Convenção das partes em matéria processual: rumo a uma nova era? In: CABRAL, Antônio do Passo; NOGUEIRA, Pedro Henrique (Coords). Negócios processuais. Salvador: JusPodivm, 2015. p. 63.

112. "*O poder jurisdicional do Estado decorre de sua finalidade essencial, e se está obrigado a outorgar tutela contra a lesão do direito, pode também fazer dever do ofício do juiz o emprego de uma demanda, sem a qual essa finalidade não pode ser alcançada, e por consequência buscar também estabelecer a demanda apropriada conforme as características da causa.*" (TROLLER, Alois. Os Fundamentos do Formalismo Processual Civil. Porto Alegre: Sergio Antônio Fabris Editor, 2009. p. 74)

113. SILVA, Clóvis do Couto e. Comentários ao Código de Processo Civil. São Paulo: RT, 1977, v. 9, t. 1, p. 1-16.

114. CABRAL, Antônio do Passo. Convenções Processuais. p. 35.

115. NUNES, Dierle; ANDRADE, Érico. Os contornos da estabilização da tutela provisória de urgência antecipatória no novo CPC e o "mistério" da ausência de formação da coisa julgada. In: FREIRE, Alexandre; BARROS, Lucas Buril de Macedo; PEIXOTO, Ravi. Coletânea Novo CPC: Doutrina Selecionada. Salvador: Juspodivm, 2015. (no prelo).

116. PROTO PISANI, Andrea. *Tutela giurisdizionale differenziata e nuovo processo del lavoro*. Studi di Diritto Processuale del Lavoro. Milano: Giuffrè, 1977. p. 65 et seq.

processos ordinários de cognição plena, presumidamente predispostos a permitir o julgamento de qualquer caso"[117].

Segundo Luigi Paolo Comoglio, os modelos processuais diferenciados seriam delineados com a intenção de garantir as mais idôneas formas de tutela para as várias categorias de situações jurídicas submetidas à função jurisdicional.[118]

Tal visão atualizada do processo civil proporcionou sua reaproximação do direito material,[119] bem como uma reformulação do papel exercido pelos personagens processuais. [120] Repele-se, desse modo, a estruturação do processo dissociada do direito material, devendo ser esse pensado como meio apto a conferir respostas constitucionalmente adequadas às peculiaridades das relações substanciais, favorecendo a necessidade de adaptação e flexibilização procedimental.

Nunes e Andrade ressaltam que Proto Pisani, através de seu estudo, estabeleceu dois tratos para a temática processual, que não se confundiam, podendo a "*tutela processual diferenciada*" significar:

> "*a) as formas típicas de tutela sumária (cautelar, satisfativa interinal: antecipatória, específica); ou,*
>
> *b) em outra perspectiva, a expressão poderia se referir à predisposição de vários procedimentos de cognição (plena e exauriente ou não), alguns dos quais modelados sobre categorias individuais de situações substanciais controversas (no Brasil, por exemplo, a consignação em pagamento, prestação de contas, entre outros).*"[121]

Para Gajardoni, não somente em casos específicos, mas também em qualquer caso, passou-se a admitir a adaptação do procedimento, em razão

---

117. NUNES, Dierle; ANDRADE, Érico. Os contornos da estabilização da tutela provisória de urgência antecipatória no novo CPC e o "mistério" da ausência de formação da coisa julgada. In: FREIRE, Alexandre; BARROS, Lucas Buril de Macedo; PEIXOTO, Ravi. Coletânea Novo CPC: Doutrina Selecionada. Salvador: Juspodivm, 2015. (no prelo).
118. COMOGLIO, Luigi Paolo. *Tutela differenziata e pari effetività nella giustizia civile. Rivista di Diritto Processuale*, Padova, n. 6, 2008, p. 1530.
119. MARINONI, Luiz Guilherme. Teoria Geral do Processo. 2. ed. rev. e atual. São Paulo: Revista dos Tribunais, 2007. p. 288.
120. MITIDIEIRO, Daniel. Colaboração no Processo Civil: Pressupostos sociais, lógicos e éticos. 2. ed. São Paulo: Revista dos Tribunais, 2011. p. 113-115.
121. NUNES, Dierle; ANDRADE, Érico. Os contornos da estabilização da tutela provisória de urgência antecipatória no novo CPC e o "mistério" da ausência de formação da coisa julgada. In: FREIRE, Alexandre; BARROS, Lucas Buril de Macedo; PEIXOTO, Ravi. Coletânea Novo CPC: Doutrina Selecionada. Salvador: Juspodivm, 2015. (no prelo).

da construção de regras a partir do devido processo legal[122]. Entendeu-se, assim, que seria possível a flexibilização do procedimento pelo juiz, a fim de adequar o procedimento às peculiaridades do caso concreto.[123]

É importante salientar que até mesmo autores de viés publicista como José Roberto dos Santos Bedaque defendem a adaptação do procedimento, haja vista que, para o autor:

> *"Nessa visão do direito processual, em que a preocupação fundamental é com os resultados a serem produzidos de maneira eficaz e efetiva no plano material, assume enorme importância o princípio da adaptabilidade do procedimento às necessidades da causa, também denominado de princípio da elasticidade processual. Trata-se da concepção de um modelo procedimental flexível, passível de adaptação às circunstâncias apresentadas pela relação substancial. Não se admite mais o procedimento único, rígido, sem possibilidade de adequação às exigências do caso concreto. Muitas vezes a maior ou menor complexidade do litígio exige sejam tomadas providências diferentes, a fim de se obter o resultado do processo."*[124]

Paralelamente, fortaleceu-se a imagem do Estado Democrático de Direito, que "*exige a participação dos sujeitos que estão submetidos a decisões a serem tomadas sobre situações que lhes digam respeito*"[125].

É importante ter em mente que a flexibilização procedimental pode se dar em diferentes formatos, classificados em quatro categorias: a) *por*

122. Para o autor: "*Modernamente, a cláusula do devido processo compreende o direito constitucional a um procedimento adequado, isto é, conduzido sob o pálio do contraditório, aderente à realidade social e consentâneo com a relação de direito material controvertida. Exatamente por isso a adequação do procedimento abstratamente e rigidamente previsto em lei às peculiaridades ligadas ao direito material, caso a caso, acaba por favorecer o princípio do devido processo legal ao invés de esmorecê-lo*". (GAJARDONI, Fernando da Fonseca. Flexibilização Procedimental: um novo enfoque para o estudo do procedimento em matéria processual de acordo com as recentes reformas do CPC. São Paulo: Atlas, 2008. p. 100.)

123. GAJARDONI, Fernando da Fonseca. Flexibilização Procedimental: um novo enfoque para o estudo do procedimento em matéria processual de acordo com as recentes reformas do CPC. São Paulo: Atlas, 2008.

124. BEDAQUE, José Roberto dos Santos. Direito e processo: influência do direito material sobre o processo. São Paulo: Malheiros, 1995. p. 68-69.

125. CUNHA, Leonardo Carneiro da. Negócios jurídicos processuais no Processo Civil Brasileiro. p. 45.

imposição legal[126]; b) *por ato judicial*[127]; c) *por ato conjunto das partes e do juiz*[128]; e d) *por atos de disposição das partes.*[129]

É válido ressaltar que o ordenamento jurídico brasileiro já contemplava a flexibilização procedimental por imposição legal e por ato do juiz. Trícia Cabral salienta, porém, que a novidade na legislação surge em relação às outras duas modalidades de flexibilização, ou seja, *por ato conjunto das partes e do juiz* e a *por atos de disposição das partes.*[130]

Neste contexto, a doutrina passou a defender a comparticipação dos sujeitos processuais na construção da decisão que deva solucionar os casos submetidos à jurisdição.[131] Consolidou-se a ideia de que o Estado democrático reivindica a efetiva participação dos sujeitos processuais, consagrando o princípio democrático inspirador da Constituição de 1988, cujos fundamentos são vetores hermenêuticos para aplicação das normas jurídicas.[132]

Para Godinho, o déficit democrático que se vê nos processos não será sequer amenizado se "*o discurso persistir unicamente no protagonismo juris-*

---

126. A flexibilização por imposição legal ocorre quando "*o próprio legislador identifica, de antemão, as hipóteses passíveis de alteração do procedimento para melhor atender às especificidades da causa, de acordo com as peculiaridades do direito material controvertido, como ocorre no art. 654, do CPC, que prevê a conversão do arresto em penhora*". (CABRAL, Trícia Navarro Xavier. Reflexos das convenções em matéria processual nos atos judiciais. p. 219.)

127. A flexibilização por ato judicial se dá em duas hipóteses: "*a) quando a lei fixa previamente alternativas aos magistrado, ficando a critério deste escolher o procedimento a seguir, citando-se como exemplos a conversão do procedimento sumário em ordinário (art. 277, §§ 4º e 5º, do CPC), a faculdade da audiência preliminar (art. 331, § 3º, do CPC), o julgamento monocrático dos recursos (art. 527, I, 557, § 1º e § 1º A, do CPC), e a conversão legal dos recursos (art. 527, II e art. 544, § 3º, do CPC); e b) quando o juiz, em razão de deus próprios poderes diretivos e de gestão, tem a autonomia de adaptar o procedimento, mesmo na falta de previsão legislativa específica, como acontece nos casos dos direitos difusos e coletivos, nos procedimentos diferenciados, cautelares típicas e atípicas, etc*". (CABRAL, Trícia Navarro Xavier. Reflexos das convenções em matéria processual nos atos judiciais. p. 219.)

128. "*É a hipótese do calendário processual inserido no CPC projetado, que permite que os sujeitos processuais pré-estabeleçam datas para a prática de seus atos, adequando o ritmo e a duração da demanda às especificidades do caso concreto*". (CABRAL, Trícia Navarro Xavier. Reflexos das convenções em matéria processual nos atos judiciais. p. 219.)

129. CABRAL, Trícia Navarro Xavier. Reflexos das convenções em matéria processual nos atos judiciais. p. 218.

130. CABRAL, Trícia Navarro Xavier. Reflexos das convenções em matéria processual nos atos judiciais. p. 219.

131. NUNES, Dierle José Coelho. Processo jurisdicional democrático. Curitiba: Juruá, 2008.

132. CUNHA, Leonardo Carneiro da. O processo civil no Estado Constitucional e os fundamentos do projeto do novo Código de Processo Civil Brasileiro. Revista de Processo. São Paulo: RT, julho-2012, v. 209, p. 349-374.

dicional, assim como será agravado se houver uma exclusividade privatística dos rumos dos processos".[133]

Essa percepção demonstra a impossibilidade de uma análise segmentada do sistema processual e da atuação de seus sujeitos processuais. Ou seja, o estabelecimento de focos de centralidade, seja nas partes (bem como em seus advogados) ou nos juízes, não se adapta ao perfil democrático dos Estados de Direito.[134]

No plano da técnica processual, vários autores já constataram a existência do denominado "*policentrismo processual*".[135]Nicola Picardi, com base na teoria fazzalariana, resume a perspectiva técnica policêntrica, na qual:

> *"(...) a atividade jurisdicional é estruturada, necessariamente, como processo, entendido como subespécie de procedimento, isto é, como procedimento de estrutura policêntrica e com desenvolvimento dialético (cf. arts. 111 e 24 Const. e 101 do CPC). O processo é policêntrico, já que envolve sujeitos diversos, cada um dos quais possui uma colocação particular, e desenvolve um papel específico. À estrutura subjetivamente complexa, corresponde então a um desenvolvimento dialético" (tradução livre).*[136]

Para Nicoló Trocker, essa perspectiva cooperativa do processo proporciona

> *"(...) ao cidadão a sensação de encontrar no "guardião da lei" um verdadeiro interlocutor que aceita a cooperação para a formação da decisão, e não um simples representante do poder público que do alto emite uma pronúncia vinculante. Em tal senso o diálogo garante a democratização do processo e impede que o princípio do "novit curia" seja fonte de uma atitude autoritária ou instrumento de opressão."* [137]

---

133. GODINHO, Robson Renault. Convenções sobre o ônus da prova – estudo sobre a divisão do trabalho entre as partes e os juízes no processo civil brasileiro. p. 32.
134. Dierle José Coelho. Processo jurisdicional democrático. p. 212.
135. THEODORO JÚNIOR, *et al.* Novo CPC – Fundamentos e sistematização. p.67.
136. No original: *"(...) l'attività giurisdizionale è strutturata necessariamente come processo, inteso come sottospecie del procedimento, cioè como procedimento a struttura policentrica ed a svolgimento dialettico (cfr. Artt. 111 e 24 Const. e 101 CPC). Il processo è policentrico poisché coinvolge soggetti diversi, ognuno dei quali há uma collocazione particolare e svolge um ruolo specifico. Alla struttura soggetivamente complessa corrisponde poi uno svolgimento dialettico"*. (PICARDI, Nicola. Manuale del processo civile. Milão: Giuffré, 2006. p.208).
137. TROCKER, Nicoló. *Processo civile e costituzione.* Problemi de diritto tedesco e italiano *Op. cit.* p. 670. *Apud.* GOUVEIA, Lucio Grassi de. O dever de cooperação dos juízes e tribunais com as partes – uma análise sob a ótica do direito comparado (Alemanha, Portugal e Brasil). *In: Revista da ESMAPE*, v. 5, *Op. cit.* p. 263. apud: NUNES, Dierle José Coelho. Direito Constitucional

Induz-se, portanto, a assunção do processo como *locus* normativamente condutor de uma *comunidade de trabalho*, na qual todos os sujeitos processuais devam atuar em viés interdependente e auxiliar, com responsabilidade, na construção dos provimentos jurisdicionais, em sua efetivação, bem como na gestão do processo.[138]

Nas palavras de Aroldo Plínio Gonçalves:

> *"[...] o problema da justiça foi deslocado do "papel-missão" do juiz para a garantia das partes. O grande problema da época contemporânea não é o da convicção ideológica, das preferências pessoais, das convicções do juiz. É o de que os destinatários do provimento, do ato imperativo do Estado que, no processo jurisdicional, é manifestado pela sentença, possam participar de sua formação, com as mesmas garantias, em simétrica igualdade, podendo compreender por que, como, por que forma, em que limites o Estado atua para resguardar e tutelar direitos, para negar pretensos direitos e para impor condenações".*[139]

Neste contexto, Fazzalari afirmava que o esquema processual, de paritária e dialética participação de todos os sujeitos interessados, permitiria a articulação do jogo democrático, fornecendo, por conseguinte, melhores balizas de controle da falibilidade decisória.[140]

De acordo com a doutrina de Nunes, tendo em vista estes conteúdos e da visão da teoria democrática e discursiva do direito, possibilita-se a percepção de que todos os provimentos devam ser comparticipativos, de forma que para haver a legitimidade do processo, com sua adequação ao modelo constitucional, devem ser garantidos em nível de técnica processual espaços de diálogo aos sujeitos processuais – juiz e partes – anteriores a qualquer decisão, por força dos princípios constitucionais da ampla defesa, do devido processo legal, fundamentação[141] adequada das decisões, e do contraditório.[142]

No que tange ao contraditório, Fazzalari aduz que:

---

ao Recurso: Da teoria geral dos recursos, das reformas processuais e da comparticipação nas decisões, p. 40.

138. THEODORO JÚNIOR, Humberto; *et al.* Novo CPC – Fundamentos e sistematização. p.68.

139. GONÇALVES, Aroldo Plínio. Técnica processual e teoria do processo. Rio de Janeiro: Aide, 1992, p. 195.

140. NUNES, Dierle José Coelho. Processo Jurisdicional Democrático. p. 207

141. Para uma análise específica sobre a relação entre contraditório e fundamentação: FARIA, Guilherme Henrique Lage. Contraditório substancial e fundamentação das decisões no Novo CPC. in: DIDIER JR., Fredie; NUNES, Dierle; FREIRE, Alexandre. (Org.) Normas Fundamentais. Salvador: Juspodivm, 2016.

142. NUNES, Dierle José Coelho. Direito Constitucional ao Recurso: Da teoria geral dos recursos, das reformas processuais e da comparticipação nas decisões. p. 58-59.

> *"O contraditório é a garantia de participação, em simétrica paridade, das partes, daqueles a quem se destinam os efeitos da sentença, daqueles que são os "interessados", ou seja, aqueles sujeitos do processo que suportarão os efeitos do provimento e da medida jurisdicional que ele vier a impor. [...] a participação em contraditório se desenvolve "entre as partes", porque a disputa se passa perante elas, elas são as detentoras de interesses que serão atingidos pelo provimento."*[143]

Esta garantia exige a paridade de armas (ou seja, *"(...) de meios processuais dirigidos a fazer valer as próprias razões"* [144]) entre as partes.

Na Alemanha, o conteúdo da cláusula estabelecida na Lei fundamental, do direito de ser ouvido em juízo, também foi ressemantizado e ampliado seu alcance não só operando seus efeitos no confronto entre as partes, mas sim convertendo-se, também, num dever para o magistrado, de forma que atribui-se às partes a possibilidade de posicionar-se acerca dos pontos fáticos e jurídicos de tal modo a poder influir sobre o resultado dos provimentos e ao magistrado é imposto o dever de provocar o debate preventivo, com as partes, sobre todas as questões a serem levadas em consideração nos provimentos.[145]

Vale ressaltar que o artigo 103, parágrafo 1º, da *Grundgezets* (Lei Fundamental alemã) inclui não só o direito da parte de se expressar, mas também o direito a que essas declarações sejam efetivamente levadas em consideração no momento da formação do provimento decisório. Com efeito, os julgados do Tribunal Constitucional Federal localizam esse dever como decorrência do contraditório (*Anspruch auf rechtliches Gehör*), apontando que ele assegura às partes o direito de ver seus argumentos considerados.

Com efeito, a denominada "*comunidade de trabalho*" (Arbeitsgemeinschaft) entre juiz e partes (e seus advogados), idealizada pela doutrina tedesca e que, levada a sério, permitiu na Alemanha uma formação unitária dos futuros magistrados e advogados, impediu que a relação entre estes se transformasse em conflito de categorias, além de delinear na doutrina processual a idealização do *policentrismo processual*, inibidor de qualquer concepção de protagonismo.[146]

---

143. GONÇALVES, Aroldo Plínio. Técnica processual e teoria do processo. p. 120-121.
144. NUNES, Dierle José Coelho. Direito Constitucional ao Recurso: Da teoria geral dos recursos, das reformas processuais e da comparticipação nas decisões, p. 148.
145. NUNES, Dierle José Coelho. Direito Constitucional ao Recurso: Da teoria geral dos recursos, das reformas processuais e da comparticipação nas decisões, p. 148-149.
146. THEODORO JÚNIOR, Humberto; *et al.* Novo CPC – Fundamentos e sistematização. p.68.

Com a promulgação da Constituição Federal de 1988 o processo, no Brasil, é alçado ao patamar de garantia constitucional do jurisdicionado, somente podendo ser exercido com estrita observância das garantias processuais dispostas na Carta Magna, impondo ao magistrado o dever de garantidor do espaço discursivo-argumentativo de formação do provimento, haja vista que, nos termos do princípio da reserva legal, a jurisdição somente poderá ser exercida de forma legítima nos moldes constitucionalmente previstos.

Aqui, faz-se indispensável a transcrição dos ensinamentos de Rosemiro Pereira Leal, para quem:

> *"O Princípio do contraditório é referente lógico-jurídico do processo constitucionalizado, traduzindo, em seus conteúdos, pela dialeticidade necessária entre interlocutores que se postam em defesa ou disputa de direitos alegados, podendo, até mesmo, exercer a liberdade de nada dizer (silêncio), embora tendo o direito-garantia de se manifestar [...] Conclui-se que o processo, ausente o contraditório, perderia sua base democrático-jurídico-principiológica e se tornaria um meio procedimental inquisitório em que o arbítrio do julgador seria a medida imponderável da liberdade das partes."*[147]

Com efeito, a partir da entrada em vigor da Constituição Federal de 1988, não se pode admitir (no Brasil) o monólogo judicial na condução do processo, impondo-se a formação de uma verdadeira comunidade de trabalho entre os sujeitos processuais.[148]

Aqui, mais uma vez nos valemos dos ensinamentos de Nunes, onde o autor aponta que:

> *"Na perspectiva democrática, será possível enxergar o processo não somente em sua dimensão técnica e de eficiência, de estrutura formal de construção dos provimentos, realizada em simétrica paridade de armas (FAZZALARI, 1958), mas também como estrutura de legitimação e formação dos provimentos, balizada nos princípios processuais constitucionais dinâmicos, o que permitirá um controle formal e material das decisões e fornecerá os elementos constitutivos de seu conteúdo, mediante o fluxo discursivo de todo os participantes (do imparcial e dos parciais) (...) Propõe-se, assim, um afastamento completo da idéia de privilégio cognitivo do julgador (decisionismo) e a implantação de um espaço discursivo Comparticipativo de formação de decisões."*[149]

---

147. LEAL, Rosemiro Pereira. Teoria Geral do Processo. 11ª. ed. Rio de Janeiro: Forense, 2012. p. 191.
148. MITIDIERO, Daniel. Colaboração no Processo Civil: Pressupostos sociais, lógicos e éticos. p. 81.
149. NUNES, Dierle José Coelho. Processo Jurisdicional Democrático. p. 196

Reconstrói-se o conteúdo do princípio do contraditório, "*exigindo-se que o processo seja estruturado de forma dialética, com a marca de ser participativo*".[150] O contraditório deve instaurar um diálogo profícuo no processo entre o juiz e as partes, a fim de resguardar a estas efetiva participação na formação da decisão, sob pena de restar configurada clarividente lesão ao modelo constitucional de processo.[151]

Cunha, atento à reconstrução do conteúdo normativo do princípio do contraditório, bem como ao inafastável policentrismo processual, aduz que:

> *"Essa reconstrução do contraditório fez com que a doutrina passasse a mencionar a existência do princípio da cooperação, que impõe ao juiz os deveres de diálogo com as partes, cabendo-lhe esclarecer, prevenir, auxiliar e consultar todas elas. O princípio da cooperação destina-se, enfim, a transformar o processo civil numa "comunidade de trabalho", potencializando o franco diálogo entre os sujeitos processuais, a fim de se alcançar a solução mais adequada e justa ao caso concreto. O processo, diante disso, deve ser entendido como uma "comunidade de comunicação", desenvolvendo-se por um diálogo pelo qual se permite uma discussão a respeito de todos os aspectos de fato e de direito considerados relevantes para a decisão da causa. Ao longo de todo o procedimento, deve haver um debate, voltando-se também para o juiz e para todos os agentes estatais no processo. Há, na verdade, a cooperação das partes com o tribunal, bem como a cooperação do tribunal com as partes."*[152]

Sob as premissas deste modelo cooperativo, o juiz mantém seus poderes de gestão e controle do processo, mas é preciso atender aos deveres de cooperação, esclarecendo, prevenindo, auxiliando e consultando as partes. O modelo cooperativo de processo diminui o protagonismo do juiz, mas também restringe sua passividade, evitando o resgate da ideia liberal do processo como uma "luta" ou "guerra" entre as partes.[153]

Atento às premissas deste modelo cooperativo de processo, bem como às diretrizes constitucionais que balizam a atividade processual, Godinho aduz que "*deve ser buscado um processo efetivamente democrático, em que convivam os poderes do juiz e a autonomia das partes, sempre balizados pela conformação constitucional dos direitos fundamentais*"[154].

---

150. CUNHA, Leonardo Carneiro da. Negócios jurídicos processuais no Processo Civil Brasileiro. p. 46.
151. LEAL, André Cordeiro. O contraditório e a fundamentação das decisões no direito processual democrático. Belo Horizonte: Mandamentos, 2002.
152. CUNHA, Leonardo Carneiro da. Negócios jurídicos processuais no Processo Civil Brasileiro. p. 46.
153. NUNES, Dierle José Coelho. Processo Jurisdicional Democrático. Curitiba: Juruá, 2008.
154. GODINHO, Robson Renault. Convenções sobre o ônus da prova – estudo sobre a divisão do trabalho entre as partes e os juízes no processo civil brasileiro. p. 3.

Antônio Cabral, abordando o desenvolvimento de postulados da cooperação e boa-fé aduz que:

> *"Com o desenvolvimento de postulados de cooperação e boa-fé, genericamente aplicáveis aos sujeitos do processo, repercutiu a ideia colaborativa do contraditório que norteia a moderna compreensão do princípio, impondo a co-participação dos sujeitos processuais. Assim, hoje o processo não é mais teorizado em torno do conflito ou da lide, mas a partir da agregação, da boa-fé, da conjugação entre interesses privados e interesses públicos. Paralelamente, começam a ser fomentadas, no Brasil e no estrangeiro, a adoção de soluções processuais cooperativas, como a arbitragem, as convenções sobre a prova, acordos sobre as suspensões do processo e de prazos, etc."*[155]

Algumas alterações legislativas fazem coro à ideia de cooperação. A Lei nº. 11.051, de 2004, acrescentou o § 4° ao art. 40 da Lei nº. 6.830, de 1980, prevendo que, uma vez decorrido o prazo prescricional, o juiz, antes de reconhecer de ofício a prescrição intercorrente e decretá-la, deve, primeiramente, ouvir a Fazenda Pública. Cunha lembra que o contraditório deve, nestes casos, ser implementado para "*oportunizar à Fazenda Pública demonstrar eventual existência de alguma causa suspensiva ou interruptiva da prescrição, e, enfim, para que possa contribuir com o convencimento do magistrado, instaurando um diálogo entre parte e juiz*".[156] Ou seja, reforça-se na esfera legislativa a importância da cooperação intersubjetiva para implementação de um contraditório efetivo entre os sujeitos processuais.

Noutro giro, com a promulgação da já mencionada Lei nº. 9.307 de 1996, rompeu-se com os ranços ideológicos da socialização processual, haja vista que a sentença arbitral não mais precisa ser homologada, é irrecorrível e produz coisa julgada material, constituindo título executivo judicial. Assim, "*o poder judiciário não pode rever o mérito da sentença arbitral*". Não obstante, "*o procedimento arbitral pode ser flexibilizado e regulado pelas convenções firmadas entre as partes*".[157]

Frisa-se que, a partir da vigência da referida lei, a doutrina brasileira sobre a arbitragem desenvolveu-se intensamente, prevalecendo o entendimento de que a arbitragem ostenta natureza jurisdicional. "*É certo que o árbitro não tem poder de império, não podendo executar suas próprias sentenças*". Entretanto, tal fato não retira a natureza jurisdicional da arbitragem.[158]

---

155. CABRAL, Antônio do Passo. Despolarização do processo e 'zonas de interesse' sobre a migração entre pólos da demanda. In: DIDIER JR, Fredie. (org). Reconstruindo a Teoria Geral do Processo. Salvador: Juspodivm, 2012. p. 152.
156. CUNHA, Leonardo Carneiro da. Negócios jurídicos processuais no Processo Civil Brasileiro. p. 47.
157. CUNHA, Leonardo Carneiro da. Negócios jurídicos processuais no Processo Civil Brasileiro. p. 47.
158. CUNHA, Leonardo Carneiro da. Negócios jurídicos processuais no Processo Civil Brasileiro. p. 47.

Cunha aduz que "*essas mudanças legislativas impulsionaram a arbitragem no Brasil, sendo nítida a relação do tema com o desenvolvimento de uma teoria dos negócios processuais*"[159]. Rodrigo Mazzei e Barbara Seccato salientam que a ideia da cooperação e das recíprocas influências das partes e juiz também contribuíram para o desenvolvimento de uma teoria dos negócios processuais.[160]

O procedimento pode ser flexibilizado diante da necessidade de maior participação das partes e de um maior diálogo entre elas e o juiz, sendo que essa adaptação procedimental também pode ser implementada por intermédio da negociação processual.

Frisa-se que a adaptação procedimental, com esteio no modelo dialético e participativo de processo, não pode passar única e exclusivamente pela gestão processual isolada do juiz, mas, sim, "*nascer do profícuo diálogo travado entre os sujeitos do processo*".[161]

Nunes e Andrade asseveram que na atualidade, poderíamos somar a este movimento de diferenciação procedimental as tendências de negociação processual embasada em acordos típicos ou nas cláusulas gerais do CPC-2015.[162]

Com efeito,

> *"Diante de todo o cenário de grandes mudanças que o Novo CPC pretende instituir, ao lado da ideia do gerenciamento processual (case manegement) pelo juiz, aparece para as partes uma modalidade de flexibilização do procedimento permitindo às mesmas promover uma negociação processual em conformidade com as disposições previstas nos arts. 190 e 191. A noção de negócios processuais (processrechtliche Verträge) foi inicialmente dimensionada (na modernidade) pela pandectística alemã, com várias categorias de acordos entre as partes que poderiam gerar impactos no processo, como exemplificativamente, pactos de exclusão de um grau de jurisdição e de exclusão de competência, relativas às regras de procedimento, de inversão do ônus da prova, entre outras, e seus limites em face da intervenção judicial. Palermo, afirmava em 1938 que os negócios jurídicos processuais seriam as declarações de vontade de uma ou ambas as partes, processualmente eficazes, emitidas no processo, e dirigidas diretamente*

159. CUNHA, Leonardo Carneiro da. Negócios jurídicos processuais no Processo Civil Brasileiro. p. 47.
160. MAZZEI, Rodrigo; CHAGAS, Bárbara Seccato Ruis. Breve diálogo entre os negócios jurídicos processuais e a arbitragem. Revista de Processo. São Paulo: RT, V. 237, nov-2014, p. 223-237.
161. ALMEIDA, Diogo Diogo Assumpção Rezende de. As convenções processuais na experiência francesa e no Novo CPC. p. 267.
162. NUNES, Dierle; ANDRADE, Érico. Os contornos da estabilização da tutela provisória de urgência antecipatória no novo CPC e o "mistério" da ausência de formação da coisa julgada. In: FREIRE, Alexandre; BARROS, Lucas Buril de Macedo; PEIXOTO, Ravi. Coletânea Novo CPC: Doutrina Selecionada. Salvador: Juspodivm, 2015. (no prelo).

a criar, modificar ou extinguir uma "relação processual" ou uma faculdade ou ônus do qual a referida relação se compõe. O mesmo não desconsiderava a possibilidade de negociação extraprocessual, mas analisava ambas em época de notória prevalência do viés "publicístico". E, em face da predominância, desde o fim o século XIX, do discurso estatalista, lastreado na predominância do papel do juiz e do rigorismo do formalismo e do procedimento legislado, o uso dos negócios processuais foi bastante limitado até recentemente. Falar-se do fenômeno heterogêneo da contratualização das relações sociais, com efeitos no campo processual, é algo bastante recente, especialmente porque durante todo o século XX e, em alguma medida até hoje, a visão predominante é de que a intervenção estatal seja mais eficiente no dimensionamento dos litígios, e mesmo quando se fala de flexibilização procedimental esta ordinariamente é pensada sob a ótica solitária do magistrado. No entanto, o declínio da centralidade do Estado na produção normativa (legiscentrismo), estudado desde os anos 1960, mas com impacto processual mais emblemático desde a década de 1990, com o desencantamento do predomínio do Estado (inclusive em face do avanço do neoliberalismo) vem garantindo um fortalecimento e sofisticação das cláusulas de consensualidade."[163]

Verifica-se claramente que a negociação processual ampliou de forma considerável a possibilidade de disposição das partes em matéria processual perante a jurisdição estatal, em especial no campo legislativo, ao permitir "*mudanças no procedimento*" para ajustá-lo às "*especificidades da causa*" e ao favorecer a convenção sobre "*ônus, poderes, faculdades e deveres processuais, antes ou durante o processo*". Segundo Yarshell, "*tal amplitude já vigorava no âmbito do processo arbitral e a abertura agora incorporada ao CPC 2015 sugere um meio-termo entre as duas citadas modalidades de jurisdição*". [164]

Não há mais espaço para que haja, de um lado, o processo, fenômeno de instituição e de autoridade, e de outro, a transação, fenômeno de convenção e de negociação. O processo se abre à convenção das partes e, mais amplamente ainda, à negociação dos interesses.[165]

É importante ressaltar que, em que pese a ideia de adequação do procedimento ao caso concreto inerente à negociação processual fixar suas bases nas tutelas diferenciadas Proto Pisani, as referidas técnicas não se confundem (bem como não são excludentes).

163. THEODORO JR, Humberto; NUNES, Dierle; BAHIA, Alexandre Melo Franco; PEDRON, Flávio. Novo CPC: Fundamentos e sistematização. 2. ed. Rio de Janeiro: GEN Forense, 2015. Cf. igualmente: ANDRADE, Érico. A "contratualização" do processo no novo código de processo civil. In: FREIRE, Alexandre *et al* (org.). *Novas tendências de processo civil*. Salvador: Juspodivm, 2015. v. 4. *(no prelo)*
164. YARSHELL, Flávio Luiz. Convenção das partes em matéria processual: rumo a uma nova era? p. 64.
165. CADIET, Loïc; NORMAND, Jacques; MELLI, Soraya Amrani. *Théorie générale du process*. 2ª ed. Paris: PUF, 2013. p. 465.

As tutelas diferenciadas do autor italiano incorrem na criação legislativa de procedimentos diferenciados em decorrência do direito material objeto do debate. Ou seja, a adequação procedimental é oriunda da legislação. A título exemplificativo pode-se apontar os procedimentos de inventário, consignação em pagamento, ação monitória, dentre outros localizados no livro dos "procedimentos especiais" do CPC/2015.

Por outro lado, a flexibilização procedimental que ocorre na negociação processual resulta em uma modificação do procedimento em decorrência da vontade das partes (e do juiz, em alguns casos). Em suma, em que pese haver um procedimento especial já previsto em lei, nada impede que as partes adéquem este procedimento especializado (tutela diferenciada) ao caso concreto, alterando prazos, momento de prática dos atos, ou, até mesmo, calendarizando o processo, nos termos do art. 191 do CPC/2015[166].

Tal prática mostra-se de enorme importância no CPC/2015 tendo em vista a adoção de um procedimento único (Procedimento Comum), o qual, por ser genérico, pode não se adequar às feições do caso concreto, sendo necessária sua adaptação para oportunizar a máxima efetividade e a incidência de todas as garantias processuais-constitucionais no processo.[167]

Atento a essa mudança de concepção teórico-paradigmática, o CPC/2015 adota um modelo cooperativo de processo, valorizando a vontade das partes, pondo-se, desse modo, fim ao '*dogma da irrelevância*' desta, bem como buscando um equilíbrio nas funções dos sujeitos processuais.

Em consonância com os preceitos do art. 6º [168] do CPC/2015, todos os sujeitos do processo devem cooperar entre si, devendo o juiz zelar pelo efetivo contraditório (art. 7º[169]), de modo a não proferir decisão contra qualquer das partes sem que esta seja ouvida previamente (art. 9º[170]), bem como não

166. Art. 191. De comum acordo, o juiz e as partes podem fixar calendário para a prática dos atos processuais, quando for o caso.

167. *"A cooperação entre os sujeitos processuais na definição dos rumos procedimentais constitui nítida densificação de um modelo de processo democrático, preocupado com a adequada e tempestiva tutela dos direitos."* (OLIVEIRA, Paulo Mendes de. Negócios processuais e duplo grau de jurisdição. p. 419).

168. Art. 6º Todos os sujeitos do processo devem cooperar entre si para que se obtenha, em tempo razoável, decisão de mérito justa e efetiva.

169. Art. 7º É assegurada às partes paridade de tratamento em relação ao exercício de direitos e faculdades processuais, aos meios de defesa, aos ônus, aos deveres e à aplicação de sanções processuais, competindo ao juiz zelar pelo efetivo contraditório.

170. Art. 9º Não se proferirá decisão contra uma das partes sem que ela seja previamente ouvida.

pode valer-se de fundamento a respeito do qual não se tenha oportunizado a manifestação das partes (art. 10 [171]).[172]

Assim, uma vez atento ao paradigma do Estado Democrático de Direito, o CPC/2015, além de não respaldar o protagonismo de nenhum dos sujeitos processuais (seja das partes, seja do Juiz), institui balizas contrafáticas (corretivas dos atuais equívocos) que induzem a comparticipação de todos os agentes do processo na construção dos provimentos jurisdicionais, bem como no controle e prática dos atos processuais.

Se a solução consensual do litígio é benéfica para todos, porque representa, além do encerramento do processo judicial, a própria concretização da pacificação, nada mais justo do que permitir que os litigantes possam, inclusive quando não seja possível a resolução da própria controvérsia em si, ao menos "*disciplinar a forma do exercício de suas faculdades processuais conforme suas conveniências, ou até mesmo delas dispor, conforme o caso*".[173]

Segundo Cunha, há no novo código a valorização do consenso e uma preocupação de criar, no âmbito judiciário, um espaço não apenas de julgamento, mas de efetiva resolução de conflitos. Tal fato implica em um redimensionamento e democratização do próprio papel do judiciário, bem como do modelo de prestação da tutela do direito através do exercício da função jurisdicional.[174]

Nas palavras do autor:

> "*O distanciamento do julgador e o formalismo típico das audiências judiciais, nas quais as partes apenas assistem o desenrolar dos acontecimentos, falando apenas quando diretamente questionadas em um interrogatório com o objetivo de obter sua confissão, são substituídos pelo debate franco e aberto, com uma figura que pretende facilitar o diálogo: o mediador ou o conciliador.*"[175]

Frisa-se que, nos termos do § 2º do art. 3º do CPC/2015, a busca pela solução comparticipada das demandas passa a ser uma das diretrizes do sistema processual, ampliando o espectro de atuação das partes na solução dos conflitos deduzidos em juízo, e, rompendo-se, em definitivo, com a ideia de protagonismo judicial oriunda da socialização processual.

---

171. Art. 10. O juiz não pode decidir, em grau algum de jurisdição, com base em fundamento a respeito do qual não se tenha dado às partes oportunidade de se manifestar, ainda que se trate de matéria sobre a qual deva decidir de ofício.
172. CUNHA, Leonardo Carneiro da. Negócios jurídicos processuais no Processo Civil Brasileiro. p. 49.
173. YARSHELL, Flávio Luiz. Convenção das partes em matéria processual: rumo a uma nova era? p. 90.
174. CUNHA, Leonardo Carneiro da. Negócios jurídicos processuais no Processo Civil Brasileiro. p. 49.
175. CUNHA, Leonardo Carneiro da. Negócios jurídicos processuais no Processo Civil Brasileiro. p. 49.

Com efeito, o CPC/2015 contém diversas normas que prestigiam a autonomia privada das partes, permitindo que elas negociem sobre o processo, de modo mais evidente que no CPC/73, que, conforme irá se verificar, também possui em seu conteúdo uma rica gama de hipóteses de atos volitivos das partes destinados a produzir efeitos no processo, ou seja, típicos negócios processuais.

O CPC/2015, "*fundado na concepção de democracia participativa*", estrutura-se de modo a permitir maior influência da vontade dos sujeitos do processo, a quem se confere a "*possibilidade de promover o autorregramento de suas situações processuais*". As convenções processuais, ou negócios processuais, "*despontam como mais uma medida de flexibilização e de adaptação procedimental, adequando o processo à realidade do caso submetido à análise judicial*". Os negócios processuais revestem-se em métodos de se obter maior eficiência no processo, "*reforçando o devido processo legal, na medida em que permitem que haja maior adequação do processo à realidade do caso*".[176]

Tem-se, portanto, que a consagração da cooperação intersubjetiva (art. 6º do CPC/2015) relaciona-se diretamente com o fenômeno da valorização da autonomia privada no processo, bem como com o princípio democrático, mostrando-se constitucionalmente legítima a possibilidade de ampliação da participação dos sujeitos processuais na construção do procedimento que irá reger a resolução do conflito levado à apreciação do Estado, através da negociação processual.

2.5 CLASSIFICAÇÃO

O universo dos negócios processuais é consideravelmente amplo. Significativa parcela dos atos procedimentais praticados pelas partes pode ser enquadrada como autênticos negócios jurídicos processuais.

Nos termos do art. 200 do CPC/2015[177], é possível visualizar negócios processuais *unilaterais* (que se perfazem pela manifestação de apenas uma vontade), como a *desistência*[178] e a *renúncia*, e negócios *bilaterais* (que se perfazem pela manifestação de duas vontades), como é o caso da *eleição negocial do foro* e da *suspensão convencional do andamento do processo*.

176. CUNHA, Leonardo Carneiro da. Negócios jurídicos processuais no Processo Civil Brasileiro. p. 58.

177. Art. 200 do CPC: "Os atos das partes consistem em declarações unilaterais ou bilaterais de vontade produzem imediatamente a constituição, modificação ou extinção de direitos processuais."

178. Sobre a desistência da ação é importante salientar a ressalva apresentada por Antônio Cabral, o qual lembra que esta pode ser realizada por meio de *"promessa de desistência da ação"*, ou seja, por ato convencional (bilateral). (CABRAL, Antônio do Passo. Convenções processuais. p. 50)

Marcela Faria, considerando a dispensa de manifestação da parte contrária para que o negócio processual unilateral produza efeitos, ressalta que "*estes são usualmente típicos, ou seja, encontram previsão no diploma processual*"[179]. Não obstante, "*os seus efeitos são vinculados, ou seja, regidos por norma cogente. A vontade da parte subsiste tão somente com relação à categoria que se quer enquadrar o negócio jurídico*", uma vez que "*os efeitos são regulados por lei, não podendo ser modificados por vontade das partes, sob pena de descaracterizá-lo*".[180]

A título de exemplo, a autora discorre acerca da desistência do recurso[181], que é negócio processual unilateral, o qual "*depende exclusivamente da manifestação de vontade da parte recorrente, e produz efeitos tão logo manifestada a vontade, independentemente de homologação judicial ou concordância da parte contrária*". Não obstante, para a autora, os efeitos decorrentes da desistência, como o trânsito em julgado da decisão, ou a possibilidade de execução do julgado na hipótese de o recurso possuir efeito suspensivo, "*decorrem de previsão legal e não poderão ser alterados pela vontade da parte que opta pela realização do negócio processual unilateral*".[182]

A escolha do procedimento, por exemplo, é um negócio jurídico unilateral feito pelo autor no ajuizamento da demanda. Em diversas

---

179. Com fulcro neste entendimento, Marcela Faria aduz que o artigo 745-A do CPC em vigor (Art. 916 do NCPC) "*traz a possibilidade de as partes realizarem verdadeiro negócio jurídico processual unilateral típico. Por meio deste, o executado escolhe como será realizado o pagamento, sujeitando-se aos efeitos determinados pela lei. A despeito de se tratar de um direito potestativo material do executado, este apenas poderá ser exercido no plano processual.*" (FARIA. Marcela Kohlbach de. Negócios Processuais Unilaterais e o requerimento de parcelamento do débito pelo executado. In: CABRAL, Antônio do Passo; NOGUEIRA, Pedro Henrique (Coords). Negócios processuais. Salvador: JusPodivm, 2015. p. 288) Em suma, trata-se de um ato decorrente da vontade de uma das partes que produz efeitos diretamente na forma de condução da execução.

180. FARIA. Marcela Kohlbach de. Negócios Processuais Unilaterais e o requerimento de parcelamento do débito pelo executado. p. 285.

181. Conforme já defendemos em outra sede, na companhia do Prof. Flávio Quinaud Pedron, ao comentar a decisão proferida pela Ministra Andrighi no julgamento do REsp. n. 1.721.705/SP: "*A desistência do recurso prevista no art. 998 do CPC, consiste em negócio processual unilateral, na qual o recorrente possui faculdade de exigir que seu recurso, anteriormente interposto, não seja apreciado, independentemente da anuência do recorrido ou dos eventuais litisconsortes, bem como de chancela do órgão julgador. Assim, não subsistem razões que respaldem os fundamentos trazidos pelo STJ para impedir a desistência do recurso, por ser este representativo de controvérsia, esvaziando o conteúdo eficacial do referido negócio processual.*" (FARIA, Guilherme Henrique Lage; PEDRON, Flávio Quinaud. ABDPRO#52 – Desistência do Recurso: Pode a parte ser obrigada a ver seu recurso ser julgado? Empório do Direito. 03/10/2018. <https://emporiododireito.com.br/leitura/abdpro-52-desistencia-do-recurso-pode-a-parte-ser-obrigada-a-ver-seu-recurso-ser-julgado>. Acesso em: 15/06/2019)

182. FARIA. Marcela Kohlbach de. Negócios Processuais Unilaterais e o requerimento de parcelamento do débito pelo executado. p. 285.

hipóteses o demandante é autorizado a optar por um entre dois ou mais procedimentos admissíveis para tutela do direito (como é o caso da possibilidade de se optar entre o ajuizamento de uma ação ordinária de cobrança ou de uma ação monitória para cobrança de um cheque que não se encontra mais em condições de ser executado em razão da data de emissão). Outra opção que ganha muita relevância no CPC/2015 é a possibilidade do autor optar[183] pela utilização do procedimento que oportuniza a estabilização da tutela provisória satisfativa[184], caso seja requerida em caráter antecedente, previsto no artigo 303 do código. Para Yarshell, "*esse ato de escolha configura um negócio jurídico processual unilateral*".[185]

De acordo com os ensinamentos de Pontes de Miranda, o "*princípio da preferibilidade do rito ordinário*" autorizava o autor a renunciar a faculdade

---

183. Opção que deve ser expressamente apontada na Petição Inicial, nos termos do art. 303, § 5º do CPC.

184. É importante destacar que, em que pese a possibilidade de opção do autor pela utilização do procedimento que oportuniza a estabilização da tutela satisfativa, a correta compreensão do instituto se perfaz com a verificação de que se trata de negócio processual bilateral, onde o desinteresse do réu em debater as questões meritórias também deverá estar presente, sendo sua vontade (para a estabilização) manifestada na ausência de impugnação da decisão que concede a tutela provisória. Neste sentido se encontra o entendimento assentado, por unanimidade, pela a 3ª Turma do Superior Tribunal de Justiça no julgamento do RECURSO ESPECIAL Nº 1.760.966 – SP, de relatoria do Ministro Marco Aurélio Bellizze, ao interpretar amplamente o artigo 304 do Novo CPC. Em conformidade com a referida decisão: *"Uma das grandes novidades trazidas pelo novo Código de Processo Civil é a possibilidade de estabilização da tutela antecipada requerida em caráter antecedente (...) O referido instituto, que foi inspirado no référé do Direito francês, serve para abarcar aquelas situações em que as partes se contentam com a simples tutela antecipada, não havendo necessidade, portanto, de se prosseguir com o processo até uma decisão final (sentença). Em outras palavras, o autor fica satisfeito com a simples antecipação dos efeitos da tutela satisfativa e o réu não possui interesse em prosseguir no processo e discutir o direito alegado na inicial". À luz deste entendimento a decisão salienta que: "A ideia central do instituto, portanto, é que, após a concessão da tutela antecipada em caráter antecedente, nem o autor e nem o réu tenham interesse no prosseguimento do feito, isto é, não queiram uma decisão com cognição exauriente do Poder Judiciário, apta a produzir coisa julgada material. Por essa razão, é que, conquanto o caput do art. 304 do CPC/2015 determine que "a tutela antecipada, concedida nos termos do art. 303, torna-se estável se da decisão que a conceder não for interposto o respectivo recurso", a leitura que deve ser feita do dispositivo legal, tomando como base uma interpretação sistemática e teleológica do instituto, é que a estabilização somente ocorrerá se não houver qualquer tipo de impugnação pela parte contrária".* Em suma, buscando uma leitura mais sofisticada do instituto, através de uma interpretação extensiva, bem como atento à sistemática implementada pelo código de 2015, o STJ verifica que, através da análise da estabilização da tutela provisória enquanto negócio processual, mostra-se inadequada a exigência da manifestação de discordância do Réu através da interposição de recurso de agravo de instrumento, sob pena de acabarmos *"sobrecarregando desnecessariamente os Tribunais, quando bastaria uma simples manifestação do réu afirmando possuir interesse no prosseguimento do feito, resistindo, assim, à pretensão do autor, a despeito de se conformar com a decisão que deferiu os efeitos da tutela antecipada".*

185. YARSHELL, Flávio Luiz. Convenção das partes em matéria processual: rumo a uma nova era? p. 88.

de utilização da via sumária, para se valer das vias ordinárias, sem que isso resultasse em hipótese de nulidade.[186]

Por outro lado, Calmon de Passos se apresentava refratário a possibilidade de alteração negocial do rito procedimental, pois, para o autor, "*no Direito Processual Civil predominariam regras cogentes, subtraindo o poder dispositivo das partes; além disso, não haveria no Código preceito autorizador dessa convenção*".[187]

É importante lembrar que durante a vigência do Regulamento 737 de 1850 a pactuação sobre o procedimento teve contornos amplos, uma vez que possuía previsão expressa em seu art. 245 [188] autorizando a convenção negocial das partes sobre a eleição do procedimento sumário para qualquer causa.[189]

Na concepção de Yarshell, o ponto de partida para a aceitação do acordo de procedimento está na ideia de que "*ao autor é lícito, em certas situações, escolher o rito da demanda a ser ajuizada*" [190].

Segundo essa premissa, o Superior Tribunal de Justiça, no julgamento do REsp 844357-SP, de relatoria do Ministro Francisco Falcão, publicado no Diário da Justiça do dia 09/11/2006, afirmou que:

> *"O emprego do procedimento ordinário, em vez do procedimento sumário ou mesmo especial, não é causa de nulidade do processo, pois prejuízo algum traz para o recorrente, uma vez que no rito ordinário a possibilidade de dilação probatória é mais ampla, em atendimento à garantia constitucional da ampla defesa."*

Contudo, frisa-se que a referida modalidade de negócio processual unilateral só poderá ocorrer quando houver a substituição do procedimento estabelecido em lei por outro que oferte uma cognição exauriente em maior espectro, não importando, desse modo, em lesão às garantias processuais-constitucionais da outra parte, o que seria inadmissível à luz do modelo constitucional de processo.

Os negócios bilaterais, a seu turno, costumam ser divididos em *contratos*[191], quando as vontades dizem respeito a *interesses contrapostos*, e *acordos*

186. PONTES DE MIRANDA, Francisco Cavalcanti. Comentários ao Código de Processo Civil, III. p. 544.
187. PASSOS, J. J. Calmon de. Comentários ao Código de Processo Civil, III. p. 104.
188. Art. 245. – *"Esta fórma de processo é extensiva a qualquer acção, si as partes assim convencionarem expressamente."*
189. YARSHELL, Flávio Luiz. Convenção das partes em matéria processual: rumo a uma nova era? p. 89.
190. YARSHELL, Flávio Luiz. Convenção das partes em matéria processual: rumo a uma nova era? p. 89.
191 Josef Kohler, grande corifeu da negociação processual, se valeu do termo "contrato" para definir o instrumento de encontro da vontade (das partes) no campo processual. Para o autor, o contrato era um negócio jurídico de natureza privada que, por força da sujeição das partes ao

ou *convenções*, quando as vontades se unem para um interesse comum. Não se nega, portanto, a possibilidade teórica de um contrato processual, mas é certo que são mais abundantes os exemplos de acordos ou convenções processuais.[192,193]

Situação interessante, e que se faz importante ressaltar, é a de que os negócios processuais podem alterar sua classificação em decorrência da etapa em que o processo se encontra, uma vez que a desistência da ação (negócio processual unilateral típico), quando já apresentada a contestação, se torna negócio bilateral, haja vista ser indispensável a concordância do réu para que essa produza os efeitos almejados. Ou seja, a desistência da ação após a apresentação da defesa apenas se perfaz com a manifestação de vontade de ambas as partes. Do mesmo modo, podemos citar a hipótese de aditamento ou modificação do pedido pelo autor, negócio processual unilateral que, após a citação do réu, nos termos do art. 329, I do CPC, dependerá de consentimento deste para ser realizada. Ou seja, torna-se negócio processual bilateral.

Há também negócios *plurilaterais*, formados pela vontade de mais de dois sujeitos, como a sucessão processual voluntária (art. 109, CPC). É o que também acontece com os negócios processuais celebrados com a participação do juiz. Didier aduz que os negócios plurilaterais podem ser típicos, como o *calendário processual (art. 191, CPC)* e a *organização consensual do processo (art. 357, § 2°, CPC)*, ou atípicos, como o acordo para a realização de sustentação oral, o acordo para ampliação do tempo de sustentação oral, o julgamento antecipado do mérito convencional, as convenções sobre prova ou a redução convencional dos prazos processuais.[194]

Aqui, urge imperioso salientar que, em atendimento ao Princípio da Reserva Legal (art. 5, II da CF/88), garantia processual-constitucional do

---

seu conteúdo, produziria efeitos no processo. (KOHLER, Josef. Ueber processrechtliche Verträge und Creationen. Gesammelte Beiträge zum ZivilprozeB.p. 127) Antônio Cabral lembra que, para Kohler, *"os contratos processuais, apesar de produzirem efeitos sobre as situações jurídicas do processo, não fazem nascer direitos para as partes"*. (CABRAL, Antônio do Passo. Convenções Processuais. p. 54)

192. DIDIER JR., Fredie; NOGUEIRA, Pedro Henrique Pedrosa. Teoria dos Fatos Jurídicos Processuais. p. 63.

193. Loïc Cadiet lembra que, mais importante do que o debate sobre qual o instrumento, se houve um "contrato", "acordo", "pacto" ou "convenção", é admitir que o processo contemporâneo não pode prescindir de técnicas próprias de uma lógica consensual. Deve-se focar mais no procedimento convencional que no instrumento, mais no contrahere do que no contractus ou conventio. (CADIET, Loïc. Los acuerdos procesales em derecho francés: situación actual de la contractualización de processo y la justicia en Francia. Disponível em: www.civilprocedurereview.com.)

194. DIDIER JR., Fredie. Curso de direito processual civil: introdução ao direito processual civil, parte geral e processo de conhecimento. 17. ed. Salvador: JusPodivm, 2015. p. 378

jurisdicionado no paradigma do Estado Democrático de Direito, pertencente ao bloco aglutinante e compacto de salvaguardas do povo previstas no modelo constitucional de processo, através da qual a função jurisdicional, para ser legítima, só pode ser exercida nos limites previstos na legislação, parte da doutrina que se dedicou ao estudo dos negócios processuais entende não ser possível a celebração de negócios processuais atípicos com o juiz (plurilaterais).

Contudo, não comungamos da mesma opinião, haja vista que há inúmeras hipóteses em que a celebração de negócio processual atípico plurilateral poderá resultar em maior efetividade para o cumprimento do provimento jurisdicional (a título de exemplo, podemos mencionar a execução negociada de políticas públicas[195], que, via de regra, necessitam de prazo mais dilatado e

195. Conforme já afirmado em outra oportunidade, quando da análise da decisão de afetação proferida no Recurso Especial 1.657.156, de Relatoria do Ministro Benedito Gonçalves, que, aplicando a sistemática dos recursos repetitivos (artigo 1.037, II do CPC), determinou a suspensão de todos os processos que tramitam no território nacional de processos que possuem como controvérsia a obrigatoriedade de fornecimento, pelo Estado, de medicamentos não contemplados na Portaria 2.982/2009 do Ministério da Saúde: *"(..) Em países como o Brasil, em que não são asseguradas políticas públicas adequadas à obtenção de direitos fundamentais, a litigância de interesse público consiste num fator determinante para a geração de demandas repetitivas, visto que conduz inúmeras pessoas à propositura de demandas envolvendo pretensões isomórficas (contra o poder público) que merecem um tratamento diferenciado e legítimo. Essa situação induz a necessária mudança do papel do processo, tendo em vista que a mera "declaração do direito" pelo tribunal superior, tal como se pretende no Recurso Especial 1.657.156, em que pese formar um "precedente", nos termos do artigo 927, III do CPC/2015, não é suficiente para resolver as causas (gatilho) do litígio. Os medicamentos que ensejam a multiplicação das demandas em juízo não passarão a existir com a simples prolação da decisão. Outros fatores, inclusive de natureza econômica, necessitam ser levados em consideração no momento de implementação do julgado. A ampliação do contraditório é essencial para induzir tecnicamente a participação dos interessados governamentais no estabelecimento de políticas públicas, de modo a subsidiar elementos decisórios a que o juiz solitariamente não teria acesso e em relação aos quais nem deteria conhecimento para proceder a um julgamento cooperativo e deliberativo. Conforme noticiado por Eduardo José Fonseca da Costa, não é incomum a utilização em algumas varas federais brasileiras do chamamento de todos os envolvidos numa política pública para buscar viabilizar uma possibilidade de fixação e cumprimento de uma decisão judicial em temáticas de interesse público, o que se convencionou denominar de "execução negociada". É certo que não se olvida que todos temos direito à saúde. No entanto, mais do que nunca, há que se construir entre nós, com clareza, uma doutrina que estabeleça uma diferença entre ser detentor de um direito e as obrigações que dele advêm, pois, como mostra Canotilho, quando se trata de direitos prestacionais, da afirmação de um direito não decorre necessária e diretamente um dever do Estado. Quando o Judiciário tenta tornar "reais" os direitos sociais promovendo políticas públicas, mergulha em "nebulosas normativas", já que, como dito, esses direitos, diferentemente dos direitos individuais, nem sempre implicam uma prestação correlata pelo Estado. Compreende-se, nesses termos, que uma abordagem jurisdicional tradicional, limitada à análise solitária pelo juiz de temáticas inerentes à políticas públicas, sem um contraditório mais dinâmico e panorâmico, não possui o condão de analisar com menores riscos a imposição de comandos que inúmeras vezes terão pouca possibilidade de gerar impactos efetivos no auferimento de direitos fundamentais.(...)"* (FARIA, Guilherme Henrique Lage. Fornecimento de remédios pelo SUS: O Estado James Bond e a

o cumprimento de uma série de condicionantes, inclusive com a intervenção de terceiros, para serem efetivamente implementadas), favorecendo, do mesmo modo, a observância das demais garantias inerentes ao modelo constitucional de processo, haja vista que este novo regramento deverá ser construído de maneira cooperativa e dialogal entre os sujeitos processuais, conforme já se verificou.

Antônio Cabral, valendo-se das doutrinas de Silvio Rodrigues, Caio Mário da Silva Pereira, Sílvio de Salvo Venosa e Carlos Roberto Gonçalves, salienta que um segundo viés no qual se podem classificar os negócios processuais diz respeito às *consequências que estes produzem para as partes.* Sob esta perspectiva de análise, ressalta Cabral que "*são unilaterais aqueles que estabelecem obrigações e regras que oneram apenas uma das partes (ex uno latere)*", ao passo que seriam bilaterais ou plurilaterais "*os acordos cujas consequências atingem todos aqueles que os celebram*". Não obstante, o autor lembra que a referida classificação possui grande "*relevante repercussão prática em institutos que só se aplicam aos negócios bilaterais, como a exceptio inadimpleti contractus, a condição resolutiva tácita, a teoria dos riscos do negócio*".[196]

Nogueira aduz que os atos judiciais também podem ser enquadrados na categoria dos negócios jurídicos, sendo possível se falar em "*negócio jurídico processual judicial*" porque o sistema admite para certos atos "*uma margem de liberdade de escolha para o juiz (v.g. poder geral de efetivação, art. 536, § 1º do CPC*[197]*)*".[198]

Há negócios *expressos*, como o foro de eleição, e negócios *tácitos*, como o *consentimento tácito do cônjuge para a propositura de ação real imobiliária*, para *sucessão processual voluntária (art. 109, § 1°, CPC)*, a *recusa tácita à proposta de autocomposição formulada pela outra parte (art. 154, parágrafo*

licença pra matar. Consultor Jurídico. 01/07/2017 <https://www.conjur.com.br/2017-jun-01/guilherme-lage-estado-james-bond-licenca-matar>. Acesso em 17/07/2019)

196. CABRAL. Antônio do Passo. Convenções processuais. p. 50-51.

197. Art. 536. No cumprimento de sentença que reconheça a exigibilidade de obrigação de fazer ou de não fazer, o juiz poderá, de ofício ou a requerimento, para a efetivação da tutela específica ou a obtenção de tutela pelo resultado prático equivalente, determinar as medidas necessárias à satisfação do exequente. § 1º Para atender ao disposto no *caput*, o juiz poderá determinar, entre outras medidas, a imposição de multa, a busca e apreensão, a remoção de pessoas e coisas, o desfazimento de obras e o impedimento de atividade nociva, podendo, caso necessário, requisitar o auxílio de força policial.

198. NOGUEIRA, Pedro Henrique Pedrosa. Sobre os acordos de procedimento no Processo Civil Brasileiro. p. 86.

único, CPC), a *renúncia tácita à convenção de* arbitragem *(art. 337, § 6º, CPC)* e a *aceitação tácita da decisão (art. 1.000, CPC).*[199,200]

Para Didier, os negócios *tácitos* tanto podem ser celebrados por *comportamentos comissivos*, como é o caso da prática de ato incompatível com a vontade de recorrer (aceitação da decisão), como *omissivos*[201], como a não alegação de convenção de arbitragem[202]. Há, portanto, *omissões processuais negociais*[203].[204]

Na seara administrativista é usual se deparar com o termo "protocolo" para se referir aos acordos firmados entre os tribunais e órgãos de classe.

Caio Mário lembra que estes protocolos podem ser caracterizados como *acordos plurilaterais institucionais*, celebrados por pessoas jurídicas ou órgãos em nome de uma categoria ou grupo, vinculando todos os seus membros. Em suma, ao contrário das convenções processuais tradicionais,

---

199. DIDIER JR., Fredie. Curso de direito processual civil: introdução ao direito processual civil, parte geral e processo de conhecimento. p. 378

200. Sobre as formas de exteriorização da vontade que podem ser juridicizadas como pressupostos de negócios jurídicos, Pontes de Miranda afirma que podem abranger a manifestação de vontade (atos de vontade adeclarativos) e a declaração de vontade, que poderia ser, por sua vez, expressa ou tácita. Nas declarações de vontade tem-se "clara" a vontade (e o conteúdo), ou porque ela foi expressamente declarada ou porque a lei ou circunstâncias haviam preestabelecido o significado do silêncio. Nas manifestações de vontade, *"o ato é indício de vontade"*. (PONTES DE MIRANDA, Francisco Cavalcanti. Tratado de Direito Privado, III. Rio de Janeiro: Borsói, 1970. p. 4-7). Marcos Bernardes de Melo identifica as declarações tácitas como *"manifestações de vontade"*. Exteriorizações poderiam ser manifestações (exteriorizações tácitas) e declarações (exteriorizações expressas). (MELLO, Marcos Bernardes de. Teoria do Fato Jurídico (Plano da Existência). 10. ed. São Paulo: Saraiva, 2000. p. 141-142).

201. Por essa razão, entendemos que a estabilização da tutela provisória satisfativa requerida em caráter antecedente se dá mediante negócio processual bilateral, haja vista a escolha do autor pelo procedimento que oportuniza sua ocorrência, e, a omissão negocial do réu, que demonstra seu desinteresse na discussão de mérito através da não apresentação de qualquer impugnação à tutela deferida.

202. No sistema processual implementado pelo CPC/2015, a alegação deve ser feita por meio de preliminar de contestação e, caso o réu assim não o faça, implica em renúncia tácita ao juízo arbitral, em consonância com o disposto no § 6º do art. 337 do referido diploma normativo.

203. Imaginemos a hipótese de uma parte deduzir pretensão em juízo visando discutir matéria objeto de convenção de arbitragem celebrada em momento anterior, e, a parte contrária não argúi (em sede preliminar na contestação) a falta do pressuposto processual negativo (necessidade de que não haja convenção arbitral a respeito da matéria) apto a afastar a competência do judiciário para conhecimento da matéria, tem-se uma verdadeira hipótese de renúncia tácita à convenção de arbitragem (por ambas as partes – a que ajuizou a ação, e a que deixou de suscitá-la no momento oportuno), ocorrendo, por conseguinte, um distrato tácito do negócio processual celebrado.

204. DIDIER JR., Fredie. Curso de direito processual civil: introdução ao direito processual civil, parte geral e processo de conhecimento. p. 378-379

no protocolo institucional, "*a declaração volitiva provém de um agrupamento de indivíduos, organicamente considerados*".[205]

Lembra Antônio Cabral que "*enquanto o acordo individual só vincula as pessoas que dele participam, o protocolo institucional gera deliberações normativas que poderão estender-se a todas as pessoas pertencentes a uma determinada categoria profissional*", ainda que estes não tenham participado da "*assembleia que tomou a decisão*". Com efeito, a figura do protocolo institucional "assume aspecto de normatividade".[206]

É possível se cogitar também negócios *estáticos* e *dinâmicos*, conforme a convenção preveja ou não um regramento diferenciado para o procedimento a ser seguido.[207]

Os negócios bilaterais que recaem sobre as normas procedimentais, aqui denominados *acordos de procedimento*, podem se restringir a uma simples escolha quanto a um procedimento previamente previsto em lei, são negócios *estáticos*.[208]

Nestas hipóteses, "*os litigantes optam por determinados procedimentos quando a ordem jurídica assim o permite, mas sem haver uma livre disciplina, de natureza convencional, sobre como a causa deve ser processada*" [209].[210]

Por outro lado, as partes podem convencionar a adequação do procedimento às peculiaridades do caso concreto, nos termos do art. 190 do CPC, que será analisado adiante, criando um novo procedimento, restringindo ou modificando suas fases, limitando prazos, meios de prova, ou a própria forma dos atos do processo. Nestas situações configuram-se os negócios *dinâmicos*.[211]

Analisando a classificação dos negócios processuais à luz da doutrina alemã, Antônio Cabral lembra que "*é comum a classificação que divide os acordos processuais em dois grupos: aqueles que impactam no rito processual, chamados de "acordos de disposição" ou "acordos dispositivos""*, e "*os que possuem efeitos abdicativos, chamados "acordos obrigacionais" ou "acordos de obrigação""*.[212]

---

205. PEREIRA, Caio Mário da Silva. Instituições de Direito Civil. Rio de Janeiro: Forense, vol. III, 13ª ed. 2009, p. 61-62.
206. CABRAL. Antônio do Passo. Convenções Processuais. p. 84
207. YARSHELL, Flávio Luiz. Convenção das partes em matéria processual: rumo a uma nova era? p. 92.
208. YARSHELL, Flávio Luiz. Convenção das partes em matéria processual: rumo a uma nova era? p. 92.
209. YARSHELL, Flávio Luiz. Convenção das partes em matéria processual: rumo a uma nova era? p. 92.
210. A título ilustrativo pode-se mencionar a hipótese de opção pelas partes de utilização do procedimento comum, com a total exclusão do procedimento monitório (Art. 700 NCPC), mesmo em se tratando de hipótese compatível com o procedimento especial.
211. YARSHELL, Flávio Luiz. Convenção das partes em matéria processual: rumo a uma nova era? p. 92.
212. CABRAL, Antônio do Passo. Convenções Processuais. p. 72.

Segundo o autor, as *convenções dispositivas* seriam "*negócios sobre o procedimento, modificam regras processuais ou procedimentais e tem seu protótipo na prorrogação da competência e nos acordos sobre o ônus de prova*".[213]

Já os *acordos obrigacionais*, nos quais as partes convencionam o exercício ou não de prerrogativas processuais, não fazendo disposições sobre o procedimento,

> *"são aqueles que não alteram o procedimento, mas estabelecem um fazer ou não fazer para um ou ambos os convenentes. Nos acordos obrigacionais, as partes pretendem criar, modificar ou extinguir obrigações e comportar-se de determinada forma no processo. São negócios jurídicos sobre situações jurídicas (ou sobre sua exercibilidade), como o pactum de non petendo, a convenção para desistência da ação (a promessa de desistência), a renúncia convencional ao recurso, o pacto de non exequendo, dentre outros."*[214]

Verifica-se, neste cenário, que o principal efeito dos *acordos obrigacionais* é "*gerar inadmissibilidade de condutas que entrem em contradição ou representem afronta às disposições convencionais*". A título de exemplo, Antônio Cabral, lembrando que neste tipo de acordo as partes se comprometem a um fazer ou não fazer, afirma que o juiz deve inadmitir um ato praticado pela parte em desacordo com as disposições convencionais.[215] À luz das normas fundamentais do CPC, em especial das disposições a respeito da boa-fé prevista em seu art. 5º, tem-se que a não aceitação do ato pelo juiz nestas hipóteses seria correta, haja vista que a boa-fé processual, segundo Alexandre Freitas Câmara:

> *"Não se trata, pois, apenas de se exigir dos sujeitos do processo que atuem de boa-fé subjetiva (assim entendida como a ausência de má-fé), mas com boa-fé objetiva, comportando-se da maneira como geralmente se espera que tais sujeitos se conduzam. A vedação de comportamentos contraditórios (nemo venire contra factum proprium), a segurança resultante de comportamentos duradouros (supressio e surrectio), entre outros corolários da boa-fé objetiva, são expressamente reconhecidos como fundamentais para o desenvolvimento do processo civil. A boa-fé processual orienta a interpretação da postulação e da sentença, permite a imposição de sansão ao abuso de direitos processuais e às condutas dolosas de todos os sujeitos do processo, e veda seus comportamentos contraditórios (FPPC, enunciado 378)."*[216]

---

213. CABRAL, Antônio do Passo. Convenções Processuais. p. 72-73.
214. CABRAL, Antônio do Passo. Convenções Processuais. p. 73.
215. CABRAL, Antônio do Passo. Convenções Processuais. p. 240-241.
216. CÂMARA, Alexandre Freitas. O novo código de processo civil brasileiro. 4. ed. ver. e atual. – São Paulo: Atlas, 2018. p. 9.

É interessante verificar que a classificação dos negócios processuais em *obrigacionais* e *dispositivos* parece ter sido abarcada pelo CPC que, em seu art. 190, não só se refere a ambas as categorias, "*como prevê uma finalidade específica para os negócios jurídicos que incidam sobre o procedimento*". Trata-se, segundo Antônio Cabral, da "*adaptação às peculiaridades da causa*", finalidade a qual o autor ressalta que "*não está presente para os acordos firmados sobre situações jurídicas processuais (poderes, deveres, ônus e faculdades)*".[217]

No mesmo sentido encontra-se o Enunciado nº 257 do Fórum Permanente de Processualistas Civis, ao dispor que "*o art. 190 autoriza que as partes tanto estipulem mudanças do procedimento quanto convencionem sobre os seus ônus, poderes, faculdades e deveres processuais.*"

Há negócios processuais que *precisam ser homologados pelo juiz*, como é o caso da desistência da ação, e outros que não precisam dessa chancela, como o negócio tácito sobre a modificação da competência relativa ou a desistência do recurso.[218] Frisa-se que a necessidade de homologação judicial não descaracteriza o ato como negócio.[219], assim como "*não deixa de ser negócio jurídico o acordo de divórcio em que há filhos incapazes, apenas porque se submete à homologação judicial*" [220].[221]

A regra, consoante artigo 200 do CPC/2015 é a dispensa da necessidade de homologação judicial do negócio processual. Negócios que tenham por objeto as *situações jurídicas processuais* dispensam, invariavelmente, a homologação judicial, ao passo que negócios processuais que tenham por objeto *mudanças no procedimento* podem sujeitar-se a homologação, embora nem sempre isso ocorra (é o que acontece, por exemplo, com a *organização consensual do processo* e a *suspensão convencional do processo*).[222]

Portanto, assim como Antônio Cabral, rejeitamos a ideia de que todo e qualquer negócio processual deva ser submetido ao juiz para homologação como pressuposto de validade, como se o resultado (o efeito pretendido) dependesse sempre de uma atividade "*jus-integrativa*".[223]

---

217. CABRAL, Antônio do Passo. Convenções Processuais. p. 74.
218. BARBOSA MOREIRA, José Carlos. Comentários ao Código de Processo Civil. 11ª ed. Rio de Janeiro: Forense, 2005, v.5, p. 333.
219. BARBOSA MOREIRA, José Carlos. Comentários ao Código de Processo Civil. p. 90.
220. DIDIER JR., Fredie. Curso de direito processual civil: introdução ao direito processual civil, parte geral e processo de conhecimento. p. 379
221. Vale ressaltar aqui o teor do Enunciado nº. 260 do Fórum Permanente de Processualistas Civis, que dispõe que "*A homologação, pelo juiz, da convenção processual, quando prevista em lei, corresponde a uma condição de eficácia do negócio.*" *(Grupo: Negócios Processuais)*
222. DIDIER JR., Fredie. Curso de direito processual civil: introdução ao direito processual civil, parte geral e processo de conhecimento. p. 379.
223. CABRAL, Antônio do Passo. Convenções Processuais. p. 71.

2.6 ESPÉCIES

Conforme se verificou, o relevante para caracterizar um ato como negócio jurídico é a circunstância de "*a vontade estar direcionada não apenas à prática do ato, mas também, à produção de um determinado efeito jurídico, com poder de autorregramento*" [224]. No negócio jurídico, há escolha da categoria jurídica e/ou do regramento jurídico para uma determinada situação.[225]

Tomando por base tal conceituação, conforme já verificado, na própria *petição inicial* há negócio jurídico processual de escolha do procedimento a ser seguido, visualizado com mais facilidade quando o autor pode optar entre diversos tipos de procedimentos: *mandado de segurança ou procedimento ordinário, juizados especiais ou processo comum.*[226]

É nessa linha que o CPC/2015 adota a possibilidade de "negociação" do procedimento, caminhando a passos sincronizados com uma concepção mais democrática de processo, valorizando ainda mais o modelo comparticipativo e trilhando uma linha de raciocínio importante para combater o mito do protagonismo judicial.[227]

Há negócios processuais *típicos* e *atípicos*, estes respaldados na clausula geral de negociação processual (art. 190 do CPC), conforme será abordado adiante.

---

224. DIDIER JR., Fredie; NOGUEIRA, Pedro Henrique Pedrosa. Teoria dos Fatos Jurídicos Processuais. p. 64
225. Para Fredie Didier e Pedro Nogueira, "*o conceito de negócio jurídico não preconiza a ligação direta e unívoca de todos os efeitos decorrentes do ato à vontade manifestada pela parte, como se para ter configurado o negócio o figurante precisasse estipular livremente o conteúdo de todos os efeitos*". (DIDIER JR., Fredie; NOGUEIRA, Pedro Henrique Pedrosa. Teoria dos Fatos Jurídicos Processuais. p. 64-65). Corroborando com tal entendimento, ressaltamos que quando alguém saca uma nota promissória (negócio jurídico unilateral de direito cambiário), não exige a lei que o emitente configure todos os efeitos decorrentes de seu ato. Além disso, há vários efeitos que operam mesmo que o emitente não os queira. Assim, ao emitir uma nota promissória agrega-se-lhe inapelavelmente o caráter de título executivo. São, conforme se vê, efeitos previstos na lei, contra os quais a vontade do estipulante nada pode, mas, nem por isso, cogita-se de afastar o caráter negocial daquele ato.
226. Vai ainda mais além Paula Costa e Silva, ao aproximar o *acto postulativo* do ato negocial. Defende que é ato que delimita o objeto do processo e traduz o que a parte "quer" do tribunal. Traduz manifestação de vontade, com escolha dos efeitos desejados, sendo que o tribunal fica adstrito ao que lhe foi pedido. (SILVA, Paula Costa e. Acto e Processo – o dogma da irrelevância da vontade na interpretação e nos vícios do acto postulativo. p. 318 e ss)
227. Enunciado nº. 257 do Fórum Permanente de Processualistas Civis: "*o art. 190 autoriza que as partes tanto estipulem mudanças no procedimento quanto convencionem sobre os seus ônus, poderes, faculdades e deveres processuais*". (Grupo: Negócios Processuais); Enunciado nº. 258 do Fórum Permanente de Processualistas Civis: "*As partes podem convencionar sobre seus ônus, poderes, faculdades e deveres processuais, ainda que essa convenção não importe ajustes à especificidade da causa*". (Grupo: Negócios Processuais)

Assim, para a melhor compreensão destas duas espécies de negócio processual, visando analisar sua limitação à luz do modelo constitucional de processo, passaremos ao estudo de ambas.

2.6.1 Negócios Típicos

Cunha define os negócios jurídicos como "*produtos da autonomia privada ou da autorregulação do interesse, implicando liberdade de celebração e de estipulação*"[228]. Entretanto, tal fato não impede que o regime dos negócios seja determinado pela lei. Nestes casos, configuram-se os chamados Negócios Processuais Típicos, nos quais é "*dispensável o esforço da parte na sua regulação*"[229], haja vista ser esta pré-estabelecida pela legislação.

Bruno Redondo aduz que devido à contundência do protagonismo judicial na relação processual, a autonomia privada das partes, para convencionarem sobre questões processuais, encontrou, como regra geral, espaço bastante limitado sob a égide do CPC de 1973.[230]

Contudo, é importante ressaltar que os negócios típicos não são uma novidade implementada no sistema processual brasileiro pelo CPC, uma vez que há no Código de Processo Civil de 1973 vários negócios processuais típicos, dentre os quais Cunha elenca os seguintes:

> *"a) modificação do réu na nomeação à autoria (arts. 65 e 66);*
>
> *b) Sucessão do alienante ou cedente pelo adquirente cessionário da coisa litigiosa (art. 42, § 1º);*
>
> *c) acordo de eleição de foro (art. 111);*
>
> *d) prorrogação da competência territorial por inércia do réu (art. 114);*
>
> *e) desistência do recurso (art. 158; art. 500, III);*
>
> *f) convenção sobre prazos dilatórios (art. 181);*
>
> *g) convenção para suspensão do processo (art. 265, II e 792);*
>
> *h) desistência da ação (art. 267, § 4º; art. 158, parágrafo único);*
>
> *i) convenção de arbitragem (art. 267, VII; art. 301, IX);*
>
> *j) revogação da convenção de arbitragem (art. 301, IX, e § 4º);*
>
> *k) reconhecimento da procedência do pedido (art. 269, II);*
>
> *l) transação judicial (arts. 269, III; 475-N, III e V, e 794, II);*
>
> *m) renúncia ao direito sobre o qual se funda a ação (art. 269, V);*

---

228. CUNHA, Leonardo Carneiro da. Negócios jurídicos processuais no Processo Civil Brasileiro. p. 42.
229. CUNHA, Leonardo Carneiro da. Negócios jurídicos processuais no Processo Civil Brasileiro. p. 42.
230. REDONDO, Bruno Garcia. Negócios processuais: necessidade de rompimento radical com o sistema do CPC/1973 para a adequada compreensão da inovação do CPC/2015. In: CABRAL, Antônio do Passo; NOGUEIRA, Pedro Henrique (Coords). Negócios processuais. Salvador: JusPodivm, 2015. p. 271.

n) convenção sobre a distribuição do ônus da prova (art. 333, parágrafo único)

o) acordo para retirar dos autos documento cuja falsidade foi argüida (art. 392, parágrafo único);

p) conciliação em audiência (art. 447 e 449);

q) adiamento da audiência por convenção das partes (art. 453, I);

r) convenção sobre alegações finais orais de litisconsortes (art. 454, § 1º);

s) liquidação por arbitramento em razão de convenção das partes (art. 475-C, I);

t) escolha do juízo da execução (art. 475-P, parágrafo único);

u) renúncia ao direito de recorrer (art. 502);

v) requerimento conjunto de preferência no julgamento perante os tribunais (art. 565, parágrafo único);

w) desistência da execução ou de medidas executivas (art. 569);

x) escolha do foro competente pela fazenda pública na execução fiscal (art. 578, parágrafo único);

y) opção do exequente pelas perdas e danos na execução de obrigação de fazer (art. 633);

z) desistência da penhora pelo exequente (art. 667, III);

aa) administração de estabelecimento penhorado (art. 677, § 2º);

bb) dispensa da avaliação se o exequente aceitar a estimativa do executado (art. 684, I);

cc) opção do exequente por substituir a arrematação pela alienação via internet (art. 689-A);

dd) opção do executado pelo pagamento parcelado (art. 745-A);

ee) acordo de pagamento amigável pelo insolvente (art. 783);

ff) escolha de depositário de bens seqüestrados (art. 824, I);

gg) acordo de partilha (art. 1.031)."[231]

Ressalta-se que o fato de a lei ser mais rigorosa na disciplina do negócio jurídico, ou submetê-lo a controle, e até mesmo exigir determinada condição, não afasta a natureza negocial da manifestação de vontade, como ocorre com a desistência da ação, que só produz efeitos após a homologação (e, após a citação do réu, também reivindica sua concordância). Com efeito, para Cunha, "*a parte pode escolher a categoria jurídica, o que já é suficiente para que se tenha aí um negócio jurídico*".[232]

---

231. CUNHA, Leonardo Carneiro da. Negócios jurídicos processuais no Processo Civil Brasileiro. p. 42-43.

232. CUNHA, Leonardo Carneiro da. Negócios jurídicos processuais no Processo Civil Brasileiro. p. 44.

Considerando as inúmeras hipóteses de negócios processuais típicos elencadas no CPC, faz-se inviável a abordagem de todas elas no presente estudo, haja vista que foge ao objetivo traçado, contudo, para as finalidades do presente trabalho, é suficiente a constatação de que, conforme acima apontado, sempre que um negócio processual for tipificado na legislação, a lei irá dispor a respeito de seus contornos e alcance, não estando, deste modo, à mercê da autonomia privada das partes.

Ou seja, o negócio processual típico encontra seus limites na própria legislação, não estando autorizado às partes convencionarem de maneira diversa, sob pena de ilicitude do objeto do negócio processual, consoante verificaremos no próximo capítulo.

2.6.2 Negócios Atípicos – A Cláusula Geral de Negociação Processual

Segundo Barbosa Moreira, na Alemanha predomina o entendimento da admissibilidade das convenções atípicas, ou seja, aquelas não previstas na legislação, em que pese a doutrina não chegar a um consenso a respeito da fixação de critérios limitadores à autonomia das partes.[233]

O processo, para ofertar a necessária efetividade da prestação jurisdicional, deve, conforme já se verificou, ser adequado às peculiaridades do caso concreto, valendo dizer que "*o procedimento previsto em lei para determinado processo deve atender às finalidades e à natureza do direito tutelado*" [234].

Por essa razão, por influência das *Tutelas Processuais Diferenciadas* de Proto Pisani[235], já analisadas anteriormente, existem vários procedimentos especiais "*estruturados em virtude das peculiaridades do direito material*". Ou seja, a tutela do direito pleiteada pela parte através do exercício da função jurisdicional há de ser proferida "*em procedimento adequado à satisfação do interesse material ou do direito subjetivo que a parte visa proteger*".[236]

Em suma, o procedimento sofre influências das peculiaridades do caso concreto, e, em especial, do direito material em debate.[237]

233. BARBOSA MOREIRA, José Carlos. Convenções das partes sobre matéria processual. In: Estudos jurídicos em homenagem ao professor Caio Mário da Silva Pereira. Rio de Janeiro: Forense, 1984. p. 115-130. p. 122.

234. CUNHA, Leonardo Carneiro da. Negócios jurídicos processuais no Processo Civil Brasileiro. p. 56.

235. PROTO PISANI, Andrea. *Tutela giurisdizionale differenziata e nuovo processo del lavoro*. p. 65 et seq

236. CUNHA, Leonardo Carneiro da. Negócios jurídicos processuais no Processo Civil Brasileiro. p. 56.

237. De acordo com Bruno Redondo: "*O princípio da adequação que decorre das garantias constitucionais do devido processo de direito (art. 5º, LIV), do acesso à justiça (art. 5º, XXXV) e da tempestividade da tutela jurisdicional (art. 5º, LXXVIII, CRFB) – impõe a exigência de que os procedimentos sejam os mais adequados possíveis (às peculiaridades da causa, às necessidades do direito material, às pessoas dos litigantes, etc.) para que, mediante uma prestação jurisdicional*

Cunha ressalta que além de o legislador promover a adequação procedimental, o juiz também poderá fazê-lo,[238] desde que, ressalte-se, o faça em conjunto com as partes.

Em alguns sistemas jurídicos adota-se um modelo de gestão processual por meio do qual ao juiz é dado interferir no desenrolar do procedimento a fim de adequá-lo às especificidades do caso concreto. Contudo, em que pese o caput do art. 190 do CPC[239] permitir a adaptação procedimental, este não a estabelece "*como resultado de um ato unilateral do juiz e sim como fruto do consenso entre as partes e o julgador*".[240]

Para Yarshell:

> "*Os acordos de procedimento valorizam o diálogo entre o juiz e as partes, conferindo-lhes, quando necessário e nos limites traçados pelo próprio sistema, a condição de adaptar o procedimento para adequá-lo às exigências específicas do litígio; trata-se de instrumento valioso para a construção de um processo civil democrático.*"[241]

Assim, a novidade trazida a cargo do art. 190 do CPC é a possibilidade que se confere às partes de regular ou modificar o procedimento, adequando-o às minúcias do caso concreto. Com efeito, por meio de um negócio bilateral (ou plurilateral, em alguns casos), as partes poderão modificar o procedimento a que submeterão para acertamento do direito material. Trata-se de manifestação do que alguns denominam de "*flexibilização procedimental voluntária*"[242].

Com efeito, o art. 190 do CPC consagra uma verdadeira *Cláusula Geral* de atipicidade de negócios processuais, "*sendo ampla a liberdade das partes para celebração de convenções processuais*". Afinal, de acordo com Bruno Redondo, "*inexiste prévia estipulação das adequações que podem ser*

---

eficiente, a tutela jurisdicional possa ser realmente efetiva. Para que o procedimento possa ser efetivamente adequado, forçoso reconhecer que tanto o juiz, quanto as partes, são dotados de poderes para promover adaptações no procedimento." (REDONDO. Bruno Garcia. Negócios processuais: necessidade de rompimento radical com o sistema do CPC/1973 para a adequada compreensão da inovação do CPC/2015. p. 272)

238. CUNHA, Leonardo Carneiro da. Negócios jurídicos processuais no Processo Civil Brasileiro. p. 57.
239. Art. 190. Versando o processo sobre direitos que admitam autocomposição, é lícito às partes plenamente capazes estipular mudanças no procedimento para ajustá-lo às especificidades da causa e convencionar sobre os seus ônus, poderes, faculdades e deveres processuais, antes ou durante o processo.
240. YARSHELL, Flávio Luiz. Convenção das partes em matéria processual: rumo a uma nova era? p. 91
241. YARSHELL, Flávio Luiz. Convenção das partes em matéria processual: rumo a uma nova era? p. 91-92.
242. GAJARDONI, Fernando da Fonseca. Flexibilização Procedimental: um novo enfoque para o estudo do procedimento em matéria processual de acordo com as recentes reformas do CPC. p. 215.

efetuadas no procedimento, como também não há especifica identificação do objeto das convenções das partes em matéria processual", do mesmo modo, também não se prevê o alcance e os limites desses negócios processuais.[243]

Percebe-se, desse modo, que o instituto se presta à construção (de forma cooperativa) de um procedimento próprio, adequado ao caso concreto, visando, antes de tudo, eliminar impasses processuais, mas, frisa-se (desde já), sem jamais limitar ou reduzir garantias constitucionalmente estabelecidas.[244]

É oportuno explicar que a flexibilização procedimental voluntária autorizada pelo art. 190 também possibilita às partes convencionarem sobre suas posições, faculdades, poderes e deveres no processo, independentemente da adaptação do procedimento ao caso concreto, tal como preconiza o Enunciado nº. 258 do Fórum Permanente de Processualistas Civis: "*As partes podem convencionar sobre seus ônus, poderes, faculdades e deveres processuais, ainda que essa convenção não importe ajustes às especificidades da causa*".

Com efeito, além de poderem ajustar o procedimento às peculiaridades da causa, "*as partes podem negociar sobre ônus, poderes, faculdades e deveres processuais, antes ou durante o processo*"[245].

O negócio processual atípico, desse modo, tem por objeto as situações jurídicas processuais - ônus, faculdades, deveres e poderes (poderes neste caso, de acordo com Didier, significam "*qualquer situação jurídica ativa, o que inclui direitos subjetivos, direitos potestativos e poderes propriamente ditos*"[246]). O negócio processual atípico também pode ter por objeto o ato processual, incorrendo na redefinição de sua forma ou da ordem de encadeamento dos atos, por exemplo.[247]

---

243. REDONDO, Bruno Garcia. Negócios processuais: necessidade de rompimento radical com o sistema do CPC/1973 para a adequada compreensão da inovação do CPC/2015. p. 273

244. CABRAL, Trícia Navarro Xavier. Reflexos das convenções em matéria processual nos atos judiciais. p. 238.

245. CUNHA, Leonardo Carneiro Da. Negócios jurídicos processuais no Processo Civil Brasileiro. p. 57-58.

246. DIDIER JR., Fredie. Curso de direito processual civil: introdução ao direito processual civil, parte geral e processo de conhecimento. p. 380

247. Enunciado nº. 257 do Fórum Permanente de Processualistas Civis: "*o art. 190 autoriza que as partes tanto estipulem mudanças no procedimento quanto convencionem sobre os seus ônus, poderes, faculdades e deveres processuais*". (Grupo: Negócios Processuais); Enunciado nº. 258 do Fórum Permanente de Processualistas Civis: "*As partes podem convencionar sobre seus ônus, poderes, faculdades e deveres processuais, ainda que essa convenção não importe ajustes à especificidade da causa*". (Grupo: Negócios Processuais)

Segundo Cunha, daí já se poderia construir o *Princípio da Atipicidade dos Negócios Processuais*, concluindo ser possível qualquer modalidade de negócio entre as partes ou entre elas e o juiz para modificação do procedimento.[248]

Do mesmo modo, reproduzindo o disposto no art. 158 do CPC de 1973, o art. 200 do CPC/2015 assevera que "*os atos das partes consistentes em declarações unilaterais ou bilaterais de vontade produzem imediatamente a constituição, modificação ou extinção de direitos processuais*". Em suma, as partes podem, a evidência dos preceitos dos arts. 190 e 200 do CPC/2015[249], negociar regras processuais.

Vale ressaltar que alguns autores defendem a possibilidade de celebração de negócios processuais atípicos já sob a égide do CPC de 1973, com fulcro no teor do art. 158, não importando o conteúdo do art. 190 do CPC/2015 em verdadeira inovação no sistema processual pátrio.[250]

Yarshell salienta que o juiz se vincula aos acordos sobre procedimento celebrados pelas partes, "*devendo promover a implementação dos meios necessários ao cumprimento do que foi avençado*". Não obstante, para o autor, não há necessidade de homologação judicial para que a convenção produza seus efeitos, já que, conforme art. 200 do CPC/2015 acima transcrito, "*as declarações bilaterais de vontade produzem imediatamente a constituição, modificação ou extinção de direitos processuais, dispensando-se qualquer ato homologatório do juiz para que sua eficácia seja produzida*".[251]

Frisa-se que não se trata de negócio sobre o direito litigioso - essa é a *autocomposição*. No caso, negocia-se sobre o processo, alterando suas regras, e não sobre o objeto litigioso do processo. São negócios que "*derrogam normas processuais*"[252].

Conforme salientou Nogueira,

> "*se a solução do litígio é benéfica a própria concretização da pacificação, nada mais justo do que permitir aos litigantes, inclusive quando não seja*

---

248. CUNHA, Leonardo Carneiro da. Negócios jurídicos processuais no Processo Civil Brasileiro. p. 56.

249. Frisa-se que, de acordo com o Enunciado nº. 261 do Fórum Permanente de Processualistas Civis, "*o art. 200 aplica-se tanto aos negócios unilaterais quanto aos bilaterais, incluindo as convenções processuais do art. 190*". (Grupo: Negócios Processuais)

250. Neste sentido: CAVACO, Bruno de Sá Barcelos. Negócios Processuais: Um velho conhecido? Disponível em: http://portalprocessual.com/negocios-processuais-um-velho-conhecido/#more-990. Acesso em 13/06/2015.

251. YARSHELL, Flávio Luiz. Convenção das partes em matéria processual: rumo a uma nova era? p. 90

252. DIDIER JR., Fredie. Curso de direito processual civil: introdução ao direito processual civil, parte geral e processo de conhecimento. p. 381

possível a resolução da própria controvérsia em si, disciplinarem a forma do exercício das suas faculdades processuais, ou até mesmo delas dispor".[253]

Um campo bastante favorável à Negociação Processual é o do direito probatório. Várias maneiras de disposição de direitos relacionados à prova são lembradas pela doutrina, que avalia como ampla a autonomia privada nessa seara, visto considerar o direito à prova ausente das questões de ordem pública. A *redistribuição do ônus da prova*, a previsão sobre a *utilização de determinado meio atípico de prova*, a *vedação de produção de prova por iniciativa do juiz*, a especificação de um só meio de prova possível para a demonstração da verdade de um fato (*estabelecimento convencional da prova legal*), a permissão da livre valoração de todos os meios de prova quando a lei expressamente preveja um só modo de comprovação do fato (*desconstrução de regra de prova legal inserida no ordenamento*), a criação em contrato de *hierarquia entre os meios de prova*, a *modificação de regra de admissibilidade prevista em lei* e a *dispensa de prova pela fixação em contrato da versão de fato que deve ser observada em juízo*, são exemplos de convenções possíveis a serem realizadas, de acordo com Almeida.[254]

Dado a amplitude de alcance dos negócios atípicos, a título exemplificativo, aponta-se alguns exemplos de convenções permitidas pelo Art. 190 do CPC/2015, elencados por Greco e Almeida:

"(i) pacto de non petendo (ou perdão da dívida)255; (ii) a obrigação ou cláusula de paz; (iii) a eleição convencional do foro; (iv) a autorização de

253. NOGUEIRA, Pedro Henrique Pedrosa. A cláusula geral de acordo de procedimento no novo CPC (PL 8.046/2010). In: FREIRE, Alexandre, *et al.* (org.). Novas Tendências no Processo Civil – Estudos sobre o projeto do Novo Código de Processo Civil. Salvador: Juspodivm, 2014, p.17.

254. ALMEIDA, Diogo Diogo Assumpção Rezende de. As convenções processuais na experiência francesa e no Novo CPC. In: CABRAL, Antônio do Passo; NOGUEIRA, Pedro Henrique (Coords). Negócios processuais. Salvador: JusPodivm, 2015. p. 261-262.

255. Paula Costa e Silva salienta que o *pactum de non petendo* é "*um acordo informal entre credor e devedor, nos termos do qual o primeiro ficava obrigado a não exigir o cumprimento da prestação, seja sob condição ou sob termo ou a tempo indeterminável.*" Aqui, "*o credor preserva a titularidade do seu direito, ficando apenas privado da faculdade de exigir judicialmente o respectivo cumprimento. A partir de uma perspectiva processual, uma acção de simples apreciação positiva da titularidade do direito será admissível, mas já não uma acção de condenação ao respectivo cumprimento*". Com efeito, a dívida não é exigível, embora continue a ser pagável. No que tange ao argumento da inadmissibilidade da exclusão da garantia de Acesso à Jurisdição, a autora ressalta que "*uma ingerência privada no dever que impende sobre o Estado de garantir a vigência efectiva do Direito seria, em qualquer caso, considerada inválida, independentemente da circunstância de a mesma ser temporária ou sujeita a condição. Este argumento não pode deixar de merecer recusa. Com efeito, o pactum de non petendum não implica na subtração ao Estado do dever de garantir a aplicação do Direito, como decorrência do Estado de Direito. Aliás, essa ideia não poderia deixar de ter como pressuposto que o objecto de disposição do pactum de non petendo é o direito de acesso à jurisdição, ou o direito a uma tutela jurisdicional efectiva, o*

juízos de equidade; (v) a escolha da lei aplicável ao caso; (vi) a disposição a respeito da revelação de fato jurígeno; (vii) a redistribuição contratual do ônus da prova; (viii) a dispensa de assistente técnico pelas partes; (ix) a dispensa de prova de determinado fato; (x) a eleição de perito único pelas partes; (xi) a opção por memoriais escritos em vez das alegações finais orais, em audiência; (xii) a possibilidade de substituição do réu na nomeação à autoria; (xiii) a substituição do alienante ou cedente pelo adquirente ou cessionário; (xiv) a suspensão do processo por convenção das partes; (xvi) o requerimento conjunto de preferência no julgamento perante tribunais; (xvii) as convenções sobre prazos; (xviii) as convenções sobre alegações finais orais de litisconsortes; (xix) a liquidação por arbitramento por convenção das partes; (xx) a escolha do juízo da execução; (xxi) o acordo sobre a forma de administração na penhora de estabelecimento; (xxii) a dispensa da avaliação se o exequente aceitar a estimativa do executado; (xxiii) a nomeação do administrador no usufruto; (xxiv) a escolha do rito da execução de alimentos; (xxv) a escolha de depositário de bens seqüestrados; (xxvi) a alienação de bens em depósito judicial; (xxvii) a fixação do calendário para o procedimento; (xxviii) a previsão contratual da mediação incidental obrigatória); (xxix) a disposição sobre regras de sucumbência e de reembolso de despesas; (xxx) a convenção de reunião obrigatória de ações; (xxxi) a convenção de assistência obrigatória; (xxxii) a convenção que vede o chamamento ao processo; (xxxiii) a escolha de intérprete pelas partes; (xxxiv) a convenção de processamento que transcorra sob segredo de justiça; (xxxv) a convenção sobre forma (ou local) para a comunicação processual; (xxxvi) a escolha do procedimento a ser seguido; (xxxvii) a convenção de eventual substituição das partes; (xxxviii) a convenção acerca de alterações da causa de pedir e do pedido posteriores à citação; (xxxix) o reconhecimento contratual da existência de determinado fato e consequente presunção de sua incontrovérsia; (xl) a permissão de oitiva de depoimento por vídeo conferência; (xli) o prazo para apresentação de rol de testemunhas e quesitos; (xlii) a obrigação de troca de documentos entre as partes prévia à juntada aos autos; (xliii) renúncia

---

que, como já houve oportunidade para dizer, não é o caso". Ademais, "*o afastamento do direito de exigir o cumprimento do dever de prestar não implica logicamente a exclusão do direito a exigir o pagamento de uma indemnização, seja pela mora, seja pelo incumprimento definitivo. Da mesma forma, o não cumprimento da obrigação pelo devedor permitirá ao credor invocar a excepção de não cumprimento da prestação (art. 428 do Código Civil), pois, continuando o devedor adstrito ao cumprimento da sua obrigação, o respectivo não cumprimento não poderá deixar de ser considerado ilícito*". (SILVA, Paula Costa e. Pactum de *non petendo*: Exclusão convencional do direito de acção e execução convencional da pretensão material. In: CABRAL, Antônio do Passo; NOGUEIRA, Pedro Henrique (Coords). Negócios processuais. Salvador: JusPodivm, 2015. p. 303 – 319). Por conseguinte, verifica-se que o pensamento da autora encontra-se respaldado no fato de que o reconhecimento da liberdade da parte em não deduzir pretensão em juízo implica no reconhecimento da admissibilidade de assunção negocial de não exercício do mesmo direito. Em determinadas situações, as partes poderiam constituir uma obrigação dotada de menor grau de coercibilidade como a contrapartida para a aquisição de outra vantagem negocial (como o aumento dos juros de mora, a elevação da multa etc.).

> *bilateral de recurso; (xliv) a renúncia a embargos e/ou impugnação; (xlv) a estipulação do valor, do teto e da periodicidade da multa, para o caso de descumprimento de obrigações de fazer e não fazer; (xlvi) a convenção sobre a ordem de bens sobre os quais deve recair a penhora; (xlvii) a escolha do avaliador do bem penhorado; (xlviii) a convenção de utilização da alienação por iniciativa particular; (xlix) a escolha do bem a ser penhorado; (l) a convenção de alienação antecipada do bem penhorado.*"[256]

Por conseguinte, mais uma vez, considerando a infinidade de possibilidades de negócios atípicos a serem celebrados, inviável se mostra a análise pormenorizada de cada hipótese. Ademais, para o objeto do presente estudo, o ponto relevante a ser analisado são os limites[257] de alcance dos negócios atípicos, os quais, por não serem tipificados na legislação, não possuem seus contornos prefixados de maneira expressa, mostrando-se, desse modo, indispensável a investigação dos requisitos do negócio processual, a fim de apontar a limitação normativa da vontade nestes casos.

---

256. ALMEIDA, Diogo Diogo Assumpção Rezende de. As convenções processuais na experiência francesa e no Novo CPC. p. 262-263.
257. Para uma análise específica dos limites dos negócios atípicos à luz do modelo constitucional de processo: FARIA, Guilherme Henrique Lage. Intimação das partes via whatsapp no processo civil brasileiro. In: CHAVES, Luis Cláudio da Silva; FERRAZ, Egmar. (Org.) Processo civil moderno: em homenagem ao professor Raimundo Cândido. Brasília: OAB, Conselho Federal, 2017.

Capítulo III

REQUISITOS DO NEGÓCIO PROCESSUAL

Uma vez analisada a receptividade da técnica da negociação processual pela sistemática processual pátria, tendo em vista que esta corrobora com a implementação prática da comparticipação inerente ao modelo constitucional de processo, passa-se à análise dos requisitos de validade dos negócios processuais, no intento de apontar seus limites de aplicação à luz das diretrizes constitucionais.

Segundo Yarshell, sempre que se fala sobre a validade do negócio, a primeira indagação diz respeito ao regime jurídico aplicável, dado que o CPC/2015 não apresenta exaustiva regulamentação e que nem sempre são coincidentes as disciplinas legais dos atos privados.[1]

Outrossim, como qualquer negócio jurídico, os negócios processuais passam pelo plano da existência, da validade e da eficácia. Desse modo, o negócio jurídico processual, assim como o de direito material, também pode ser invalidado parcialmente, aproveitando-se tão somente a parte que coaduna com a principiologia que rege o instituto no paradigma procedimental do Estado Democrático de Direito.[2]

Para serem válidos, na concepção de Didier, os negócios processuais devem: "*a) ser celebrados por pessoas capazes; b) possuir objeto lícito; c) observar a forma prescrita ou não proibida por lei*"[3].[4] Aqui, com esteio em Nogueira, Theodoro Júnior, Nunes, Bahia e Pedron, bem como atento ao marco teórico

---

1. YARSHELL, Flávio Luiz. Convenção das partes em matéria processual: rumo a uma nova era? p. 68.
2. Neste sentido encontra-se o Enunciado nº. 134 do Fórum Permanente de Processualistas Civis: "*Negócio jurídico processual pode ser invalidado parcialmente*". (Grupo: Negócios Processuais)
3. DIDIER JR., Fredie. Curso de direito processual civil: introdução ao direito processual civil, parte geral e processo de conhecimento. p. 384
4. Corrobora com o entendimento do autor o Enunciado nº. 403 do Fórum Nacional de Processualistas Civis: "*A validade do negócio jurídico processual, requer agente capaz, objeto lícito, possível, determinado ou determinável e forma prescrita ou não defesa em lei.*" (Grupo: Negócios processuais)

adotado, ressaltamos que devem estar presentes ainda o requisito da *vontade*, bem como o *autorregramento* desta[5].[6]

O desrespeito a qualquer destes requisitos implica em nulidade do negócio processual, conhecível *ex officio* nos termos do parágrafo único do art. 190 do CPC/2015.[7] Didier frisa que a decretação de invalidade do negócio processual deve obedecer ao sistema das invalidades processuais, o que significa que *não há nulidade sem prejuízo*.[8]

Ou seja, deve-se analisar cada hipótese negocial à luz dos requisitos de validade e eficácia do negócio.

Assim, para compreensão das hipóteses de nulidade do negócio processual, passa-se à investigação dos requisitos ora apontados.

3.1 CAPACIDADE

O caput do art. 190 exige que as partes sejam plenamente capazes para que possam celebrar os negócios processuais atípicos, mas não esclarece a que capacidade se refere.

Assim, visando suprir tal omissão, Didier ressalta que é a *capacidade processual* o requisito de validade exigido para a prática dos negócios processuais. No caso, exige-se a *capacidade processual negocial*, que pressupõe a capacidade processual, mas não se limita a ela, pois "*a vulnerabilidade é caso de incapacidade negocial que a princípio não atinge a capacidade processual geral*".[9] Um consumidor é processualmente capaz, embora possa ser um incapaz processual negocial, dado sua vulnerabilidade presumida em lei (art. 4º, I da Lei 8.078/90).

Incapazes não podem celebrar negócios processuais sozinhos. Mas, se estiver devidamente representado, não há qualquer impedimento para que o incapaz celebre um negócio processual, tendo em vista que suprimida sua incapacidade para ser parte no processo.[10]

---

5. Todos os requisitos ora elencados serão analisados no presente capítulo.
6. THEODORO JÚNIOR, Humberto; *et al.* Novo CPC – Fundamentos e sistematização. p. 245; DIDIER JR., Fredie; NOGUEIRA, Pedro Henrique Pedrosa. Teoria dos Fatos Jurídicos Processuais. p. 60
7. Ressalta-se que, nos termos do art. 10 do CPC, em que pese se tratar de matéria de conhecimento oficioso, tal questão deve ser aberta ao contraditório prévio. Neste sentido, cita-se o enunciado nº. 259 do Fórum Permanente de Processualistas Civis: "*A decisão referida no parágrafo único do art. 190 depende de contraditório prévio*". *(Grupo: Negócios Processuais)*
8. DIDIER JR., Fredie. Curso de direito processual civil: introdução ao direito processual civil, parte geral e processo de conhecimento. p. 384
9. DIDIER JR., Fredie. Curso de direito processual civil: introdução ao direito processual civil, parte geral e processo de conhecimento. p. 385
10. DIDIER JR., Fredie. Curso de direito processual civil: introdução ao direito processual civil, parte geral e processo de conhecimento. p. 385

O parágrafo único do art. 190 traz hipótese específica de incapacidade processual negocial: a incapacidade pela situação de *vulnerabilidade11. Há vulnerabilidade quando houver desequilíbrio entre os sujeitos na relação jurídica, fazendo com que a negociação não se aperfeiçoe em igualdade de condições.*[12]

Desse modo, nos termos do parágrafo único do art. 190 do CPC/2015, o juiz poderá recusar a aplicação da convenção processual sempre que "*alguma parte se encontre em manifesta situação de vulnerabilidade*".

Yarshell aduz que a igualdade das partes e a correspondente "*paridade de armas*" são relevantes para a validade de qualquer disposição convencional no âmbito processual, como forma de "*assegurar que existe livre manifestação dos sujeitos envolvidos*". Por conseguinte, não se pode admitir que uma das partes – "*por proeminência econômica ou de outra natureza*" – imponha à outra parte regras processuais que lhe sejam extremamente prejudiciais, consideradas as peculiaridades do caso concreto.[13]

A partir da noção de garantia da paridade de armas, "*assegura-se plena disponibilidade de instrumentos de fixação de direitos, deveres, ônus e faculdades na mesma medida a todas as partes*"[14], com vistas à possibilidade de desempenho do contraditório dentro do chamado binômio *informação/reação*[15]. Rafael Abrel aduz que os litigantes necessitam de "*igualdade de possibilidades*", que, consubstanciada no caráter dialético do processo, "*significa a exigência de uma intervenção equilibrada de ambas as partes, com relação a determinadas situações em concreto (direitos, deveres ônus e faculdades)*".[16]

De acordo com Yarshell:

> *"Convém considerar que a igualdade entre as partes – que se traduz na já mencionada "paridade de armas" – deve ser controlada não apenas no momento que precede a declaração de vontade, constitutiva do negócio*

11. A vulnerabilidade em termos processuais, para Fernanda Tartuce, deve ser identificada a partir de fatores objetivos, como a insuficiência econômica, óbices geográficos, debilidades de saúde, desinformação pessoal, dificuldades na técnica jurídica e a incapacidade de organização (vulnerabilidade organizacional). (TARTUCE, Fernanda. Igualdade e vulnerabilidade no processo civil. Rio de Janeiro: Forense, 2012. p. 189-216.) Para uma análise pontual do impacto de cada uma destas modalidades de vulnerabilidade no negócio processual, ver: ABREU, Rafael Sirangelo de. A igualdade e os negócios processuais. In: CABRAL, Antônio do Passo; NOGUEIRA, Pedro Henrique (Coords). Negócios processuais. Salvador: JusPodivm, 2015.
12. DIDIER JR., Fredie. Curso de direito processual civil: introdução ao direito processual civil, parte geral e processo de conhecimento. p. 386
13. YARSHELL, Flávio Luiz. Convenção das partes em matéria processual: rumo a uma nova era? p. 68
14. ABREU, Rafael Sirangelo de. A igualdade e os negócios processuais. p. 196.
15. CABRAL, Antônio do Passo. *Il principio del contradditorio come diritto d'influenza e dovere di dibattito*. In: Rivista di Diritto Processuale. Anno LX, nº. 2, 2005, p. 452.
16. ABREU, Rafael Sirangelo de. A igualdade e os negócios processuais. p. 196.

> *processual. Mais do que isso, é a preservação da igualdade processual que verdadeiramente interessa. A desigualdade entre pessoas no plano substancial é um dado corriqueiro da vida. O problema não está exata ou exclusivamente aí, mas no modo pelo qual as regras processuais lidam com essa desigualdade. Quando se diz, portanto, que a igualdade substancial é decisiva para a validade do negócio processual, está-se na premissa de que eventual preponderância de um sujeito não deve resultar em regras a ele favoráveis e desfavoráveis ao adversário.*" [17]

Com efeito, sempre que as partes não se encontrarem em pé de igualdade, podendo influenciar de maneira efetiva na formação do negócio processual, tem-se que o mesmo conterá vício capaz de ensejar sua invalidação, haja vista que poderá resultar em quebra da paridade de armas e do caráter dialético do processo.

O juridicamente incapaz presume-se vulnerável. Contudo, há quem seja juridicamente capaz e vulnerável. As posições jurídicas de trabalhador e consumidor, via de regra, costumam ser apontadas como posições vulneráveis, em que pese envolverem sujeitos capazes. Nestes casos, a vulnerabilidade precisa ser demonstrada *in concreto*, haja vista que se, apesar da desigualdade no plano substancial, o negócio processual contiver regras que asseguram o contraditório, a ampla defesa e o devido processo legal[18], de uma maneira geral, sua validade estará preservada.[19]

Dado a dinamicidade das interações entre os sujeitos processuais, o exame acerca do equilíbrio (ou não) de posições deve ser sempre com relação a um contexto situacional específico.[20] Assim, "*cada posição processual deve ser vista em concreto (e nas suas relações com as demais posições), com atenção à função conferida àquele ato processual e às alternativas possíveis àquele sujeito naquele determinado momento*"[21]. Trata-se, por conseguinte, de aferir a "*igualdade de possibilidades de desempenho pleno do contraditório*"[22], entendido como *direito de influência*[23].

---

17. YARSHELL, Flávio Luiz. Convenção das partes em matéria processual: rumo a uma nova era? p. 69
18. Para Trícia Cabral, é essencial o controle dos conteúdos da convenção no que tange ao equilíbrio das partes, à proporcionalidade, à razoabilidade e à executoriedade inerentes à mesma, garantindo-se, assim, a aplicação e o atendimento do devido processo legal em sua potencialidade máxima, mesmo nas questões disponíveis. (CABRAL, Trícia Navarro Xavier. Reflexos das convenções em matéria processual nos atos judiciais. p. 230.)
19. YARSHELL, Flávio Luiz. Convenção das partes em matéria processual: rumo a uma nova era? p. 69
20. CABRAL, Antônio do Passo. Despolarização do processo e 'zonas de interesse' sobre a migração entre pólos da demanda. In: Revista da SJRJ, nº. 26. Rio de Janeiro, 2009. p. 39.
21. ABREU, Rafael Sirangelo de. A igualdade e os negócios processuais. p. 197.
22. CABRAL, Antônio do Passo. Despolarização do processo e 'zonas de interesse' sobre a migração entre pólos da demanda. p. 25.
23. TROCKER, Nicolò. *Processo Civile e Costituzione – Problemi di Diritto Tedesco e Italiano*. p. 385-386.

O contraditório representa, desse modo, *potencialidade de influência*, uma vez que o processo é metodologia constitucional de dimensionamento de conflito que respeita a autonomia privada.[24]

Com efeito, a partir da noção de contraditório como potencialidade de influência, "*a igualdade passa a ser compreendida como oportunidades equilibradas de influência, análogos poderes de influenciar a formação da decisão*"[25].[26]

É necessário demonstrar, portanto, que a vulnerabilidade atingiu a formação do negócio jurídico, desequilibrando-o[27], total ou parcialmente, tendo em vista que o negócio processual, nos termos do já mencionado Enunciado nº. 134 do Fórum Nacional de Processualistas Civis, "*pode ser invalidado parcialmente*".[28]

Não interessa, assim, a "*igualdade pela igualdade, mas se a sua ausência é capaz de afetar o exercício de alguma outra garantia cara ao ordenamento*" [29].

Assim, nada impede que negócios processuais sejam celebrados em processos consumeristas[30] e trabalhistas, conquanto se incumba o órgão

---

24. CABRAL, Antônio do Passo. Nulidades no Processo Moderno. Contraditório, Proteção da Confiança e Validade Prima Facie dos Atos Processuais. p. 153 e SS.
25. ABREU, Rafael Sirangelo de. A igualdade e os negócios processuais. p. 197.
26. Na esteira deste entendimento encontra-se o disposto no art. 7º do NCPC, o qual determina que "*é assegurada às partes paridade de tratamento em relação ao exercício de direitos e faculdades processuais, aos meios de defesa, aos ônus, aos deveres e à aplicação de sanções processuais, competindo ao juiz zelar pelo efetivo contraditório.*" Para Rafael Abreu, muito mais do que simplesmente assegurar às partes a igualdade de tratamento (art. 139, I, do NCPC), o juiz "*deve velar para que haja equilíbrio em cada contexto situacional específico, com vistas a assegurar a possibilidade de exercício do efetivo contraditório (contraditório como influência)*". (ABREU, Rafael Sirangelo de. A igualdade e os negócios processuais. p. 197.)
27. DIDIER JR., Fredie. Curso de direito processual civil: introdução ao direito processual civil, parte geral e processo de conhecimento. p. 386
28. Fazendo uma análise pormenorizada da igualdade no negócio processual, Rafael Abreu chama atenção para o fato de que "*deve se ter em mente sempre que as manifestações de vontade a priori são válidas e que a desigualdade é ínsita aos negócios jurídicos, sendo imprescindível, para que haja alguma viabilidade no controle (e desvinculação da manifestação de vontade expressada pelos contraentes) dos negócios processuais, que haja demonstração de um efetivo desequilíbrio no acesso ao processo a determinar um verdadeiro déficit para uma das partes em termos de possibilidade de influência (equilibradas oportunidades de influenciar os desígnios do processo por meio do exercício do contraditório)*". (ABREU, Rafael Sirangelo de. A igualdade e os negócios processuais. p. 208-209.)
29. NOGUEIRA, Pedro Henrique Pedrosa. Negócios Jurídicos Processuais: Análise dos Provimentos Judiciais como Atos Negociais. Tese de Doutorado. UFBA. Orientador Prof. Dr. Fredie Didier Jr. Salvador, 2011. p. 145.
30. Com o fito da máxima proteção do consumidor, tal como ocorre na Lei 8.078/90, o parágrafo único do art. 190 do NCPC determina que o juiz deverá recusar aplicação à convenção processual em caso de *inserção abusiva em contrato de adesão*, haja vista a latente vulnerabilidade do consumidor (presumida, nos termos do Art. 4º, I do CDC). Além do mais, seguindo a mesma premissa, nos termos do Enunciado nº. 408 do Fórum Permanente de Processualistas Civis:

jurisdicional, em tais situações, de verificar se a negociação foi feita em condições de igualdade, sob pena de recusar-lhe eficácia.[31] Em suma, "*pode haver negócio processual válido entre pessoas desiguais*" [32], desde que o processo lhes assegure a necessária paridade de armas na formação do provimento decisório.

Analisada sob os parâmetros ora suscitados, a igualdade pode servir, de um lado, "*como parâmetro de limitação e controle da viabilidade de certos negócios processuais*", mediante contraditório prévio[33] e decisão fundamentada, bem como, na mesma medida, "*pode funcionar como limite para a aplicabilidade de avenças*", tanto em negócios pré-processuais[34] (celebrados antes do processo), quanto nos negócios celebrados no curso processual.[35]

Registre-se, contudo, que o fato de ser a convenção desfavorável a uma das partes em termos estratégicos, no processo judicial, não impõe, por si só, sua invalidação, uma vez que:

> *"O desequilíbrio que resulta de uma má-escolha consciente acerca de uma estratégia processual não pode relevar para fins de desconsiderar-se a manifestação autônoma de vontade que deu origem ao negócio. A igualdade que se pretende tutelar é aquela no momento do conhecimento dos riscos inerentes ao negócio e da sua lavratura (mas não a igualdade após o insucesso da estratégia traçada). Isso significa que o controle dos negócios processuais deve levar em conta a plena capacidade das partes em exercitar o contraditório, mantendo-se como hígidas as manifestações de vontade que derivem de estratégias processuais (ainda que mal sucedidas) nas quais se permitiu a compreensão dos riscos. O tão só fato de que tenha resultado em desequilíbrio entre sujeitos processuais em termos de desempenho futuro*

"Quando houver no contrato de adesão negócio jurídico processual com previsões ambíguas ou contraditórias, dever-se-á adotar a interpretação mais favorável ao aderente." (Grupo: Negócios processuais)

31. DIDIER JR., Fredie. Curso de direito processual civil: introdução ao direito processual civil, parte geral e processo de conhecimento. p. 386
32. YARSHELL, Flávio Luiz. Convenção das partes em matéria processual: rumo a uma nova era? p. 69.
33. Neste sentido, cita-se o enunciado nº. 259 do Fórum Permanente de Processualistas Civis: *"A decisão referida no parágrafo único do art. 190 depende de contraditório prévio". (Grupo: Negócios Processuais)*
34. Loïc Cadiet ressalta que a convenção das partes *"tornou-se uma técnica muito eficaz de antecipação contratual da solução do litígio, com o desenvolvimento rápido das cláusulas dos contratos que tem por objeto o regramento do litígio eventual entre as partes, o que denominamos "cláusulas de discrepância"(Clauses de Différend)) em alguns países"*. O autor salienta também que *"no estágio ulterior da solução do litígio, a convenção das partes tornou-se um meio de gestão contratual do procedimento".* (CADIET, Loïc. Prefácio. In: CABRAL, Antônio do Passo. Convenções Processuais. Salvador: Ed. JusPodivm, 2016.)
35. ABREU, Rafael Sirangelo de. A igualdade e os negócios processuais. p. 205-206.

de suas posições processuais não significa que a manifestação de vontade seja inválida. Se as partes podem, por meio de omissões, não desempenhar certas posições processuais durante o processo, igualmente podem abdicar dessas posições por meio de negócios processuais, sem que isso signifique qualquer afronta aos direitos fundamentais processuais." [36]

Por consectário, o limite do controle que o juiz deve exercer sobre a convenção processual e os atos provenientes da autonomia das partes, está vinculado a três fatores:

> *"a) à disponibilidade do próprio direito material posto em juízo; b) ao respeito ao equilíbrio entre as partes e à paridade de armas, para que uma delas, em razão de atos de disposição seus ou de seu adversário, não se beneficie de sua particular posição de vantagem em relação à outra quanto ao seu direito de acesso aos meios de ação e de defesa; e c) à preservação da observância dos princípios e garantias fundamentais do processo no Estado Democrático de Direito."*[37]

Nunca é demais lembrar que até mesmo autores que propagam um pensamento de cunho mais publicista, como Cândido Rangel Dinamarco, ressaltam que ao juiz não é atribuído o poder de apreciar a conveniência do acordo[38], limitando-se a uma análise da validade do que foi estipulado pelas partes.

Em suma, respeitados estes limites, tem-se que a negociação processual, no que tange à capacidade das partes, respeitou as diretrizes constitucionais, sendo, portanto, válida à luz do modelo constitucional de processo.

3.1.1 Acompanhamento Técnico-Jurídico

Uma das garantias correlatas à Ampla Defesa no modelo constitucional de processo, em razão dos preceitos do art. 133 da Constituição Federal de 1988[39], é a garantia do jurisdicionado à defesa técnica, sem a qual não há de se falar em máxima eficácia os Princípios do Contraditório e da Ampla defesa na esfera processual.[40]

---

36. ABREU, Rafael Sirangelo de. A igualdade e os negócios processuais. p. 210-211.
37. GRECO, Leonardo. Os atos de disposição processual – Primeiras Reflexões. p. 4.
38. DINAMARCO, Cândido Rangel. Instituições de direito processual civil. p. 500.
39. Art. 133. O advogado é indispensável à administração da justiça, sendo inviolável por seus atos e manifestações no exercício da profissão, nos limites da lei.
40. SOARES, Carlos Henrique. O Advogado e o Processo Constitucional. Belo Horizonte: Decálogo, 2004.

No que tange aos negócios processuais, conforme será analisado, a referida garantia também deve ser observada, em especial no controle da validade e da eficácia da convenção.

Consoante Enunciado nº. 18 do Fórum Permanente de Processualistas Civis, faz-se importante o acompanhamento técnico-jurídico da parte que celebra negócio processual, haja vista que "*há indício de vulnerabilidade quando a parte celebra acordo de procedimento sem assistência técnico-jurídica*".

A validade do negócio, contudo, não está condicionada à presença do advogado (ou do defensor público), embora evidentemente ela seja desejável por se tratar de matéria técnica, que, via de regra, escapa ao conhecimento do leigo.[41]

Na maioria das vezes, convenções processuais celebradas em negócios jurídicos que envolvem matéria do direito privado, tal como ocorrem com cláusulas de eleição de foro pactuadas em um contrato de compra e venda, não são estabelecidas com o acompanhamento de um profissional técnico. Caso tal presença fosse exigida, como condição de validade do negócio, acabar-se-ia por inviabilizar a celebração de grande parcela das convenções processuais já pactuadas, o que se mostra ilógico.

Para Yarshell, assim ocorre porque, "*como não se trata de prática de ato processual, não vigora a exigência de capacidade postulatória*". Desse modo, para o autor, o fato de o negócio ter por objeto atos que integram o procedimento e posições jurídicas que compõem a relação processual "*não é suficiente para tornar obrigatória a presença do advogado no ato de celebração do negócio*". Destarte, para que isso ocorra, "*seria indispensável previsão legal expressa, tal como ocorre no caso de atos e contratos constitutivos de pessoas jurídicas*" (§ 2º do art. 1º da Lei 8.906/94), que, além de expressa, "*comina taxativamente a sanção de invalidade*".[42]

Contudo, em decorrência da inexistência de obrigação de assistência técnico-jurídica, ter-se-á, desde a celebração, conforme Enunciado nº. 18 do Fórum Permanente de Processualistas Civis, um "*indício de vulnerabilidade*", o qual deverá ser analisado em concreto pelo juiz quando da aplicação das disposições da convenção no processo, fazendo o enfrentamento desta com as premissas do modelo constitucional de processo.

Com efeito, em que pese não ser indispensável a presença de acompanhamento técnico jurídico na celebração do negócio processual, tem-se que o mesmo, à luz da garantia processual à defesa técnica, se mostra com fortes indícios de vulnerabilidade, podendo ensejar sua invalidade.

---

41. YARSHELL, Flávio Luiz. Convenção das partes em matéria processual: rumo a uma nova era? p. 76
42. YARSHELL, Flávio Luiz. Convenção das partes em matéria processual: rumo a uma nova era? p. 76

Tem-se, assim, que sempre que um negócio processual for celebrado sem o acompanhamento técnico-jurídico, à luz dos preceitos do modelo constitucional de processo, a convenção deverá ser (obrigatoriamente) submetida a um criterioso exame de validade pelo magistrado, o qual, nos termos do art. 5º, II da CF/88, se mostra guardião da legalidade na seara processual, devendo, por conseguinte, zelar pela efetiva implementação de todas as garantias processuais do jurisdicionado, e, inegavelmente, caso a convenção resulte em lesão a alguma destas garantias, deverá ser tida por inválida.

Não obstante, "*se afigura inviável que as partes afastem, no negócio processual, o requisito da capacidade postulatória do advogado para a prática dos atos processuais*"[43] (excetuadas as hipóteses já dispensadas pela legislação), haja vista que, conforme já elucidado, a defesa técnica constitui garantia inerente à ampla defesa do jurisdicionado, em decorrência da interpretação lógico-sistemática dos arts. 5º, LIV, LV e 133 da CF/88.

Do mesmo modo, eventuais disposições no negócio processual sobre a destinação dos honorários fixados em juízo e, portanto, pertencentes aos advogados, nos termos do § 4º do art. 24 da Lei 8.906/94, "*são ineficazes e inoponíveis perante os causídicos, salvo se eles expressamente tiverem comparecido ao ato e anuído*".[44,45]

Por fim, urge salientar que, nos termos do art. 105 do CPC/2015[46], quando o advogado celebrar negócio processual em nome da parte, ele necessitará de poderes especiais sempre que a convenção envolver qualquer das matérias ali elencadas.

3.2 OBJETO

É nítido que os negócios processuais compreendem um feixe de possibilidades muito amplo e diversificado, da arbitragem entre os sujeitos privados aos acordos executivos entre Ministério Público e Fazenda Pública. Neste contexto, Antônio Cabral salienta que "não é o sujeito que os pratica, mas o objeto ou conteúdo da convenção, que define sua natureza". Na es-

43. YARSHELL, Flávio Luiz. Convenção das partes em matéria processual: rumo a uma nova era? p. 76
44. YARSHELL, Flávio Luiz. Convenção das partes em matéria processual: rumo a uma nova era? p. 76
45. Neste sentido, Enunciado nº. 402 do Fórum Permanente de Processualistas Civis: "*A eficácia dos negócios processuais para quem deles não fez parte depende de sua anuência, quando lhe puder causar prejuízo.*" (Grupo: Negócios Processuais)
46. Art. 105. A procuração geral para o foro, outorgada por instrumento público ou particular assinado pela parte, habilita o advogado a praticar todos os atos do processo, exceto receber citação, confessar, reconhecer a procedência do pedido, transigir, desistir, renunciar ao direito sobre o qual se funda a ação, receber, dar quitação, firmar compromisso e assinar declaração de hipossuficiência econômica, que devem constar de cláusula específica.

teira do mesmo entendimento encontra-se o pensamento de Josef Kohler[47], o qual assevera que *"é o objeto do contrato que é decisivo a respeito de sua caracterização"*.[48]

O objeto do negócio jurídico é o ponto mais sensível e indefinido. Didier elenca algumas diretrizes gerais para o exame da licitude do objeto dos negócios processuais: "*a) adoção do critério proposto por Peter Schlosser, para avaliar o consenso das partes sobre o processo civil: in dúbio pro libertate; b) a negociação atípica somente pode realiza-se em causas que admitam autocomposição.*[49]"

O CPC/2015 limitou o campo da negociação processual às demandas que versam sobre direitos suscetíveis de autocomposição. De acordo com Yarshell, o código "*seguiu na linha do que já fizera a lei 10.444/2002 ao alterar a redação do art. 331 do CPC 1973, numa presumida tentativa de distinguir os conceitos de indisponibilidade, de um lado, e de possibilidade de transação, de outro*". Não obstante, o autor ressalta que "*mesmo no âmbito de direitos indisponíveis haveria eventual margem para autocomposição*", tal como ocorre cotidianamente nas ações de alimentos, guarda, na transação penal, dentre outras hipóteses.[50]

É certo que a negociação sobre as situações jurídicas processuais ou sobre a estrutura do procedimento pode acabar afetando a solução do mérito da causa. Assim, este reflexo que o negócio processual possa vir a causar na resolução do mérito justifica a proibição de sua celebração em processos que não admitam autocomposição.[51]

Lado outro, caso a flexibilização procedimental não afete o direito material em debate, nada impede que a negociação ocorra em processos que não admitam autocomposição do litígio.[52] Corrobora com este entendimento a doutrina de Almeida, para quem a disponibilidade do direito

---

47. KOHLER, Josef. Ueber processrechtliche Verträge und Creationen. p. 255.
48. CABRAL, Antônio do Passo. Convenções Processuais. p. 61.
49. DIDIER JR., Fredie. Curso de direito processual civil: introdução ao direito processual civil, parte geral e processo de conhecimento. p. 387
50. YARSHELL, Flávio Luiz. Convenção das partes em matéria processual: rumo a uma nova era? p. 69
51. De acordo com Trícia Cabral: *"A convenção deve versar sobre direitos que admitam autocomposição. Aqui estão incluídos os direitos processuais e as regras sobre o procedimento, dede que sejam normas processuais disponíveis ou, ao menos, que não recaiam sobre interesses processuais predominantemente estatais."* (CABRAL, Trícia Navarro Xavier. Reflexos das convenções em matéria processual nos atos judiciais. p. 227).
52. No mesmo sentido encontra-se o teor do Enunciado nº. 135 do Fórum Permanente de Processualistas Civis: *"A indisponibilidade do direito material não impede, por si só, a celebração de negócio jurídico processual."*

pactuado pode se referir tanto ao direito material quanto às normas processuais, "*apesar de a indisponibilidade do direito material não afetar a disponibilidade do direito processual que se pretende convencionar (cláusula de diferendo) e vice e versa*".[53]

A título exemplificativo, pode-se mencionar a hipótese de calendarização[54] de uma demanda que envolva direito que não admita autocomposição. Ora, a calendarização visa a otimização do processo, com a supressão de algumas etapas de inatividade jurisdicional (etapas mortas), primando por sua efetividade, e, não afetando a cognição, nada impede que a mesma seja celebrada em uma ação de alimentos, ou até mesmo em um processo criminal.

Destarte, Didier relembra que "*o direito em litígio pode ser indisponível, mas admitir solução por autocomposição, tal como ocorre com os direitos coletivos e o direito aos alimentos*". Por isso o texto legal fala em "*direito que não admita autocomposição*" e não em "*direito indisponível*".[55]

Não obstante, "*c) Tudo que se sabe sobre a licitude do objeto do negócio jurídico privado aplica-se ao negócio processual*" [56]. Desse modo, somente é possível negociar comportamentos lícitos. Não pode ser objeto de uma convenção processual qualquer tentativa de fraude e/ou violação ao ordenamento jurídico, tendo em vista que a referida técnica deve corroborar com o aprimoramento do sistema, bem como com a máxima eficácia das garantias fundamentais, não como subterfúgio para afastar as diretrizes do princípio da reserva legal.

---

53. ALMEIDA, Diogo Assumpção Rezende de. Das Convenções Processuais no Processo Civil. p. 117. No mesmo sentido, Antônio do Passo Cabral aduz que "*a indisponibilidade sobre o direito material não leva necessariamente à indisponibilidade sobre as situações jurídicas processuais, até porque a convenção processual pode reforçar a proteção que o ordenamento jurídico atribui aos bens com algum grau de indisponibilidade. Imaginemos uma demanda em que figure um incapaz, ou numa ação coletiva: caso o MP ou outro legitimado extraordinário firme convenção processual para fixar um foro competente que seja mais eficiente para a colheita da prova ou que importe em maior proximidade geográfica com a comunidade lesada; ou um acordo para ampliar os prazos que possui para praticar atos do processo; ou uma convenção que amplie os meios de prova, ou que facilitem o acesso à justiça do incapaz. Enfim, os exemplos são inúmeros e mostram que, mesmo em processos com alguma indisponibilidade, são possíveis.*" (CABRAL, Antônio do Passo. A Resolução nº 118 do Conselho Nacional do Ministério Público e as Convenções Processuais. p.551).

54 Para uma análise específica da calendarização processual: FARIA, Guilherme Henrique Lage. A calendarização do processo no Novo CPC. in: URBANO, Alexandre Figueiredo de Andrade; NOGUEIRA, Luiz Fernando Valadão; SANTIAGO, Rogério. Advocacia e ética: novos temas – de acordo com o Código de Ética e Disciplina da OAB e Código de Processo Civil. Belo Horizonte: Del Rey, 2017.

55. DIDIER JR., Fredie. Curso de direito processual civil: introdução ao direito processual civil, parte geral e processo de conhecimento. p. 387

56. DIDIER JR., Fredie. Curso de direito processual civil: introdução ao direito processual civil, parte geral e processo de conhecimento. p. 387

Assim, tem-se por inválidas, a título de exemplo, qualquer negócio jurídico que vise validar uma prova obtida mediante tortura, haja vista que estar-se-ia incorrendo em clarividente ilicitude frente aos preceitos do art. 5º, LVI da CF/88.

"*d) sempre que regulamentar expressamente um negócio processual, a lei delimita delimitará os contornos de seu objeto.*" Ou seja, os negócios processuais típicos, consoante alhures disposto, possuem seus contornos delimitados na legislação. O acordo de competência, por exemplo, que é expressamente regulado em lei (art. 63, CPC) e o seu objeto, claramente definido: somente a competência relativa pode ser negociada.[57] Portanto, acordo sobre competência absoluta é plenamente vedado.[58] Nestes casos, a autonomia privada encontra restrição no princípio da reserva legal, não estando no espectro de disponibilidade das partes a convenção a respeito dos negócios expressamente regulamentados na legislação.

"*e) sempre que a matéria for de reserva legal, a negociação processual em torno dela é ilícita.*" Não se pode, por exemplo, criar recursos por meio de convenção processual, haja vista que estes observam a regra da taxatividade (Princípio da Taxatividade), encontrando-se expressamente previstos em rol taxativo no art. 994 do CPC/2015, bem como em leis esparsas.[59]

O referido princípio tem como principal objetivo a "*conciliação da celeridade com a justiça e segurança do provimento jurisdicional*", tornando possível o controle e revisão das decisões judiciais, "*definindo e limitando os meios pelos quais isso poderá ser feito*".[60]

Segundo Alcides de Mendonça Lima, a limitação aos meios de impugnação das decisões judiciais é o resultado a que se chega da contraposição de dois princípios aparentemente antagônicos: a *necessidade de justiça*, que exige a manutenção de meios para obtenção de uma decisão final justa, e a *necessidade de certeza*, que exige a manutenção da decisão certa e estável, ainda que não seja a mais justa.[61] Barbosa Moreira, a seu turno, afirma ser

57. Nos termos do Enunciado nº. 20 do Fórum Permanente de Processualistas Civis: "*Não são admissíveis os seguintes negócios bilaterais, dentre outros: acordo para modificação da competência absoluta, acordo para supressão da primeira instância.*" (Grupo: Negócio Processual)

58. DIDIER JR., Fredie. Curso de direito processual civil: introdução ao direito processual civil, parte geral e processo de conhecimento. p. 387

59. DIDIER JR., Fredie. Curso de direito processual civil: introdução ao direito processual civil, parte geral e processo de conhecimento. p. 388

60. LIPIANI, Júlia; SIQUEIRA, Marília. Negócios jurídicos processuais sobre a fase recursal. In: CABRAL, Antônio do Passo; NOGUEIRA, Pedro Henrique (Coords). Negócios processuais. Salvador: JusPodivm, 2015. p. 455.

61. LIMA, Alcides de Mendonça. Introdução aos recursos cíveis. 2 ed. São Paulo: Revista dos Tribunais, 1976, p. 389-390.

a referida limitação a via média encontrada através da contraposição entre a conveniência da rápida composição dos litígios e o anseio de garantir, na medida do possível, a conformidade da solução ao direito.[62]

Assim, se o legislador determinou a existência somente de determinados recursos previstos em lei, de modo a limitar a possibilidade de revisão das decisões, não seria lógico ou razoável que fosse permitido às partes do processo criar novas modalidades recursais atreladas aos seus interesses particulares, ainda que por convenção.[63]

Não obstante, a razoável duração do processo também seria comprometida, uma vez que a possibilidade (ilimitada) de novos recursos a critério das partes poderia prolongar o curso do litígio de maneira indefinida, o que, ao contrário do que se pode pensar a princípio, "*não teria implicações somente no anseio particular das partes de ver o processo chegar ao fim, mas também no interesse do Estado e da sociedade de que a prestação jurisdicional seja célere e adequada*".[64]

"*f) não se admite negócio processual que tenha por objeto afastar regra processual que sirva à proteção de direito indisponível.*"[65] Trata-se de negócios processuais celebrados em ambiente propício, mas com objeto ilícito, porque relativo ao afastamento de alguma garantia processual-constitucional do jurisdicionado, atitude vedada pelo modelo constitucional de processo no paradigma do Estado Democrático de Direito. Com efeito, não se admite, por exemplo, acordo para alteração das regras de segredo de justiça e da fundamentação das decisões.

Em 1984, Barbosa Moreira já chamava atenção para a ausência de estabelecimento de critérios restritivos para as convenções processuais atípicas, aduzindo que, muito embora não seja certa a segurança deste

---

62. BARBOSA MOREIRA, José Carlos. Comentários ao Código de Processo Civil, V. p. 229.
63. LIPIANI, Júlia; SIQUEIRA, Marília. Negócios jurídicos processuais sobre a fase recursal. p. 456.
64. LIPIANI, Júlia; SIQUEIRA, Marília. Negócios jurídicos processuais sobre a fase recursal. p. 457. Diogo Almeida salienta que: "*Conquanto inicialmente se possa pensar que a garantia da celeridade ou da razoável duração do processo tenha por escopo atender anseio exclusivo dos litigantes, a sua elevação a patamar constitucional e o estágio de discussão da questão na ciência processual demonstram que ela extrapola o mero desejo das partes, em especial do autor, de ver sua pretensão tutelada. Ao Estado interessa que a prestação jurisdicional seja célere e adequada, a fim de preservar sua credibilidade e de evitar que o acúmulo de demandas sem julgamento em tempo razoável multiplique as insatisfações e os conflitos satélites. O ordenamento jurídico brasileiro traduz esse pensamento, por exemplo, ao permitir o impulso oficial e através da limitação de convenções processuais que visem à alteração de prazos legais ou à suspensão do processo.*" (ALMEIDA, Diogo Diogo Assumpção Rezende de. Das Convenções Processuais no Processo Civil. p. 173-174.)
65. DIDIER JR., Fredie. Curso de direito processual civil: introdução ao direito processual civil, parte geral e processo de conhecimento. p. 388

caminho, o mais difundido dos critérios é o que se baseia na distinção entre *normas processuais cogentes* e *normas processuais dispositivas*, para admitir maior liberdade de convenção para essas e restringir para aquelas.[66]

Barbosa Moreira defende não ser admissível convencionar sobre normas processuais cogentes, "*embora nem sempre essa distinção seja nítida*".[67] Yarshell, por sua vez, ressalta que um dos grandes limites do negócio processual está na sua "*adequação ao devido processo legal*" em decorrência dos incisos LIV e LV da CF/88.[68]

No mesmo sentido, Greco aduz que o juiz deve velar pelo "*núcleo duro de princípios e garantias que formam a ordem pública processual*", aceitando que as partes disponham com liberdade sobre a marcha do processo, "*desde que respeitado esse mínimo irredutível*".[69]

Com efeito, para o autor:

> *"Convenções sobre o procedimento, dentro desses limites, devem ser acolhidas e respeitadas pelo juiz. Entretanto, o legislador brasileiro nem sempre é fiel a esses critérios, atendo-se muitas vezes a uma rigidez procedimental incompatível com o respeito às garantias fundamentais do processo e totalmente distanciada do respeito devido à ordem pública processual. Cito como exemplo o disposto no art. 182 do Código de Processo Civil, que proíbe às partes, mesmo de comum acordo, reduzir ou prorrogar prazos peremptórios. Ora, a redução do prazo recursal de sentenças de partilha em inventários é prática usual, vedada por este dispositivo. E por que não poderiam as partes prorrogar esse ou qualquer outro prazo processual, desde que o fizessem moderadamente, sem que isso implicasse em excessivo retardamento do desfecho do processo e, portanto, em comprometimento com a celeridade? Não ultrapassados esses limites e não comprometida a adequada cognição da causa pelo juiz, parece-me perfeitamente aceitável a regulação convencional do procedimento."* [70]

Corrobora com o entendimento ora externado a doutrina de Germán Hiralde e Frederico Causse, para quem "*en tanto no resulten afectadas las*

---

66. BARBOSA MOREIRA, José Carlos. Convenções das Partes Sobre Matéria Processual. Revista de Processo, ano 9, vol. 33, jan/mar. 1984, p. 184-185.
67. BARBOSA MOREIRA, José Carlos. Convenções das partes sobre matéria processual. In: Temas de direito processual – terceira série. p. 91.
68. YARSHELL, Flávio Luiz. Convenção das partes em matéria processual: rumo a uma nova era? p. 70
69. GRECO, Leonardo. Os atos de disposição processual – Primeiras Reflexões. p. 19.
70. GRECO, Leonardo. Os atos de disposição processual – Primeiras Reflexões. p. 19-20.

garantias del debido processo, no habría impedimentos legales para que las partes acuerden abreviaciones del proceso" [71].

Os negócios processuais devem situar-se no espaço de disponibilidade outorgado pelo legislador, "*não podendo autorregular situações alcançadas por normas cogentes*"[72]. Logo, não há possibilidade de celebração de negócio processual que vise afastar as garantias processuais-constitucionais do jurisdicionado.[73]

Naturalmente, também não seria possível a celebração de negócio que pretende intervir na imparcialidade do julgador, não apenas (e o mais importante) porque resultaria em ofensa ao modelo constitucional de processo, mas porque "*extravasaria o âmbito negociável, que se limita a posições jurídicas das partes e não do juiz (exceto indiretamente)*". Por analogia, "*seria inviável limitar o contraditório apenas para um dos litigantes*", tendo em vista a latente ofensa aos preceitos do art. 5º, LV da CF/88.[74]

É possível se afirmar, portanto, que as garantias processuais constitucionais compõem o núcleo mínimo do processo civil no Estado Democrático de Direito, devendo ser respeitadas no exercício da atividade jurisdicional.[75]

Destarte, "*fora dos casos em que efetivamente haja ofensa ao devido processo legal, prevalece o que as partes tiverem convencionado*" [76].

"*g) É possível inserir negócio processual em contrato de adesão, mas ele não pode ser abusivo.*" Conforme se verificou alhures, não pode, por exem-

---

71. VEGA, Germán Hiralde; CAUSSE, Frederico. La celeridad procesal a cargo de las partes (invitación del proprio juez de la causa). In: CABRAL, Antônio do Passo; NOGUEIRA, Pedro Henrique (Coords). Negócios processuais. Salvador: JusPodivm, 2015. p. 378.
72. CUNHA, Leonardo Carneiro da. Negócios jurídicos processuais no Processo Civil Brasileiro. p. 59.
73. Dado a complexidade da temática, dedicou-se na segunda parte do presente estudo uma abordagem específica e aprofundada sobre o tema, investigando-se o papel do formalismo no direito processual, a fim de aferir os reais limites da convenção processual no Estado Democrático de Direito.
74. YARSHELL, Flávio Luiz. Convenção das partes em matéria processual: rumo a uma nova era? p. 70
75. *"Não parece razoável que o Estado-Juiz se afaste, em razão de convenções das partes, dos parâmetros constitucionalmente previstos. Ainda que a relação jurídica deduzida em juízo seja regulada por normas de direito privado, portanto disponíveis a seu destinatário, não está à disposição das partes a definição daqueles parâmetros mínimos constitucionalmente previstos sobre a forma de exercício do poder jurisdicional. Trata-se, pois, de normas jurídicas inderrogáveis e irrenunciáveis, estando fora do âmbito de disposição dos sujeitos processuais. Por tais razões, os negócios jurídicos processuais encontram balizas nas disposições normativas constitucionais, consubstanciando parâmetros em relação aos quais a autonomia privada encontra espaço de atuação."* (OLIVEIRA, Paulo Mendes de. Negócios processuais e duplo grau de jurisdição. p. 432.)
76. YARSHELL, Flávio Luiz. Convenção das partes em matéria processual: rumo a uma nova era? p. 70

plo, onerar excessivamente uma das partes em condição de vulnerabilidade. Se abusivo, será nulo. É por isso que o parágrafo único do art. 190 fala em nulidade por "*inserção abusiva em contrato de adesão*".[77]

E, por fim, "*h) no negócio processual atípico, as partes podem definir outros deveres e sanções, distintos do rol legal de deveres e sanções processuais, para o caso de seu descumprimento.*"[78] Neste sentido encontra-se o teor do Enunciado nº. 17 do Fórum Permanente de Processualistas Civis: "*As partes podem, no negócio processual, estabelecer outros deveres e sanções para o caso do descumprimento da convenção.*"

3.3 FORMA

A consagração da atipicidade da negociação, excluídas as hipóteses excepcionais que preveem forma própria para o negócio processual, libera a forma com o que o negócio jurídico se apresenta. Assim, é possível negócio processual oral ou escrito, expresso ou tácito, apresentado por documento formado extrajudicialmente ou em mesa de audiência.[79]

Sob esse ângulo, para ser válido, o negócio processual não está sujeito a forma especial (art. 166, IV do Código Civil). Segundo Yarshell, não há exigência que seja celebrado por instrumento público, "*nem mesmo quando este último for requisito de validade de atos objeto da controvérsia judicial*". Basta lembrar que, "*ainda que celebrado por instrumento particular, ele deverá ser juntado aos autos e, nessa medida, ganhará a forma pública*". Não obstante, a forma pública será originária se e quando o negócio for celebrado na presença do juiz, em audiência.[80]

Quando celebrado extrajudicialmente o negócio processual deve ser formulado na forma escrita, tendo em vista que sua eficácia no processo está condicionada à sua inserção nos autos, submetendo-se, via de consequência, em consonância com o parágrafo único do art. 190 do CPC/2015, ao controle por parte do juiz de sua validade[81]. Não obstante, quando houver no negócio

77. DIDIER JR., Fredie. Curso de direito processual civil: introdução ao direito processual civil, parte geral e processo de conhecimento. p. 389

78. DIDIER JR., Fredie. Curso de direito processual civil: introdução ao direito processual civil, parte geral e processo de conhecimento. p. 389

79. DIDIER JR., Fredie. Curso de direito processual civil: introdução ao direito processual civil, parte geral e processo de conhecimento. p. 389

80. YARSHELL, Flávio Luiz. Convenção das partes em matéria processual: rumo a uma nova era? p. 73

81. Tricia Cabral lembra que: "*as convenções devem observar as restrições de natureza material, se estipuladas extrajudicialmente, e também as processuais, se já inseridas ou formuladas dentro do processo. Dessa forma, embora no campo extrajudicial sejam exigidos apenas os requisitos de ordem material, para que o ato tenha validade no processo precisa atender também às exigências*

(em especial o pré-processual[82]) previsão de alteração procedimental (acordo de procedimento), o mesmo, para surtir efeitos, necessitará de concordância do juiz, fazendo com que a forma oral não seja adequada para os fins a que se destina a convenção.[83]

Ademais, o negócio processual extrajudicial pode ser celebrado por instrumento autônomo, como um contrato atípico (art. 425 do Código Civil), ou ser parte integrante de um negócio jurídico mais amplo[84], fazendo-se, assim, indispensável sua alegação e comprovação pela parte (ou por ambas as partes) para produzir os efeitos almejados. Nunca é demais lembrar que, por se tratar de exceção ao procedimento previsto em lei, a existência do negócio processual deve ser comprovada pela parte, sob pena de seguir-se o modelo procedimental disposto na legislação.

Em suma, a *antecipação procedimental*[85] através do negócio pré-processual, também denominada pela doutrina francesa de *"contrato sobre o contrato"*[86], haja vista que prevê em um instrumento contratual, além das questões de direito material, as peculiaridades de um eventual processo a ser instaurado em caso de conflito, oferta às partes a possibilidade de

---

processuais." (CABRAL, Trícia Navarro Xavier. Reflexos das convenções em matéria processual nos atos judiciais. p. 229)

82. Calmon de Passos define "ato processual" como um ato do processo (CALMON DE PASSOS, José Joaquim. Esboço de uma teoria das nulidades aplicada às nulidades processuais. Rio de Janeiro: Forense, 2002, p. 53). Alguns autores se valem do mesmo parâmetro para definir um negócio processual, como ocorre em diversas situações em que se nega qualidade de negócio processual ao compromisso arbitral, firmado em momento pré-processual (SATTA, Salvatore. Contributo alla dottrina dell'arbitrato. p. 48). Antônio Cabral frisa que, "subjacente a esta concepção está a ideia de que, enquanto as convenções processuais deveriam ser celebradas dentro do processo, todas as demais obrigações a um comportamento, se assumidas extraprocessualmente, pertenceriam ao direito material, mesmo que tivessem por objeto e disciplinassem situações processuais". O autor frisa que "o argumento não convence. A tese de que o acordo processual seria sempre um ato do processo há tempos vem sendo rechaçada pela doutrina, até porque não é compatível com o compromisso arbitral, que compreende uma renúncia à jurisdição (e portanto tem efeitos processuais) mas é firmado fora do processo. Também seria incompatível com a eleição de foro ou a convenção sobre o ônus da prova, que o CPC/2015 afirma poder ser firmada extrajudicialmente (art 373, § 4º)." (CABRAL, Antônio do Passo. Convenções Processuais. p. 59-60).
83. CABRAL, Trícia Navarro Xavier. Reflexos das convenções em matéria processual nos atos judiciais. p. 229.
84. CABRAL, Trícia Navarro Xavier. Reflexos das convenções em matéria processual nos atos judiciais. p. 229.
85. VERKINDT, Pierre-Yves. La contractualisation collective de l´instance. In CHASSAGNARD-PINET, Sandrine; HIEZ, David. La contractualisation de la production normative. Paris: Dalloz, 2008, p. 234.
86. AMRANI-MEKKI, Soraya. La clause de conciliation. In: AMRANI-MEKKI, Soraya; CADIET, Loïc; CHARPENEL, Yves; DEWOST, Jean-Louis (Org.). La médiation. Paris: Dalloz, 2009, p.32.

"prever cláusulas relativas à solução futura de um litígio ainda em estágio potencial"[87].

Ainda no tocantes às convenções pré-processuais, Antônio Cabral relembra que as mesmas *"são muito úteis e tendem a ser as mais utilizadas na prática porque, antes do processo (e muitas vezes antes do próprio conflito), os ânimos ainda não estão acirrados"*.[88] Sobre tal aspecto, faz-se mister lembrar as lições de Tatiana dos Santos, a qual ressalta que:

> "O ânimo das partes contratantes ao celebrar um determinado negócio jurídico, normalmente está despido de beligerância ou animosidades, desnudando terreno fértil para a inserção e transação quanto às regras processuais, futuras e eventuais, de um litígio ainda não existente. Diferentemente se dá após a instauração da demanda judicial, em que as partes ocupam lugar de opositoras, litigantes, cujos interesses são antagônicos, na qual a vitória de uma importará, necessariamente, na derrota da outra."[89]

Assim, mostra-se essencial chamar a atenção do leitor para as questões atinentes à forma dos negócios pré-processuais, uma vez que, como lembra Loïc Cadiet, *"é mais fácil acordar sobre um conflito que não começou do que solucionar um litígio já existente"*[90].

Por outro lado, quando celebradas dentro do processo, *"a convenção pode ser trazida pelas partes em suas peças individuais ou então por meio de ato processual conjunto"*[91].[92]

Do mesmo modo, é permitida sua pactuação na forma oral em audiência, lavrando-se o respectivo termo, no qual constarão as bases do negócio celebrado pelas partes e/ou pelas partes e o juiz.

---

87. CADIET, Loïc. Los acuerdos procesales em derecho francés: situación actual de la contractualización de processo y la justicia en Francia. p. 3.
88. CABRAL, Antônio do Passo. Convenções Processuais. p. 76.
89. SANTOS, Tatiana Simões dos. O processo civil modulado pelas partes: ampliando a autonomia provada em matéria processual. Universidade do Rio de Janeiro: Dissertação de Mestrado, 2009, p. 93.
90. CADIET, Loïc. Los acuerdos procesales em derecho francés: situación actual de la contractualización de processo y la justicia en Francia. p. 3.
91. CABRAL, Trícia Navarro Xavier. Reflexos das convenções em matéria processual nos atos judiciais. p. 229.
92. Segundo Diogo Almeida, na legislação francesa, as convenções processuais também podem ser formuladas na petição inicial, petição conjunta sobre questões de fato ou de direito e ainda sobre o procedimento. (ALMEIDA, Diogo Assumpção Rezende de. Das Convenções Processuais no Processo Civil. p. 247).

3.4 VONTADE

Consoante analisado, o negócio processual é resultado da dialeticidade e da comparticipação processual, não podendo, jamais, ser imposto a qualquer das partes[93].

De acordo com Hiralde e Causse, "*el acuerdo de voluntades es el presupuesto de todo negócio jurídico procesal*"[94]. Em suma, dado a comparticipatividade inerente à técnica, a vontade é condição geradora do negócio processual.

Theodoro Júnior, Nunes, Bahia e Pedron observam que, se no Direito Civil, a doutrina muito discutiu acerca da necessidade da vontade – para que lhe seja atribuída condição de geradora do negócio jurídico – seja ou não uma vontade declarada, na seara processual fica claro que toda a vontade para a criação de um negócio jurídico processual carecerá de formalização e, por isso, de ostensividade. Além disso, não é suficiente que haja declaração; a vontade para fins processuais negociais deverá também ser de conhecimento de seu destinatário.[95]

Assim, a exteriorização de vontade do sujeito que implica no exercício de um poder de regular, em maior ou menor medida, o conteúdo de situações jurídicas processuais, significa a existência de um negócio jurídico processual.[96]

Antônio Cabral, neste aspecto, relembra que, "*quando se fala que as convenções processuais produzem efeitos no processo "diretamente", faz-se referência à suficiência do consentimento das partes para atingir o efeito processual pretendido*". Em suma, pela união da vontade das partes para um propósito comum (ou convergente), consegue-se criar, modificar e extinguir

93. Frisa-se, no entanto, que a única exceção à referida regra é a hipótese de negócio processual unilateral, onde uma das partes pratica determinada conduta, com efeitos predispostos na legislação, produzindo efeitos no processo.
94. VEGA, Germán Hiralde; CAUSSE, Frederico. La celeridad procesal a cargo de las partes (invitación del proprio juez de la causa). p. 378.
95. THEODORO JÚNIOR, Humberto; *et al.* Novo CPC – Fundamentos e sistematização. p. 245; DIDIER JR., Fredie; NOGUEIRA, Pedro Henrique Pedrosa. Teoria dos Fatos Jurídicos Processuais. p. 245
96. BOMFIM, Daniela Santos. A legitimidade extraordinária de origem negocial. In: CABRAL, Antônio do Passo; NOGUEIRA, Pedro Henrique (Coords). Negócios processuais. Salvador: JusPodivm, 2015. p. 343.

situações processuais, bem assim alterar o procedimento, *sem a necessidade de manifestação de outros sujeitos*[97].[98]

Não obstante, atento à *determinação* e *previsibilidade* dos negócios processuais como condição para que a parte manifeste sua vontade livre e consciente, Antônio Cabral salienta que "*se não se sabe a respeito do que se dispõe, quais obrigações se assumem e quais se renuncia, em qual intensidade se abdica de garantias processuais, não haveria propriamente exercício livre da autonomia da vontade*". Para o autor, "*é evidente que só se pode dispor daquilo cujo conteúdo se conhece (cognoscibilidade); e o ato de disposição deve ter efeitos minimamente previsíveis*".[99]

A Corte Europeia de Direitos Humanos comunga do mesmo entendimento, ao exigir que a renúncia a direitos processuais pelas partes seja realizada de maneira livre e esclarecida, e, resulte de declaração inequívoca da manifestação de vontade.[100]

Neste aspecto, a exigência de determinação, tratada pela doutrina alemã como princípio, impõe que "*o acordo deve (1) fazer referência a uma relação jurídica ou conflito específicos (delimitando bem o conteúdo da situação processual de que se dispõe), e – se possível – incluir um limite temporal (a duração do acordo)*". Para Antônio Cabral, a exigência se justifica para que "*não signifique uma renúncia ampla demais a qualquer direito processual em qualquer caso ou para qualquer processo futuro*". Não obstante, "*deve haver*

---

97. Tomando por base a referida eficácia do negócio processual, independentemente da aprovação ou intermediação de outros sujeitos, Antônio Cabral enquadra os acordos processuais como *atos processuais determinantes*. Lembra o autor que *"utilizando o critério da aptidão do ato para autonomamente produzir os efeitos pretendidos pelo agente, Goldschmidt elaborou celebre classificação dos atos processuais em atos estimulantes e atos determinantes. Atos estimulantes (também chamados de "atos postulativos") seriam aqueles em que a atividade do sujeito não atinge diretamente e por si só os efeitos pretendidos. Estes atos não são suficientes para satisfazer os interesses do sujeito que os pratica, necessitando da intermediação de outros sujeitos (sobretudo o juiz, pelo deferimento ou autorização). São os requerimentos, petições, alegações, etc."* Por outro lado, *"atos determinantes (também denominados de atos "causativos") são aqueles que desencadeiam diretamente efeitos processuais ou atingem por si só uma situação jurídica processual sem intermediação de outros sujeitos. Exemplo mais comum deste tipo são as decisões judiciais. Mas os atos determinantes não são apenas atos judiciais; as partes também praticam atos pelos quais diretamente definem regras procedimentais ou criam, modificam e extinguem situações processuais".* À luz da referida conceituação, conclui o autor: *"Se nas convenções processuais a vontade dos sujeitos conforma até os efeitos do negócio; e se os acordos processuais independem de homologação, sendo certo que a lei processual brasileira atribui-lhes validade e eficácia desde o momento de sua celebração, torna-se claro que as convenções processuais são atos determinantes".* (CABRAL, Antônio do Passo. Convenções Processuais. p. 64-65).
98. CABRAL, Antônio do Passo. Convenções Processuais. p. 63.
99. CABRAL, Antônio do Passo. Convenções Processuais. p. 78.
100. CABRAL, Antônio do Passo. Convenções Processuais. p. 178-179.

para os conventes a possibilidade de exercício de uma prognose sobre o desenvolvimento e as consequências do vínculo assumido".[101]

Por outro lado, o requisito da precisão reivindicaria que o acordo versasse sobre uma situação jurídica "*individualizada e concreta; as condutas a que as partes se comprometem ou as regras estipuladas devem ser específicas em gênero, espécie, quantidade e, se for o caso, caracteres individuais das prestações de parte a parte*".[102]

Em suma, se respeitadas as questões inerentes à precisão e determinabilidade, a vontade expressada pela parte seria livre de máculas, apta a outorgar validade à tratativa.

Yarshell, partindo inicialmente dos elementos gerais intrínsecos do negócio, exige que ele "*resulte de processo volitivo, caracterizado por adequada consciência da realidade, em ambiente de liberdade de escolha e de boa-fé*". Do contrário, "*o negócio poderá ser anulado por vício resultante de erro, dolo ou coação*".[103]

Assim, além de nulo, uma vez imposto por qualquer dos sujeitos processuais (atitude claramente não comparticipativa) o negócio processual pode ser anulado caso constatadas as hipóteses de vícios da vontade elencadas no Código Civil[104]. Para Didier, convenção processual celebrada mediante coação ou em erro pode ser anulada, por exemplo, nos termos do art. 177 do Código Civil, sendo, para tanto, necessária a provocação do interessado para a anulação do negócio.[105]

É importante ressaltar que, dado a curial importância da vontade para a interpretação dos negócios jurídico-processuais, nos termos do Enunciado nº. 404 do Fórum Permanente de Processualistas Civis, "*nos negócios processuais, atender-se-á mais à intenção consubstanciada na manifestação de vontade do que ao sentido literal da linguagem*".

Por conseguinte, mostra-se inválida qualquer convenção celebrada contra a vontade dos sujeitos que a ela se submeterão, não podendo, desse

---

101. CABRAL, Antônio do Passo. Convenções Processuais. p. 79.
102. CABRAL, Antônio do Passo. Convenções Processuais. p. 79. É interessante frisar que o Supremo Tribunal Federal, em precedente de 2002, relativo à convenção de arbitragem, fixado no julgamento da SEC nº. 6.753, de Relatoria do Ministro Maurício Correa, exigiu que as referidas convenções deveriam ser claras e precisas, para sua total cognoscibilidade pelo convenente.
103. YARSHELL, Flávio Luiz. Convenção das partes em matéria processual: rumo a uma nova era? p. 68
104. Neste sentido, Enunciado nº. 132 do Fórum Nacional de Processualistas Civis: "*Além dos defeitos processuais, os vícios da vontade e os vícios sociais podem dar ensejo à invalidação dos negócios jurídicos atípicos do art. 190.*" (Grupo: Negócios Processuais)
105. DIDIER JR., Fredie. Curso de direito processual civil: introdução ao direito processual civil, parte geral e processo de conhecimento. p. 390

modo, ser o negócio processual imposto pelo juiz no intento de "melhor organizar" a gestão cartorária.

Negócios processuais, conforme já dito à exaustão, são legitimados pelo modelo comparticipativo de processo, atrelado às premissas da democracia, não podendo jamais resultar de ato de imposição de qualquer dos sujeitos processuais.

3.5 AUTORREGRAMENTO DA VONTADE

Conforme já apontado em algumas oportunidades ao longo deste trabalho, a autonomia privada vem recebendo no processo civil estatal uma "*intolerância automática, uma resistência irrefletida ou uma indiferença constante*", como se ao ajuizarem uma demanda, as partes "*renunciassem à liberdade jurídica*".[106]

Para Godinho, é o momento de se compreender que "*há maturidade cultural suficiente para que o processo passe a ser uma coisa com partes, ou seja, as conquistas do publicismo não excluem o respeito ao autorregramento da vontade das partes*"[107].

Pontes de Miranda afirma ser o autorregramento da vontade o espaço deixado às vontades humanas no mundo jurídico, sendo que tal espaço caracteriza-se por (*i*) *ser relevante ao direito* e (*ii*) por *ser interior às linhas traçadas pelas normas jurídicas cogentes.*[108] Em consonância com Daniela Bomfim, é o próprio sistema jurídico que concede, em caráter geral, o poder de o sujeito regular os seus próprios interesses, quando lhe é permitido pelo sistema e dentro dos limites por ele previstos.[109]

Para alguns, a disseminação do uso da arbitragem é a mola precursora do movimento de contratualização do processo.[110] Entretanto, consoante doutrina de Almeida, não é tão simples a transposição da ampla autonomia da vontade presente na arbitragem para a jurisdição. "*Aquela permite tamanha liberdade porquanto, em primeiro lugar, serve às causas que versam sobre direitos patrimoniais disponíveis. O interesse em jogo é meramente privado. É*

106. GODINHO. Robson Renault. A possibilidade de negócios jurídicos atípicos em matéria probatória. p. 409.

107. GODINHO. Robson Renault. A possibilidade de negócios jurídicos atípicos em matéria probatória. p. 409.

108. PONTES DE MIRANDA, Francisco Cavalcanti. Tratado de Direito Privado, III. p. 55.

109. BOMFIM, Daniela Santos. A legitimidade extraordinária de origem negocial. p. 341.

110. CADIET, *Loïc. Les conventions relatives au procès en droit français sur la contractualisation du règlement des litiges.* Revista de Processo. São Paulo: RT, nº. 160, ano 33, p. 61-82, 2008. p. 65.

coisa das partes, que poderia ser solucionada por mera negociação". Além do mais, não utiliza órgãos do Estado, mas associações e árbitros privados.[111]

Por outro lado, a escolha pela jurisdição "*acrescenta à solução do litígio interesses públicos até então ausentes que limitam a autonomia*" [112].

Segundo Yarshell, quando se assevera que o processo não é um contrato, toma-se como premissa a circunstância de que a jurisdição estatal gera estado de sujeição das partes, de tal sorte que "*ela se impõe de forma inevitável às pessoas, independentemente de sua vontade*". Contudo, o autor ressalta que "*isso quer dizer apenas que a jurisdição é forma de poder, que envolve a capacidade de decidir e de impor decisões*". Com efeito, a vinculação coercitiva da jurisdição estatal "*não parece impedir que os sujeitos parciais declarem vontade dirigida à produção de efeitos por eles queridos*". Em suma, na premissa de que o negócio exista, seja válido e eficaz, "*o que existe é a sujeição do órgão jurisdicional – estatal ou arbitral*" à vontade das partes.[113]

Didier salienta que se pode localizar o poder de autorregramento da vontade em quatro zonas de liberdade:

> *"a) liberdade de negociação (zona das negociações preliminares, antes da consumação do negócio); b) liberdade de criação (possibilidade de criar novos modelos negociais atípicos que mais bem sirvam aos interesses dos indivíduos); c) liberdade de estipulação (faculdade de estabelecer o conteúdo do negócio); d) liberdade de vinculação (faculdade de celebrar ou não o negócio)."*[114]

Contudo, faz-se importante ressaltar, que "*a autonomia privada nunca é absoluta. Sempre houve restrições ao seu exercício*"[115], sendo certo que esse princípio não tem, no Direito Processual, a mesma roupagem dogmática com que se apresenta no direito material. Segundo Chiovenda, "*designado um ato processual o caráter de negócio jurídico, nem por isso se afirmou que o direito reconheça à vontade da parte a mesma importância que lhe pode reconhecer o direito privado*"[116].

---

111. ALMEIDA, Diogo Assumpção Rezende de. As convenções processuais na experiência francesa e no Novo CPC. p. 257.
112. ALMEIDA, Diogo Assumpção Rezende de. As convenções processuais na experiência francesa e no Novo CPC. p. 257.
113. YARSHELL, Flávio Luiz. Convenção das partes em matéria processual: rumo a uma nova era? p. 64-65.
114. DIDIER JR., Fredie. Princípio do respeito ao autorregramento da vontade no Processo Civil. p. 20.
115. ASCENSÃO, José de Oliveira. Direito Civil – Teoria Geral. Coimbra: Coimbra. 1999. p. 78, v.II.
116. CHIOVENDA, Giuseppe. Instituições de Direito Processual Civil. p. 26.

Seguindo a mesma premissa, Barbosa Moreira preconiza que "*não se poderia reconhecer à autonomia da vontade, no campo processual, atuação tão ampla como a que lhe abre o terreno privatístico*"[117].

Os limites ao autorregramento da vontade são perceptíveis tanto no direito material quanto no direito processual. Neste aspecto, ressaltando os limites que a vontade deve receber no campo processual, Didier, aduz que, "*por envolver o exercício de uma função pública (a jurisdição), a negociação processual é mais regulada e o seu objeto mais restrito*"[118].

Segundo lição de Nogueira:

> *"No processo, o autorregramento da vontade é bem mais restritivo do que nas relações de direito privado. Em muitos negócios processuais, inclusive, os efeitos já estão todos pré-estabelecidos na norma processual (v.g. o efeito jurídico-processual da desistência do recurso é a extinção do procedimento recursal e o transito em julgado do capítulo da decisão que fora recorrido; não há como o recorrente modificar com sua vontade estes efeitos).*[119]

Isso, contudo, não retira o caráter negocial do ato, porque há, nessas situações, liberdade de escolha, embora em grau mínimo (v.g. pode a parte escolher entre desistir ou não, ou entre desistir do recurso no todo ou em parte). São os chamados "*negócios jurídicos processuais vinculativos*".[120]

Dessa forma, a limitação da normatividade (autorregramento) da vontade não diminui sua importância, muito menos impede que lhe atribua o merecido destaque de ser um dos princípios estruturantes do direito processual civil brasileiro.[121]

Godinho, diante da referida limitação normativa à abrangência do autorregramento da vontade no campo processual, assevera que "*há de se trabalhar com a autonomia da parte não mais no sentido privatístico clássico, mas, sim, dentro de uma perspectiva constitucional e de uma teoria dos direitos fundamentais que autoriza e ao mesmo tempo impõe limites às manifestações de vontade*"[122].

---

117. BARBOSA MOREIRA, José Carlos. Convenções das partes sobre matéria processual. p. 91
118. DIDIER JR., Fredie. Princípio do respeito ao autorregramento da vontade no Processo Civil. p. 20.
119. NOGUEIRA, Pedro Henrique Pedrosa. Negócios Jurídicos Processuais: análise dos provimentos judiciais como atos negociais. p. 163.
120. NOGUEIRA, Pedro Henrique Pedrosa. Negócios Jurídicos Processuais: análise dos provimentos judiciais como atos negociais. p. 163.
121. DIDIER JR., Fredie. Princípio do respeito ao autorregramento da vontade no Processo Civil. p. 20-21.
122. GODINHO, Robson Renault. Reflexões sobre os poderes instrutórios do juiz: o processo não cabe no "Leito de Procusto". Revista de Processo. São Paulo: RT, 2014, nº. 135, p. 87.

Com efeito, "*o balizamento à autonomia privada deve ser fornecido pela mesma fonte que a fundamenta, isto é, a perspectiva constitucional*" [123].

A defesa do autorregramento da vontade no processo não pode se confundir com a defesa de um processo estruturado em um modelo *adversarial*, tendo em vista que o respeito à liberdade convive com a atribuição de poderes ao órgão jurisdicional, até mesmo porque o autorregramento da vontade no processo não é ilimitado, como aliás, "*não o é em nenhum outro ramo do direito. Se não existe autonomia da vontade ilimitada nos demais ramos do direito, não faria sentido que logo no Direito Processual Civil ela aparecesse*".[124]

No mesmo sentido, Loïc Cadiet relembra que os negócios processuais, denominados pelo autor de convenções processuais, não são ilimitados porque não escapam nem às regras do processo, nem às regras do contrato.[125]

Para Emilio Betti, "*o instituto do negócio jurídico não consagra a faculdade de 'querer' no vácuo, como apraz afirmar a certo individualismo, que ainda não foi estirpado da hodierna dogmática*", acrescentando ainda que a "*errônea mitologia da vontade*" cultua a "*omnipotência da vontade individual (a qual, de facto, no foro interno da consciência não encontra limites extrínsecos); e dessa maneira, induz a desconhecer os múltiplos limites sociais e jurídicos da autonomia privada*".[126]

Didier salienta que "*a lei cuida, inclusive, de proteger os incapazes e os vulneráveis (art. 190, parágrafo único CPC) e de proibir certas negociações (p. ex.: não cabe acordo sobre competência absoluta do órgão jurisdicional)*"[127]. A mediação legislativo-principiológica é de curial importância para a delimitação do âmbito de influência da autonomia da vontade no processo.

Assim, o autorregramento da vontade deve ser lido como uma decorrência da perspectiva híbrida do processo, uma vez que o déficit democrático que se vê no processo civil não será sequer amenizado se o discurso persistir unicamente no protagonismo judicial, bem como será agravado se houver uma exclusividade privatística dos rumos do processo. Em suma, "*nem uma exclusão das partes que pareça um autoritarismo estatal, nem uma exclusi-*

---

123. GODINHO, Robson Renault. Convenções sobre o ônus da prova – estudo sobre a divisão do trabalho entre as partes e os juízes no processo civil brasileiro. p. 25.

124. DIDIER JR., Fredie. Princípio do respeito ao autorregramento da vontade no Processo Civil. p. 22.

125 CADIET, Loïc. Prefácio. In: CABRAL, Antônio do Passo. Convenções Processuais. Salvador: Ed. JusPodivm, 2016.

126. BETTI, Emilio. Teoria Geral do Negócio Jurídico. Tomo I. Fernando Miranda (trad.). Coimbra: Coimbra, 1969, p. 107 e 118-119.

127. DIDIER JR., Fredie. Princípio do respeito ao autorregramento da vontade no Processo Civil. p. 22.

vidade da vontade que se confunda com indiferença estatal" oportunizariam a correta compreensão do sistema processual em perspectiva democrática, prejudicando, desse modo, a delimitação da abrangência do autorregramento da vontade no processo.[128]

Com efeito, o modelo cooperativo de processo, adotado como uma das diretrizes do CPC/2015 (art. 6º), tem como característica basilar a busca de uma articulação democrática dos papeis das partes e do juiz (bem como dos demais sujeitos processuais), com o propósito de "*harmonizar a eterna tensão entre a liberdade individual e o exercício do poder pelo Estado*". Destarte, o rompimento com ideologias liberais e socializadoras, na busca de uma releitura das funções dos agentes processuais em uma perspectiva '*híbrida*' (democrática) de processo, faz-se indispensável, uma vez que "*o processo cooperativo nem é processo que ignora a vontade das partes, nem é processo em que o juiz é mero espectador de pedra*".[129]

A consagração do Princípio da Cooperação no CPC/2015 é uma clara demonstração da valorização da influência da vontade no processo. Não por outra razão a doutrina, em alguns casos, o relaciona ao fenômeno da "contratualização" do processo.[130]

Assim, seguramente, o autorregramento da vontade na sua relação com as normas processuais cogentes, encontrará limites significativamente maiores do que no espaço que lhe é deixado no âmbito do direito privado. Apesar disso, Nogueira e Didier ressaltam que parece inquestionável a existência de espaço deixado aos diversos sujeitos processuais, para que possam influir e participar na construção da atividade procedimental, sem que isso represente o reflexo ou a consagração de uma postura '*neoprivatista*'.[131]

Em suma, em que pese ser um dos elementos direcionadores do processo no modelo democrático implementado pela Constituição Federal de 1988, a vontade, bem como a normatividade inerente a ela, encontram limitações no campo processual, não havendo, desse modo, espaço para a livre pactuação procedimental pelas partes, em alguns casos.

Em suma, o conteúdo dos negócios processuais encontra sérios limites no ordenamento jurídico-constitucional.

---

128. GODINHO. Robson Renault. A possibilidade de negócios jurídicos atípicos em matéria probatória. p. 410.

129. DIDIER JR., Fredie. Princípio do respeito ao autorregramento da vontade no Processo Civil. p. 22.

130. CADIET, Loïc. *Los acuerdos procesales em derecho francés: situación actual de la contractualización de processo y la justicia en Francia*. p. 18.

131. DIDIER JR., Fredie; NOGUEIRA, Pedro Henrique Pedrosa. Teoria dos Fatos Jurídicos Processuais. p. 60

Ante o exposto, uma vez ultrapassada a análise a respeito da viabilidade, do conteúdo e do alcance dos negócios processuais no direito brasileiro, para que consigamos uma interpretação mais adequada da extensão de seus efeitos, em especial no que concerne aos *acordos de procedimento*, faz-se necessário um estudo sobre o papel da forma e do formalismo no direito processual civil, haja vista que, em razão das fortes influências do modelo do *Civil Law*, no qual a forma preestabelecida do ato (e do procedimento) ainda é sinônimo de ordem, segurança e previsibilidade, capaz de evitar arbítrios e preferências dos agentes públicos frente aos particulares e assegurar a isonomia de tratamento entre os sujeitos processuais[132], a alteração procedimental possibilitada pela negociação processual poderá ser facilmente rejeitada pelo operador do direito pátrio. Ou, quando não rejeitada, a técnica poderá ser aplicada de maneira não condizente com o modelo constitucional de processo, o que se mostra inadequado frente às premissas do presente estudo.

Para Antônio Cabral:

> *"Além de proporcionar ordem, previsibilidade e eficiência, a forma é um freio legislativo aos impulsos humanos. Através do regramento legal, a vontade coletiva se impõe aos ímpetos dos litigantes e do juiz, num potente mecanismo de contenção de arbitrariedades. Especialmente num Estado de Direito, que é aquele em que impera o rule of Law, não pode o poder estatal, exercido por meio de agentes públicos, permitir que as preferências e vontades pessoais prevaleçam sobre as prescrições normativas. Formalidades legais talvez sejam o modo mais seguro de evitar-se o arbítrio dos julgadores."*[133]

Tal concepção, *a priori*, "*faz com que haja dificuldade em desapegar do modelo tradicional de processo*", que confere pouca margem de disposição aos sujeitos processuais sobre a forma e o procedimento.[134]

Desse modo, para que se alcance a correta compreensão do papel do formalismo no direito processual civil, bem como se perceba a limitação que este impõe aos negócios processuais, passaremos à investigação de suas bases e de seu conteúdo em consonância com os paradigmas do Modelo Liberal, Social e Procedimental.

---

132. CABRAL, Trícia Navarro Xavier. Reflexos das convenções em matéria processual nos atos judiciais. p. 218.

133. CABRAL. Antônio do Passo. Nulidades no processo moderno: contraditório, proteção da confiança e validade prima facie dos atos processuais. Rio de Janeiro: Forense, 2009. p. 9.

134. CABRAL, Trícia Navarro Xavier. Reflexos das convenções em matéria processual nos atos judiciais. p. 218.

Capítulo IV

O FORMALISMO NO MODELO LIBERAL DE PROCESSO

4.1 QUESTÕES INTRODUTÓRIAS

Conforme se verificou no capítulo anterior, o estudo do papel que o formalismo desempenha no processo se mostra de curial importância para a devida compreensão dos limites da negociação processual, em especial no que concerne aos *acordos de procedimento*, celebrados com fulcro no art. 190 do CPC/2015, tendo em vista que não há regramento preestabelecido na infraconstitucionalidade que estabeleça seus limites, e, consoante analisado, a autonomia privada encontra limites na seara processual.

Desse modo, mostra-se indispensável a devida compreensão da função do formalismo na atividade processual.

A preocupação com a forma e com a demora do processo constituiu um capítulo importante da história processual. Os antigos direitos processuais conseguiram "*permanecer facilmente afortunados*", graças a objetos litigiosos menos complexos. Ao mesmo tempo, "*a oralidade do procedimento forçava a uma espécie de discussão concentrada*". A lei das XII Tábuas prescrevia a realização dos debates em um mesmo dia, e apenas excepcionalmente permitia um segundo termo. No processo do tempo do último imperador encontramos rigorosas determinações de prazo, "*que não podiam ser comutados por decreto imperial*", devendo a audiência se realizar depois de um período de vários meses (provavelmente quatro) a contar da *litisdenunciação*.[1]

Alois Troller ressalta que "*se o autor perdia esse dies fatalis, perdia o direito de ação; se o demandado não comparecia, era sentenciado no mérito e contra ele se ordenava a execução; se o juiz tinha culpa pela perda, devia indenizar os prejuízos sofridos pelo autor*".[2]

---

1. TROLLER, Alois. Os Fundamentos do Formalismo Processual Civil. p. 94.
2. TROLLER, Alois. Os Fundamentos do Formalismo Processual Civil. p. 94.

O processo justinianeu admitia um prazo de três anos para a realização (e conclusão) do processo, que, todavia, significava apenas que, na ausência do outro demandante, "*a parte presente no tribunal após o decurso de três anos poderia reclamar uma sentença*".[3]

Conforme anteriormente ressaltado, a possibilidade de celebração de negócios processuais tem por escopo alcançar dois objetivos bem delineados, quais sejam, a individualização do procedimento em razão do objeto do litígio, e, a otimização do processo para fins de obtenção de uma decisão em tempo razoável, eliminando (especialmente) as "etapas mortas" do andamento processual, e, favorecendo a efetividade máxima das demais garantias processuais-constitucionais, que seriam exercidas em maior plenitude dentro de um procedimento adaptado para o caso concreto.

Diante deste contexto, valemo-nos de um questionamento levantado por Troller, no qual o autor questiona se "*pode a força condutora do direito litigioso ser pensada como condutora do processo?*[4]"

O "novo" processo italiano mostrou a consequência desta reflexão. Em tal legislação, "*o juiz pode simplificar o procedimento, se a simplicidade da disputa parece permiti-lo*"[5]. Ou seja, o direito processual italiano oportuniza o magistrado a simplificar o procedimento de acordo com a complexidade do objeto da demanda.

Por outro lado, tem-se que se não é correto sustentar que o direito de ação é "*um acessório natural e inseparável*" do direito privado, seguramente também não é correto afirmar que, em princípio, "*o direito de ação é estreitamente vinculado com o direito privado por meio da finalidade do processo*".[6] Essa vinculação não é rigorosamente acessória nem tampouco genérica, mas apenas lógica. O processo não se esgota com a confirmação de uma pretensão.

Para Troller:

> "*O processo em relação ao direito privado é o piso próximo mais alto no edifício do direito estatal; para a matéria principal ele repousa sobre os mais baixos; todavia, ao mesmo tempo toma parte em todos os muros externos de contorno da estrutura jurídica estatal. O direito de ação é a chave que permite o acesso.*" [7]

---

3. TROLLER, Alois. Os Fundamentos do Formalismo Processual Civil. p. 94.
4. TROLLER, Alois. Os Fundamentos do Formalismo Processual Civil. p. 24.
5. TROLLER, Alois. Os Fundamentos do Formalismo Processual Civil. p. 24.
6. TROLLER, Alois. Os Fundamentos do Formalismo Processual Civil. p. 26.
7. TROLLER, Alois. Os Fundamentos do Formalismo Processual Civil. p. 27.

Em regra, o processo não pode buscar apoio no direito subjetivo, e sim o contrário, haja vista que em face do perigo, "*é o direito subjetivo que não pode prescindir da tutela processual*" [8].

Neste cenário, Troller ressalta que "*essa censura da formalidade, que pode resultar em injustiça, sai mais rapidamente dos lábios dos leigos do que dos juristas educados no pensamento formal*" [9].

Enquanto no curso da história os institutos jurídicos civis (propriedade, posse, fiança, empréstimo etc.) foram essencialmente pouco modificados, o processo nas grandes ondulações dos acontecimentos culturais "*foi forçado a formas rígidas, a libertar-se das cadeias, e por vezes controlado novamente*" [10].

De acordo com os ensinamentos de Franz Klein, "*a história ensina que raramente um povo saiu vitorioso em verdadeira revolução na sua existência política sem que a duração do processo também fosse atingida.*" [11]

Troller salienta que o princípio da rigidez das formas sempre permaneceu como a *espinha dorsal* do processo, tal como ocorre no "novo" processo italiano, onde, apesar de todo o trabalho para uma simplificação do procedimento, "*a indispensabilidade do rigorismo formal foi reconhecida*", a fim de que permaneça "*garantida a disciplina processual e de antemão as partes possam ter em consideração com alguma segurança o desenvolvimento do procedimento*".[12]

Para o autor:

> "*O processo deve ser rigorosamente regulado enquanto vigilante de fronteiras entre esferas jurídicas privadas desconhecidas (ou pelo menos duvidosas), em relação às quais desempenha a sua tarefa de regulação. Por isso, nunca poderá ser afastado completamente o forte dualismo entre o direito processual e o material.*" [13]

Assim,

> "*no processo civil, a forma é a fronteira que é construída pela formação da matéria – ela constitui a confirmação da pretensão litigiosa, conforme o seu sentido fático e jurídico. Pela forma processual determina-se dentro*

8. TROLLER, Alois. Os Fundamentos do Formalismo Processual Civil. p. 31.
9. TROLLER, Alois. Os Fundamentos do Formalismo Processual Civil. p. 15.
10. TROLLER, Alois. Os Fundamentos do Formalismo Processual Civil. p. 17.
11. KLEIN, Franz. *Zeit – und Geistesströmungen im Prozesse*, Jahrbuch der Gehe-Stiftung, Bd, VIII, Dresden, 1902, p.10. In: TROLLER, Alois. Os Fundamentos do Formalismo Processual Civil. Porto Alegre: Sergio Antônio Fabris Editor, 2009. p. 17.
12. TROLLER, Alois. Os Fundamentos do Formalismo Processual Civil. p. 17.
13. TROLLER, Alois. Os Fundamentos do Formalismo Processual Civil. p. 17.

de quais limites devem cooperar as pessoas atuantes no processo para o desenvolvimento da pretensão jurídica."[14]

Deve, portanto, ser verificado até que ponto o formalismo processual, nas suas mais essenciais manifestações, repousa em bons e convincentes fundamentos de política jurídica e, portanto, em "*considerações éticas*", e em "*urgentes e graves conclusões lógicas*", ou também em "*raciocínios tecnicamente condicionados*", ou "*se é formado apenas da base abalada dos equívocos científicos e da política judiciária dominantes*".[15]

Na concepção de Troller, o procedimento só tem sentido quando a sua mais estreita finalidade, a justa composição da lide, "*é alcançada em tempo proporcional às dificuldades da questão jurídica*". Para o processo devem ser indicadas *fronteiras*. Com efeito, tal incumbência "*constitui tarefa específica da forma; forma significa limitar o material a ser formado*".[16]

Por conseguinte, se é inocultável a importância da história para a geral compreensão dos institutos jurídicos, ganha ela destaque especial em relação ao formalismo processual, determinando-se por meio de seu estudo as transformações e a linha de evolução que vem esboçando ao longo do percurso da humanidade.[17]

Somente através de uma análise pormenorizada da concepção (e do papel) do formalismo ao longo da história é que poderá se alcançar a correta leitura deste instituto, e, via de consequência, compreender sua finalidade no direito processual-constitucional brasileiro, para fins de se verificar os limites da negociação processual frente ao modelo constitucional de processo.

4.2 O PROCEDIMENTO COMUM ALEMÃO

O exemplo mais acabado do formalismo de corte racional é representado pelo processo comum alemão, o qual excluiu completamente a publicidade e a oralidade e o contato imediato entre juiz e partes, emprestando ênfase especial às formas prescritas em lei.[18]

A função do juiz no processo germânico consiste meramente em estabelecer qual dos litigantes deve realizar a prova e com que meios. Depois disso, limita-se a assistir passivamente à experiência probatória e a constatar

---

14. TROLLER, Alois. Os Fundamentos do Formalismo Processual Civil. p. 23.
15. TROLLER, Alois. Os Fundamentos do Formalismo Processual Civil. p. 18.
16. TROLLER, Alois. Os Fundamentos do Formalismo Processual Civil. p. 22-23.
17. OLIVEIRA, Carlos Alberto Alvaro de. Do formalismo no processo civil. São Paulo: Saraiva, 1997. p. 10.
18. OLIVEIRA, Carlos Alberto Alvaro de. Do formalismo no processo civil. p. 29.

mecanicamente o seu resultado. Ou seja, *"a função individual do juiz não tem qualquer importância"* [19].

Intensifica-se no referido ordenamento o domínio absoluto do princípio dispositivo, da escritura e das preclusões formais.

Neste contexto, Troller preconiza que:

> *"O juiz germânico não era juiz no nosso sentido. Conforme a opinião atual, deveria apenas conduzir a audiência: era-lhe negada a sua mais importante tarefa, a investigação do direito; disso se ocupavam os escabinos. O processo, mesmo quando era dirimido em palavras perante o juízo, exibia caráter de um duelo das partes, a ser decidido para a vitória ou a derrota perante a comunidade. Em geral, não foi desenvolvida pelos troncos germânicos a ideia de um Estado concedente e comprovador do direito, que é embasadora do direito romano e orientou os direitos processuais modernos."* [20]

Para melhor compreensão do velho processo germânico, mostra-se especialmente importante levar em conta as formas particulares prescritas em lei para os atos das partes, a denunciar que o procedimento como um todo era dominado por um rigoroso formalismo, com força coercitiva e valor em si mesmo.[21]

Carlos Alberto Alvaro de Oliveira acentua que, pela ordem em que se sucedem e por seu conteúdo, *"os atos processuais estão rigorosamente articulados, com estrito reconhecimento da ideia de tratamento eventual (acumulação dos meios de ataque e defesa), introduzindo-se assim com grande força o Princípio da Eventualidade"* [22].

Por tais fatos, não poderia ser esperada outra sorte do processo alemão, senão sua degeneração, *"a ponto de um simples erro no pronunciar o juramento, o não se ajoelhar perante o relicário, não colocar o corpo na posição prescrita"* [23], conduziam à perda da causa.

De acordo com a doutrina de Oliveira, este fenômeno provocou indicativa observação de Singel, uma das mais importantes autoridades do direito medieval, para o qual, *"parece como se tais formalidades tenham sido criadas com o propósito de pôr o litigante em grave aflição, tão sutis e insidiosos eram os seus desígnios, tão dificultosa sua execução"*.[24]

---

19. TROLLER, Alois. Os Fundamentos do Formalismo Processual Civil. p. 34.
20. TROLLER, Alois. Os Fundamentos do Formalismo Processual Civil. p. 41-42.
21. OLIVEIRA, Carlos Alberto Alvaro de. Do formalismo no processo civil. p. 15.
22. OLIVEIRA, Carlos Alberto Alvaro de. Do formalismo no processo civil. p. 29.
23. OLIVEIRA, Carlos Alberto Alvaro de. Do formalismo no processo civil. p. 30.
24. OLIVEIRA, Carlos Alberto Alvaro de. Do formalismo no processo civil. p. 30.

Ante tal problemática concepção de formalismo, inviabilizador da obtenção do direito por mera inobservância de ritos irracionais, evidenciou-se a inexorável necessidade de releitura do instituto, bem como de sua forma de compreensão pela comunidade jurídica, haja vista que sua observância irrestrita poderia ensejar o total perecimento do direito.

4.3 REFORMA PRUSSIANA

Já em época mais recente, os inconvenientes do procedimento do direito comum induziram a Prússia, principal Estado alemão, a tomar enérgicas medidas para ampla reforma do judiciário.

Oliveira observa que dentro de uma inspiração da função judicial de molde inquisitório, "*os §§ 6º e 7º da Introdução à Ordenança Judicial Geral (Allgemeine Gerichtsordnung) de 1793 e 1795 atribuíram ao juiz, de modo significativo, o dever e, por consequência, o poder de se assegurar das verdadeiras condições dos fatos da causa*" [25].

O juiz estava autorizado, ainda que de ofício, a investigar o fundamento dos fatos alegados pelas partes sempre que julgasse necessário, a fim de trazê-los à luz para a correta aplicação da lei ao caso concreto.

O litigante ao negar as afirmações do adversário, devia indicar ao tribunal os meios pelos quais poder-se-ia estabelecer a verdade do ponto disputado. O juiz, contudo, não se encontrava limitado por estes meios, podendo agir de ofício.[26]

Ressalta-se, com esteio em Oliveira, que tal regulação deve-se, de forma principal, à obsessão de Frederico, o Grande, quanto à responsabilidade dos advogados pelas condições pouco satisfatórias da justiça civil, razão pela qual procura a ordenança restringir a influência destes ao mínimo possível, ampliando em contrapartida o poder judicial.[27]

Todavia, embora a finalidade confessada da reforma prussiana fosse "*colocar o juiz em situação de procurar a própria verdade*" [28] e tenha sido anunciado como seu lema principal "*a procura da verdade pelo caminho mais seguro*" [29], em estranha contradição com a livre condução do processo e a investigação fática, demonstrando clara ausência de abandono da desconfiança que cercava o exercício da função jurisdicional, conforme observa Troller, "*o juiz prussiano não poderia conduzir livremente a prova e, tal como no*

25. OLIVEIRA, Carlos Alberto Alvaro de. Do formalismo no processo civil. p. 37.
26. OLIVEIRA, Carlos Alberto Alvaro de. Do formalismo no processo civil. p. 37.
27. OLIVEIRA, Carlos Alberto Alvaro de. Do formalismo no processo civil. p. 37-38.
28. OLIVEIRA, Carlos Alberto Alvaro de. Do formalismo no processo civil. p. 38.
29. OLIVEIRA, Carlos Alberto Alvaro de. Do formalismo no processo civil. p. 38.

direito comum, estava fortemente atrelado a regras rígidas de lei na aplicação do material fático da causa" [30].

Posteriormente à guerra de liberação, quando o cuidado paternal do Estado em relação aos sujeitos dependente foi encarado como "*tutela opressiva aos direitos do cidadão*", para Oliveira, "*não mais restaram dúvidas quanto ao equívoco cometido pela reforma prussiana*", fazendo-se necessária, mais uma vez, uma mudança de perspectiva do processo, bem como de seus institutos, em razão da alternância na concepção de ingerência do Estado na esfera privada.[31]

4.4 O ESTADO LIBERAL E O MODELO LIBERAL DE PROCESSO

Etapa importante para a evolução do formalismo processual inicia-se com a Revolução Francesa e a ideologia iluminista que a inspirou.

É possível se afirmar que o Estado Liberal teve sua origem diretamente influenciada pelo advento do próprio Constitucionalismo. Vinícius Lott Thibau, respaldado nos ensinamentos de Dalmo de Abreu Dallari, ressalta que "*o Constitucionalismo foi um movimento que, iniciando-se no desmoronamento do Sistema Político Medieval, teve seu ápice no século XVIII e, quase sempre, caráter revolucionário* "[32]

O Estado Liberal apresenta como objetivos norteadores a "*afirmação da supremacia do indivíduo, a necessidade de limitação do poder dos governantes e a crença quase religiosa nas virtudes da razão, apoiando a busca da racionalização do poder*" [33].

Thibau ressalta que o constitucionalismo contrastava frontalmente com o direito e com a organização político-jurídico-econômica dos períodos que englobaram a Antiguidade e a Idade Média.[34]

No Estado Liberal a liberdade do indivíduo é o direito natural de influenciar diretamente na estruturação do Estado em favor dos seus interesses individuais. Nas palavras de Benjamim Constant, citado por Paulo Bonavides, a liberdade:

---

30. TROLLER, Alois. Os Fundamentos do Formalismo Processual Civil. p. 46.
31. OLIVEIRA, Carlos Alberto Alvaro de. Do formalismo no processo civil. p. 39.
32. THIBAU, Vinícius Lott. Presunção e prova no direito processual democrático. Belo Horizonte: Arraes Editores, 2011. p. 8.
33. DALLARI, Dalmo de Abreu. Elementos de teoria geral do estado. 19. ed. São Paulo: Saraiva, 1995. p. 169.
34. THIBAU, Vinícius Lott. Presunção e prova no direito processual democrático. p. 8.

"É para cada um o direito de não sujeita-se senão às leis, de não poder ser preso, detido, condenado à morte, maltratado sob qualquer pretexto, como decorrência do arbítrio de um ou vários indivíduos. O direito de manifestar opinião, escolher profissão e exercê-la! Dispor da propriedade e até abusar da mesma; de ir e vir, sem obter permissão e prestar contas de seus atos ou intenções. É para todos o direito de reunião, seja para deliberar acerca de interesses pessoais, seja para professar o culto que lhe aprouver, a si e aos seus associados, seja simplesmente, para preencher, os dias e as horas. É, em suma, o direito que a cada um assiste de influir no governo, já pela nomeação de todos ou de alguns funcionários já por representações, petições, exigências, que a autoridade é mais ou menos compelida a tomar em consideração." [35]

Segundo Thibau, o direito fundamental à igualdade teve origem na luta pelo afastamento dos privilégios decorrentes da estruturação, em castas, da sociedade política atinente aos períodos da Antiguidade e da Idade Média.[36]

Carmem Lúcia Antunes Rocha, salienta, contudo, que:

"Não se cogita, entretanto, de uma igualação genericamente assentada, mas da ruptura de uma situação em que prerrogativas pessoais decorrentes de artifícios sociais impõem formas despóticas e acintosamente injustas de desigualação. Estabelece-se, então, um Direito que se afirma fundado no reconhecimento da igualdade dos homens, igualdade em sua dignidade, em sua condição essencial de ser humano. Positiva-se o princípio da igualdade. A lei, diz-se então, será aplicada igualmente a quem sobre ela se encontre submetido. Preceitua-se o princípio da igualdade perante a lei." [37]

Neste ponto faz-se importante ressaltar que a igualdade de todos perante a lei, no entanto, era meramente uma igualdade formal. Para Thibau, *"à lei liberal caberia resguardar a igualdade de tratamento dos cidadãos no plano jurídico, embora, no plano fático, fosse desconsiderada a existência de uma igualdade entre eles"* [38].

Em suma, na fase do liberalismo idealizou-se uma concepção de igualdade que pressupunha a inexistência de disparidade entre os indivíduos.[39]

Nas palavras de Anton Menger, citado por Nunes:

"(...) deixando livres as forças econômicas, obter-se-ia uma produção maior em quantidade dos diferentes objetos, e, em virtude disso, alcançar-se-ia

35. BONAVIDES, Paulo. Do estado liberal ao estado social. 7. ed. São Paulo: Malheiros, 2004. p. 145-146.
36. THIBAU, Vinícius Lott. Presunção e prova no direito processual democrático. p. 10.
37. ROCHA, Carmem Lúcia Antunes. O princípio constitucional da igualdade. Belo Horizonte: Lê, 1990. p.35.
38. THIBAU, Vinícius Lott. Presunção e prova no direito processual democrático. p. 11.
39. NUNES, Dierle José Coelho. Processo Jurisdicional Democrático. Curitiba: Juruá, 2008. p. 74.

> *o bem-estar econômico de todos (doutrina de Manchester). Tratando a todos os cidadãos de um modo perfeitamente igual, sem atender a suas qualidades pessoais e a sua posição econômica, e permitindo que entre eles se estabelecesse uma competição ininterrupta, ao mesmo tempo, conseguir-se-ia que os pobres e os débeis tomassem uma parte consistente nesse aumento de produção."* [40]

Neste sentido Nunes revela que, no campo processual, tal concepção gerava uma impossibilidade de compensações de desigualdades (sociais e econômicas) pela atividade judicial ou pela assistência de advogados subsidiados pelo Estado.[41]

Segundo estas premissas, no Liberalismo é reservada ao Estado uma função negativa, a qual, limitada à defesa e à manutenção da ordem e da segurança públicas, era abstencionista nos aspectos econômico e social.

Segundo doutrina de Thibau, o Estado deveria garantir, a partir do direito positivado, por via legislativa, a certeza nas relações sociais através da compatibilização dos interesses privados com o interesse global, permitindo que entre os particulares vigorasse um livre jogo de interesses em busca da felicidade individual.[42]

Essa atuação negativa do Estado, por sua vez, era garantida pela técnica da Separação dos Poderes estatais idealizada por Montesquieu em 1748.

Sob a perspectiva Liberal, Cattoni de Oliveira explica a Separação dos Poderes nos seguintes termos:

> *"Sob o paradigma do Estado Liberal, cabe ao Poder Legislativo a supremacia, já que é ele quem elabora as leis, fontes supremas do Direito, obedecendo às limitações de não-fazer, presentes na Declaração de Direitos. Cabe ao Poder Judiciário dirimir conflitos interparticulares ou, conforme o modelo constitucional, entre esses e a administração pública, quando provocado, através de procedimentos devidos, aplicando o direito material vigente de modo escrito, através de processos lógico-dedutivos de subsunção do caso concreto às hipóteses normativas, sob os ditames da igualdade formal, estado sempre vinculado ao sentido liberal, no máximo lógico, da lei, enfim, sendo a boca da lei. E, enfim, cabe ao Poder Executivo implementar o Direito, garantindo a certeza e a segurança jurídicas e sociais, internas e externas, na paz e na guerra."* [43]

---

40. NUNES, Dierle José Coelho. Processo Jurisdicional Democrático. p. 75.
41. NUNES, Dierle José Coelho. Processo Jurisdicional Democrático. p. 75.
42. THIBAU, Vinícius Lott. Presunção e prova no direito processual democrático. p. 11.
43. CATTONI DE OLIVEIRA, Marcelo Andrade. Tutela jurisdicional e estado democrático de direito: por uma compreensão constitucionalmente adequada do mandado de injunção. Belo Horizonte: Del Rey, 1998. p. 38-39.

Nesse prisma de análise, segundo Nunes, delineavam-se, em regra, legislações e sistemas processuais lastreados em princípios técnicos, agora liberais (liberalismo processual), quais sejam: a igualdade formal dos cidadãos, a escritura[44] e, especialmente, o princípio dispositivo.[45]

Os referidos princípios técnicos buscavam a manutenção da imparcialidade e de um comportamento passivo por parte do agente estatal julgador (juiz).

No que tange ao princípio dispositivo, Nunes, respaldado nos ensinamentos de Carnacini, ressalta que este, desde Roma, liga-se à existência de um poder monopolístico das partes de deduzir em juízo, extraindo-se do referido princípio o veto ao juiz de instaurar e manifestar-se de ofício dentro do processo, ou seja, independentemente da provocação das partes, elemento essencial para a concepção do processo como coisa das partes.[46]

Com fulcro no princípio dispositivo, o liberalismo processual idealizou um protagonismo processual das partes, uma vez que incumbia a estas até mesmo o impulso processual, "*de modo que a tramitação do processo, os prazos e o término das fases procedimentais dependiam do alvedrio dessas*" [47].

Para Troller, o conceito do princípio dispositivo "*encontrou e encontra em larga medida diferentes aplicações, seja para a caracterização do domínio das partes sobre o material processual, seja para a inclusão do impulso da parte e da vinculação ao requerimento formulado por esta*" [48].

Wach acentuou esse aspecto de modo especial:

> *"A natureza do litígio material determina radical diferença entre o processo civil e o penal. A causa civil produz a relação material e formal entre duas partes, a ausência de interesse no litígio do Estado e de seu órgão, o juiz, a exclusão do princípio oficial, o domínio do litigante sobre o objeto litigioso e sobre o início, prosseguimento e término do processo e sobre seu conteúdo, a matéria litigiosa."* [49]

---

44. *"O sistema ou princípio que segundo o qual o juiz devia julgar apenas com base nos escritos, sem nunca entrar em contato direto (e, por conseguinte, oral) com as partes, com as testemunhas, com os peritos. A escritura era considerada quase como um escudo do juiz contra as tentações e os perigos da parcialidade. Era, na realidade, a barreira, o diafragma que separava o juiz do processo e daqueles que do processo são os verdadeiros protagonistas privados: sobretudo as partes e as testemunhas."* (CAPPELLETTI, Mauro. O processo civil no direito comparado. Belo Horizonte: Cultura Jurídica, 2002. p. 23.).
45. NUNES, Dierle José Coelho. Processo Jurisdicional Democrático. p. 73.
46. NUNES, Dierle José Coelho. Processo Jurisdicional Democrático. p. 75-76.
47. NUNES, Dierle José Coelho. Processo Jurisdicional Democrático. p. 77.
48. TROLLER, Alois. Os Fundamentos do Formalismo Processual Civil. p. 40.
49. WACH, Adolf. Vorträge über die ReichscivilprozeBordnung, Bonn. 1879. p. 149-156 in: TROLLER, Alois. Os Fundamentos do Formalismo Processual Civil. Porto Alegre: Sergio Antônio Fabris Editor, 2009. p. 44.

Fritzsche salienta que o princípio dispositivo

> *"constitui um dos mais belos direitos do cidadão livre, que nos seus assuntos econômicos que se tenham tornados litigiosos ele não tenha que mendigar ao juiz a sua graça, como o escravo dedica-se ao seu senhor no castelo, mas que se defenda perante o mesmo, em oposição a seu adversário, e para isso possa contar com um experto, o advogado. O juiz não deve agir como um magistrado clandestino, mas como um homem a quem foi dada a honra de decidir, entre cidadãos livres, relações jurídicas tornadas litigiosas. (...) Se temos um conceito correto da liberdade do cidadão, então cumpre ao Estado e a suas autoridades deixar o cidadão dirigir-se sozinho, tão longe quanto possível, e tornem em geral essa faculdade compatível com o ordenamento. O Estado deve, sobretudo, conceder-lhe dispositividade sobre os seus assuntos jurídicos privados. Se tal relação se torna litigiosa, o cidadão pede então tutela ao Estado, mas não renunciando assim ao benefício que lhe concede a própria relação. Por conseguinte, o juiz não deve ser autorizado a se intrometer nas relações."* [50]

Neste sentido, "*um processo permanentemente dominado pelas partes era considerado a melhor garantia contra os abusos do ofício jurisdicional*" [51].

Assim, "*todo o processo prosseguia circunscrito apenas às exigências de defesa dos direitos dos litigantes, a que paralelamente devem corresponder a passividade e a neutralidade do juiz, dando azo a lentidão e abuso*" [52].

O juiz apresentava-se como um estranho em relação ao litígio, cumprindo papel de mero expectador passivo e imparcial do debate, sem quaisquer ingerências que pudessem causar embaraços às partes.

Chiovenda ressalta que

> *"a linha de evolução do formalismo retoma seu curso com a vigência dos processos do tipo liberal, neles tendo lugar de destaque o Code de Procédure Civile Francês de 1806, cuja influência determinou em quase todos os Estados europeus enérgica reação contra o processo comum e as leis dele decorrentes. Revalorizam-se a oralidade e a publicidade do juízo, com alguns incrementos dos poderes do órgão judicial."*[53]

No entanto, para o referido autor italiano, "*tais inovações mostram-se insuficientes para a conquista de grandes avanços na rapidez e barateamento*

---

50. FRITZSCHE, Hans. Begründung und Ausbau der neuzeitlichen Rechtspflege des Kantons Zürich. Zürich: Orell FüBli. p. 50 e SS. In: TROLLER, Alois. Os Fundamentos do Formalismo Processual Civil. Porto Alegre: Sergio Antônio Fabris Editor, 2009. p. 45.
51. TROLLER, Alois. Os Fundamentos do Formalismo Processual Civil. p. 43.
52. OLIVEIRA, Carlos Alberto Alvaro de. Do formalismo no processo civil. p. 41.
53. CHIOVENDA, Giuseppe. *Instituzioni di diritto processuale civile*. 3. ed. Napoli. Jovene, 1947. p. 125-131.

da função jurisdicional" [54], e o processo, nas palavras de Oliveira, "*teima por continuar exibindo perfil nitidamente formalista, demasiado lento e na sua maior parte escrito*"[55].

Neste sentido, para Trollher:

> *"Corretamente observa Fritzsche ser inconfundível a conexão da ideia fundamental do liberalismo daquele tempo com a liberdade do Estado. Uma síntese lógica da suspeita imputada contra o juiz e, ao mesmo tempo, um fundamento da liberdade burguesa são fornecidos desde logo por ele em seus comentários sobre a Ordenança Processual de Berna de 1821, cujo projeto foi de sua autoria: "Nossos antepassados agiram muito bem em questões civis, ao basear a lei sobre o processo jurisdicional no princípio dispositivo; eles não queriam abafar o sentimento de liberdade de seus familiares e, sobretudo, não desejavam permitir pudessem proceder de forma arbitrária, de modo a que não fossem prejudicados os direitos dos outros. Uma forma processual, que depende desse princípio, faz coisa das partes a instrução do pleito judicial; estas como os verdadeiros interessados determinam a questão litigiosa e as regras da prova, e conduzem-na sem outras instruções superiores."* [56]

Na ausência de intervenção direta e, portanto, de influência do juiz sobre o desenvolvimento do processo, as partes e seus advogados tornam-se seus "*árbitros praticamente absolutos*" [57].

Troller frisa que o juiz liberal, a quem os atos processuais se dirigem, "*tem de se preocupar apenas com que as partes permaneçam nos limites legais, e prestar-lhes, a seu pedido, a tutela assegurada pela lei dentro dos limites estabelecidos*" [58].

Oliveira ressalta ainda que a fixação abstrata pela lei de prazos de preclusão, "*insuficientemente delimitados*", faz com que "*não só o objeto material do processo seja determinado pelas partes, mas também o seu desenvolvimento interno, a tornar-se este coisa exclusiva das partes*".[59]

Na concepção de Troller:

> *"Sob tal lei, aos próprios litigantes deve ser atribuído todo o equívoco da persecução legal ou da defesa. factum judis, factum partis, e a instrução do processo não põe o juiz em risco de perder a sua imparcialidade. Se os*

54. CHIOVENDA, Giuseppe. Instituzioni di diritto processuale civile. p. 125.
55. OLIVEIRA, Carlos Alberto Alvaro de. Do formalismo no processo civil. p. 41.
56. TROLLER, Alois. Os Fundamentos do Formalismo Processual Civil. p. 45-46.
57. OLIVEIRA, Carlos Alberto Alvaro de. Do formalismo no processo civil. p. 41.
58. TROLLER, Alois. Os Fundamentos do Formalismo Processual Civil. p. 46.
59. OLIVEIRA, Carlos Alberto Alvaro de. Do formalismo no processo civil. p. 41-42.

atos se concluíram, a matéria assim como foi instruída pelos litigantes é submetida à apreciação do tribunal, limitada a arbitrariedade deste por rigorosas prescrições, tão somente para sentenciar se o autor pôde ou não justificar em todos os aspectos o seu requerimento. Tem-se, assim, um poder judicial fortemente limitado pela lei." [60]

Tem-se, então, a liberdade do Estado extremamente restringida, especialmente em relação aos interesses puramente pessoais e às relações juridicamente indiferentes, haja vista a reivindicação liberal de livre desenvolvimento do indivíduo (autossuficiência), ocasionando uma maior restrição à ingerência do Estado na vida privada, e, por conseguinte, no processo, tido como "coisa das partes".

Neste contexto, em consonância com a doutrina de Oliveira, tem-se que o elemento formal insinua-se mediante "*rígida previsão dos atos processuais em vista da exigência de certeza jurídica e o acolhimento do princípio da abstrata igualdade das partes*", de modo a melhor garantir as "*posições individuais dos litigantes e a disponibilidade privada da tutela jurisdicional*".[61]

O formalismo processual é tido, então, como ferramenta de controle do Estado, limitando a possibilidade de arbítrio e ingerência deste nas relações privadas mediante rígidas previsões legislativas de um processo extremamente rigoroso sob o viés formal, uma vez que, por intermédio da obediência ao procedimento previsto em lei, seria possibilitada às partes a manutenção do protagonismo no processo e, igualmente, o controle da arbitrariedade e da imparcialidade do julgador. Para Jhering, "*a forma é inimiga jurada do arbítrio e irmã gêmea da liberdade*".[62]

Sob este viés mostra-se inconcebível qualquer possibilidade de se cogitar uma flexibilização do procedimento pelos sujeitos processuais, haja vista que as rígidas previsões legislativas de um processo extremamente rigoroso sob o viés formal inviabilizam qualquer espaço de disposição sobre a estrutura procedimental, a qual, conforme analisado, deveria ser estritamente observada para fins de controlar qualquer ingerência indevida do Estado na esfera privada.

Desse modo, ainda que o processo fosse entendido como "coisa das partes", não havia espaço teórico-paradigmático para a defesa de uma possibilidade de derrogação das normas procedimentais por intermédio da negociação processual.

---

60. TROLLER, Alois. Os Fundamentos do Formalismo Processual Civil. p. 46.
61. OLIVEIRA, Carlos Alberto Alvaro de. Do formalismo no processo civil. p. 41-43.
62. JHERING, Rudolf von. Geist des römischen Rechts auf den verschiedenen Stufen seiner Entwicklung, Aalen, Scientia Verlag, 1968, v.2. t.2, p. 471. in: OLIVEIRA, Carlos Alberto Alvaro de. Do formalismo no processo civil. São Paulo: Saraiva, 1997. São Paulo: Saraiva, 1997. p. 7.

Ademais, revela-se impossibilitada uma tentativa de implementação dos negócios processuais à luz do formalismo de viés liberal, tendo em vista que inexiste comparticipação e policentrismo processual nesta concepção, estando a atividade processual totalmente submetida ao protagonismo das partes, inviabilizando uma perspectiva dialogal de implementação da técnica, consoante aqui defendido.

Paralelamente ao aspecto técnico-processual, faz-se importante ressaltar as questões políticas da limitação da ingerência do Estado ponderadas por Troller para justificar o favorecimento da lógica dispositiva em detrimento da inquisitiva no Estado Liberal:

> *"1 – com a máxima dispositiva um processo pode ser muito mais abreviado, do que com a máxima inquisitiva, porque na última o juiz deve ser ativo ao lado das partes e necessita mais tempo do que na primeira. 2 – A máxima dispositiva funciona mais com os princípios adotados por nós sobre a liberdade política, conjuntamente com a disposição da propriedade, do que a máxima inquisitiva que deixa uma grande liberdade de movimento à arbitrariedade do juiz, em relação à investigação probatória. 3 – A máxima dispositiva concede maior garantia para a imparcialidade do juiz do que a inquisitiva."*[63]

No entanto, o liberalismo processual acaba por resultar em um sistema degenerado [64], que facilitava a esperteza da parte mais hábil, o que conduziu grandes processualistas a concepção do processo como um jogo ou uma guerra, como fora o caso de Golsdchimidt ao analisar o sistema liberal alemão da década de 1920.[65]

Tal degeneração acarreta significativa crise no paradigma jurídico do Estado Liberal, uma vez que a concepção individualista do exercício dos direitos fundamentais da liberdade, da igualdade e da propriedade foi determinante para a geração de dificuldades que se mostravam incontornáveis, caso não ocorresse uma intervenção estatal.

Para Luiz Machado Guimarães, a experiência vivenciada à época demonstra que a liberdade individual das partes não ensejava a consecução do escopo de pacificação social, razão pela qual deveria "*ceder o passo à autoridade do Estado, manifestada através do órgão de jurisdição*"[66].

---

63. TROLLER, Alois. Os Fundamentos do Formalismo Processual Civil. p. 47.
64. *"Sob o domínio do processo de Urge de 1852, que regulava o procedimento somente em grandes linhas, havia se formado um processo tão complicado e formalizado que inúmeros litígios foram resolvidos com base em questões formais, antes que pudesse ser resolvido o mérito"* (TROLLER, Alois. Os Fundamentos do Formalismo Processual Civil. p. 108).
65. NUNES, Dierle José Coelho. Processo Jurisdicional Democrático. p. 77.
66. GUIMARÃES, Luiz Machado. Processo autoritário e regime liberal. p. 136.

Desse modo, para Nunes, "*as propostas liberais no campo processual mostraram claramente seu esgotamento ainda no curso do século XIX*" [67].

Neste cenário, inicia-se a busca de uma nova perspectiva teórica que, problematizando os efeitos deletérios do liberalismo, bem como de seu formalismo exacerbado, tentava uma melhoria da técnica processual mediante novos pressupostos.[68]

4.5 A INFLUÊNCIA DO LIBERALISMO NO BRASIL

Antes de analisarmos essa nova perspectiva teórica, faz-se importante apontar as ressonâncias do Modelo Liberal de Processo no Brasil, haja vista que a concepção de "culto" à forma do ato processual prevista em lei para o operador do direito pátrio finca suas bases neste modelo processual.

No Brasil, o rígido sistema das Ordenações começa a mudar com a Lei de 29 de novembro de 1832, que, além de promulgar o Código de Processo Criminal de primeira instância, estabelece disposições provisórias acerca da administração da justiça civil.[69]

Em que pese a referida lei manter o juiz que proferira a sentença longe da produção das provas, a qual era colhida, em regra, pelo "*juiz municipal*", nos termos do art. 8º, era facultado ao sentenciante reperguntar às testemunhas em sua presença e outras diligencias que reputar necessárias (art. 9º). Não obstante, "*a lei abole os juramentos de calúnia e extingue o oficio dos inquiridores*", passando as testemunhas a serem publicamente inquiridas pelas próprias partes ou por seus advogados (art. 10, 11 e 25). [70]

Do mesmo modo, a lei abole as réplicas, tréplicas e embargos pelas partes, apresentados antes da sentença final (art. 14), buscando uma espécie de "desformalização" do procedimento.

Conforme os ensinamentos de Oliveira:

> *"Acentua-se, com razão, que a reforma, inspirada nas ideias liberais de que estavam imbuídos os homens detentores do poder, destinava-se a transformar o processo civil em instrumento mais dúctil e menos complicado, despindo--o de atos e formalidades inúteis e de recursos excessivos, para possibilitar distribuição de justiça mais rápida e menos dispendiosa."* [71]

Entretanto, o referido autor salienta que "*os novos ares, porém, não tiveram seguimento, pois logo o Regulamento nº. 143 de 15 de março de 1842,*

67. NUNES, Dierle José Coelho. Processo Jurisdicional Democrático. p. 77.
68. NUNES, Dierle José Coelho. Processo Jurisdicional Democrático. p. 77.
69. OLIVEIRA, Carlos Alberto Alvaro de. Do formalismo no processo civil. p. 44.
70. OLIVEIRA, Carlos Alberto Alvaro de. Do formalismo no processo civil. p. 44.
71. OLIVEIRA, Carlos Alberto Alvaro de. Do formalismo no processo civil. p. 44.

determinou, praticamente, o retorno do sistema ao regime das Ordenações"[72], alterando de forma substancial os ideais da reforma inaugurada com as mencionadas disposições de caráter provisório.

Em 25 de junho de 1850 é promulgada a Lei nº. 556, a qual institui o Código Comercial e busca simplificar as causas comerciais, estabelecendo, segundo Oliveira, que estas "*fossem processadas breve e sumariamente, de plano e pela verdade sabida, desobrigado da exigência de guardar estritamente todas as formas ordinárias prescritas para os processos civis (art. 22)*"[73].

A realidade do sistema processual brasileiro passa a mudar, realmente, apenas com a promulgação do Regulamento nº. 737, de 25 de novembro de 1850, o qual fora idealizado para o processamento das demandas comerciais.

Para Oliveira, na referida legislação,

> "*[...] fica evidente a simplificação das formas em sentido estrito, com redução do número de exceções, limitadas a quatro as suspensivas da causa (arts. 74 e 77). Tenta-se também concentrar o procedimento, com a determinação de ser alegada com a contestação toda a matéria de defesa (art. 97), embora depois se possibilitasse réplica e tréplica (art. 101). Por igual nas alegações finais deveriam as partes acumular todos os requerimentos que lhes conviessem (art. 226).*" [74]

Conforme se infere da análise de alguns dos dispositivos da reforma, essa demonstra ter representado efetivo progresso em relação ao direito das Ordenações, podendo o Regulamento nº. 737 ser tido como autêntico ponto de passagem para o *formalismo moderno*, o qual será analisado mais adiante, em que pese permaneça sendo mantida a concepção de processo como coisa das partes, usual no processo europeu da época.[75]

É importante ressaltar, ainda, o avanço representado pelo Código de Processo do Estado da Bahia, no que diz respeito ao rompimento com o formalismo exacerbado que busca a total restrição dos atos do Estado, uma vez que o art. 127 dispõe que "*o juiz pode ordenar ex officio as diligências que julgar necessárias para apurar a verdade dos fatos alegados, depois de realizadas as que forem requeridas pelas partes*". Era previsto ainda que competia, em regra, a cada uma das partes fornecer as provas de suas alegações (art. 126), não carecendo de prova os fatos referidos por uma parte, se pela outra expressamente confirmados (art. 128), e nem os fatos públicos e notórios, como tais conhecidos pelo juiz, salvo se, alegados por uma das partes, fossem impugnados pela parte contrária.[76]

---

72. OLIVEIRA, Carlos Alberto Alvaro de. Do formalismo no processo civil. p. 45.
73. OLIVEIRA, Carlos Alberto Alvaro de. Do formalismo no processo civil. p. 45.
74. OLIVEIRA, Carlos Alberto Alvaro de. Do formalismo no processo civil. p. 45.
75. OLIVEIRA, Carlos Alberto Alvaro de. Do formalismo no processo civil. p. 46.
76. OLIVEIRA, Carlos Alberto Alvaro de. Do formalismo no processo civil. p. 47.

Contudo, não obstante os avanços pontuais, o código baiano, como os demais códigos estaduais de processo, na concepção de Oliveira, *"rezavam ainda pela cartilha do processo liberal, e eram demasiadamente apegados ao nosso tradicional processo escrito, desconhecendo a concentração e a oralidade"* 77.

Desse modo, a concepção de inafastável observância das prescrições procedimentais previstas na lei, como condição de validade da atividade processual, acabam por serem difundidas em terras brasileiras, inviabilizando, por derradeiro, qualquer possibilidade de cogitação das flexibilizações procedimentais, em especial sob a perspectiva dialogal e policêntrica aqui defendida.

Assim, sob as premissas do formalismo no Modelo Liberal de Processo, tem-se por inviável a defesa de uma adequação do procedimento ao caso concreto.

4.6 O DECLÍNIO DO LIBERALISMO

Historicamente, o declínio do liberalismo inicia-se com a Ordenança Processual Civil alemã de 1877, em vigor a partir de 1º de outubro de 1879, a qual exibe a emblemática ideologia liberal pós-napoleônica, sob influência do *Code de Procédure Civile* Francês.[78]

A superação da noção de formalismo do processo comum dá-se, por sua vez, (de forma muito acanhada) pela introdução da oralidade e do princípio da livre convicção do juiz no processo.

Contudo, a concepção de oralidade adotada à época exibia cunho excessivamente rígido, apenas sendo aceita a atividade processual oral quando resultante da *acta* do processo, considerando inexistente qualquer ato não comunicado oralmente ao juiz na audiência pelas partes ou por seus defensores. Por conseguinte, a leitura em audiência das peças relativas às demandas e exceções, já apresentadas por escrito ao tribunal e ao adversário, e das provas literais, constituía autentica condição de existência.[79]

Em suma, não obstante a valorização da oralidade e a adoção da soberania do juiz na atividade processual, a Ordenança alemã não chegou a eliminar a lentidão e os custeios elevados da jurisdição, acentuando-se, ainda mais, os seus aspectos formais.

Ocorre que, conforme se pôde inferir à época, a solução para abreviar a lentidão e demora do processo deveria ser buscada, principalmente, por meio do afastamento das fórmulas supérfluas.

---

77. OLIVEIRA, Carlos Alberto Alvaro de. Do formalismo no processo civil. p. 47.
78. OLIVEIRA, Carlos Alberto Alvaro de. Do formalismo no processo civil. p. 42.
79. OLIVEIRA, Carlos Alberto Alvaro de. Do formalismo no processo civil. p. 43.

4.7 A REFORMA DE *BELLOT*

Em meio aos ideais liberais, surge nas primeiras décadas do século XIX a grande obra de Bellot, o projeto da *Loi de Procédure Civile* do Cantão de Genebra, decretado pelo *Conseil Representatif et Souverain* em 29 de setembro de 1819.[80]

Bellot, de modo verdadeiramente precursor, destina ao juiz um papel ativo no processo, inclusive para investigação dos fatos da causa. Olivera ressalta que:

> *"No art, 150, o Code de Procédure outorgou ao juiz a possibilidade de determinar de ofício o interrogatório das partes, o juramento e oitiva de testemunhas, o exame pericial e exibição de documentos, sempre que não estivesse suficientemente esclarecida a verdade material."* [81]

Bellot foi o primeiro a ter destinado ao juiz a posição de investigador fático. Segundo ele, o caminho orientador não era a preocupação com a demora do processo, como ocorreu com o legislador prussiano (que será analisado adiante). O único caminho a ser buscado era uma mais forte condução do processo pelo juiz. Bellot queria especialmente promover a investigação da verdade material. Na matéria que não estivesse ainda suficiente esclarecida depois de realizada a instrução, o art. 150 do *Code de Procédure* concedia ao juiz o poder de determinar por "*ordonnance préparatoire*" o interrogatório das partes ou de uma delas, o juramento de testemunhas, o parecer de peritos, o exame de documentos, assim como todo ato processual para a sentença de mérito, quando se manifestasse necessário para a investigação da verdade e desde que estivesse previsto em lei.[82]

Troller aduz que, desde o início, "*o juiz torna-se um colaborador; ele não tem de proferir a decisão na última fase do processo, no estágio da sentença, surpreendido pela coleta de material pelas partes sem sua ingerência*" [83].

Estimulava-se, assim, a "*cooperação entre as partes*", devendo o juiz não se limitar a uma posição passiva, inclusive na escolha do procedimento adequado à complexidade da causa, "*podendo o julgador, desse modo, optar pelo procedimento ordinário ou sumário*".[84]

Oliveira ressalta que a reforma de Bellot introduz, ainda, a exclusão do regime da prova legal, facultando-se ao juiz a livre e permanente apreciação das provas produzidas pelas partes.[85]

---

80. OLIVEIRA, Carlos Alberto Alvaro de. Do formalismo no processo civil. p. 47.
81. OLIVEIRA, Carlos Alberto Alvaro de. Do formalismo no processo civil. p. 47.
82. TROLLER, Alois. Os Fundamentos do Formalismo Processual Civil. p. 55-56.
83. TROLLER, Alois. Os Fundamentos do Formalismo Processual Civil. p. 56.
84. OLIVEIRA, Carlos Alberto Alvaro de. Do formalismo no processo civil. p. 47-48.
85. OLIVEIRA, Carlos Alberto Alvaro de. Do formalismo no processo civil. p. 48.

Para Troller, "*ao juiz coube também – em virtude da exclusão da teoria formal da prova – uma ampla e livre consideração da prova*"[86], o que, na verdade, aqui não interessa em primeira linha, embora deva ser mencionado para compreensão em completude do sistema procedimental de Genebra.

Neste cenário, mostra-se insustentável a manutenção dos ideais do processo liberal e do formalismo como ferramenta de controle da ingerência do Estado na esfera privada e no processo, tido, até então, como coisa das partes.

86. TROLLER, Alois. Os Fundamentos do Formalismo Processual Civil. p. 56.

Capítulo V

FORMALISMO MODERNO

Conforme se verificou no capítulo anterior, no Modelo Liberal o elemento formal do processo insinua-se mediante "*rígida previsão dos atos processuais em vista da exigência de certeza jurídica e o acolhimento do princípio da abstrata igualdade das partes*".[1]

Com efeito, o formalismo processual é tido como ferramenta de controle do Estado, limitando a possibilidade de arbítrio e ingerência deste nas relações privadas mediante rígidas previsões legislativas de um processo extremamente rigoroso sob o viés formal, uma vez que, por intermédio da obediência ao procedimento previsto em lei, seria possibilitada às partes a manutenção do protagonismo no processo e, igualmente, o controle da arbitrariedade e da imparcialidade do julgador.

Em suma, sob a referida perspectiva mostra-se inviável a aplicação da negociação processual, em especial no que tange aos acordos de procedimento, haja vista que a premissa de obediência a um processo extremamente rigoroso, como elemento de controle do arbítrio estatal, inviabilizaria qualquer possibilidade de estudo da viabilidade de realização de alterações do procedimento previsto em lei pelas partes, ou destas em conjunto com o juiz, revelando-se os ideais do paradigma do Modelo Liberal de Processo totalmente inadequados para a devida compreensão do alcance e da limitação dos negócios processuais em uma perspectiva comparticipativa e dialógica de processo.

Assim, faz-se necessário prosseguirmos na investigação do papel do formalismo na atividade processual, enfrentando, agora, suas premissas à luz do Modelo Social de Processo.

5.1 ESTADO SOCIAL E SOCIALIZAÇÃO PROCESSUAL

Somente com a ênfase emprestada aos fins sociais do processo civil, verificada na passagem do século XIX para o século XX, alteram-se de

1. OLIVEIRA, Carlos Alberto Alvaro de. Do formalismo no processo civil. p. 41-43.

modo decisivo o foco da atenção para a importância pública do fenômeno processual, e começam a aparecer os primeiros reflexos concretos de novos estudos propugnando a renovação do método científico e um enfoque mais afim com as ideias de soberania estatal.[2]

No final do século XIX surgiram concepções da jurisdição como expressão da soberania, pautadas em inovações radicais do pensamento jurídico-processual. Neste período, assistiu-se à transição de uma visão liberal do processo (*liberalismo processual*)[3] para uma visão socializadora (socialização processual), a qual passara a idealizar o processo como mero instrumento técnico de resolução de conflitos de interesse.

Na medida em que o processo intensifica sua frequência, este apresenta-se como verdadeiro perigo para a comunidade estatal. O poder estatal deve, pois, ter em conta o processo como um fenômeno de massa e nele se engajar de forma ativa, buscando conduzi-lo a uma rápida conclusão com base na verdade, investigada de ofício.[4]

A tendência vigorante até então, que buscava a formalidade extrema, a retirada de qualquer poder judicial no controle do trâmite processual e a utilização do sistema da escritura, começa a perder força pelas alterações empreendidas em várias legislações.

Nessa perspectiva, para Oliveira, o desenvolvimento do processo não fica à disposição das partes, mas nas mãos do juiz, uma vez que: "*no temperamento entre o poder do juiz e das partes, a balança inclina-se claramente em favor do primeiro*"[5].

Com efeito, altera-se, também, a finalidade do processo: a tutela do provável direito do indivíduo não resta desamparada, porém essa tutela não conduz mais à consequência processual da indiferença estatal em relação à atividade processual das partes.[6]

---

2. OLIVEIRA, Carlos Alberto Alvaro de. Do formalismo no processo civil. p. 48.
3. Com base na concepção liberal de Estado, delineavam-se sistemas processuais lastreados em princípios técnicos, agora liberais, quais sejam: a igualdade formal dos cidadãos, a escritura e, especialmente, o princípio dispositivo. Todos esses princípios técnicos buscavam a manutenção da imparcialidade e de um comportamento passivo por parte do juiz. O processo, nessa perspectiva privatística, delineava-se como mero instrumento de resolução de conflitos e era visualizado como instrumento privado, delineado em benefício das partes. Nessa perspectiva estatal, os indivíduos eram entendidos, pelo menos no campo ideológico, como soberanos na gestão de seus interesses. Essa soberania, segundo Damaska, implica que a parte seja reconhecida como senhora da própria lide (*dominus litis*) e seja legitimada a comportar-se como preferir, a maioria dos casos até escolhendo a forma do processo. (NUNES, Dierle José Coelho. Processo Jurisdicional Democrático. p. 74).
4. OLIVEIRA, Carlos Alberto Alvaro de. Do formalismo no processo civil. p. 48.
5. OLIVEIRA, Carlos Alberto Alvaro de. Do formalismo no processo civil. p. 48-49.
6. OLIVEIRA, Carlos Alberto Alvaro de. Do formalismo no processo civil. p. 49.

Para Thibau, "*o Estado, que se mostrava até então liberal-abstencionista, tem sua esfera de atuação ampliada, tornando-se nitidamente intervencionista*".[7]

Na esteira deste entendimento que surgia, a construção interna do processo passou a posicionar-se não mais sobre a ordem isonômica, mas sim sobre uma "*ordem assimétrica*", vez que se encontra baseada na autoridade, na hierarquia e na lógica burocrática.[8]

Verificou-se, assim, uma tendência de desvalorizar o papel do contraditório, pautando a resolução jurisdicional no senso inato de justiça do decisor, uma vez que, neste cenário, segundo Nicola Picardi, citado por Nunes, tinha-se a certeza de que a verdade, não mais "*provável*", porém "*absoluta*", poderia, então, ser alcançada pelo juiz, mesmo que fora da estrutura do contraditório. Com efeito, o juiz foi munido de poderes adequados e acabou por assumir a condução de um processo fundamentado sobre a autoridade e a hierarquia.[9]

Os adeptos desse modelo processual acreditam que o juiz ativo funcionaria como verdadeiro canal de comunicação entre carga axiológica da sociedade em que vive e as normas jurídicas[10], sendo o julgador o intérprete que possui sensibilidade na busca solitária do bem comum, em um verdadeiro ideal monológico que assegura ao juiz um "*privilégio cognitivo*" na formação do provimento de resolução dos conflitos a ele submetidos.

Para Nunes, o processo, que durante o liberalismo processual foi acusado por Calamandrei e Goldschmidt de ser jogo ou guerra entre advogados que possuíssem maior esperteza, volta a sê-lo a partir da credulidade na ideia salvacionista do órgão julgador, pois esse, atuando e obtendo respaldo institucional de "*protagonismo*", poderá construir provimentos solitariamente, sem a influência dos demais sujeitos processuais e, especialmente, sem a chancela técnica do processo, uma vez que a busca pela rapidez procedimental conduziria à construção de procedimentos cognitivos que reduzem a dialogicidade e avalizam o solipsismo judicial.[11]

Nas palavras de Cattoni de Oliveira,

> *"O Estado Social, que surge após a Primeira Guerra e se firma após a Segunda, intervém na economia, através de uma proposta de bem-estar (Welfare State) que implica uma manutenção artificial da livre concorrência e da livre iniciativa, assim como a compensação das desigualdades sociais através da prestação estatal de serviços e da concessão de direitos sociais. Tal ruptura paradigmática*

---

7. THIBAU, Vinícius Lott. Presunção e prova no direito processual democrático. p. 15.
8. NUNES, Dierle José Coelho. Processo Jurisdicional Democrático. p.16.
9. NUNES, Dierle José Coelho. Processo Jurisdicional Democrático. p.16.
10. DINAMARCO, Cândido Rangel. A instrumentalidade do Processo. São Paulo: Malheiros, 2001.
11. NUNES, Dierle José Coelho. Processo Jurisdicional Democrático. p.48.

> *vem redefinir os clássicos direitos da vida, liberdade, propriedade, segurança e igualdade. É a chamada "materialização" do direito. O cidadão – proprietário do Estado Liberal passa a ser encarado como cliente de uma Administração Pública garante de bens e serviços. O direito passa a ser interpretado como sistema de regras e princípios otimizáveis, consubstanciadores de valores fundamentais ("ordem material de valores", como entendeu a Corte Constitucional Federal Alemã) bem como de programas de fins, realizáveis no "limite do possível."*[12]

Para Thibau, a atuação baseada em afirmados critérios de solidariedade, em substituição aos critérios individuais existentes no Liberalismo, "*foi o que possibilitou, contudo, a adoção de práticas autoritárias, a pretexto da instalação e da manutenção de um propalado Welfare State*".[13]

No mesmo sentido encontra-se a doutrina de Patrus Ananias de Souza, para quem:

> *"O Estado do Bem-Estar se viabilizou em experiências e processos de conotações democráticas (socialismo democrático, social-democracia, democracia-cristã) e experiências autoritárias e algumas totalitárias como o nazismo, o fascismo, o stalinismo. Para os teóricos de inspiração democrática do Estado Social tratava-se de manter, ampliar e universalizar os direitos e garantias individuais e os direitos políticos e a eles acrescer os novos direitos sociais. Numa busca de integração entre os princípios da liberdade e da justiça social: a presença de um Estado normatizador e regulador, inclusive das relações de mercado, mas que se preservassem os princípios básicos do Estado de Direito. Na concepção dos avalistas dos regimes autoritários e totalitários, é o Estado todo poderoso agindo em nome da sociedade para impor projetos fundados ideologicamente em conceitos de raça, nação, classe. Ao Estado, mais especificamente aos que detinham o poder, (sem questionar a origem e a legitimidade desse poder) dava-se uma procuração com plenos e irrevogáveis poderes para conduzir e salvar a nação. O preço foi alto: os campos de concentração, a eliminação sumária dos adversários políticos e dos dissidentes, a tortura, o genocídio, a Segunda Guerra Mundial."*[14]

Anton Menger, um dos principais expoentes do discurso socializador de processo, salienta que o socialismo jurídico critica a lógica liberal de liberdade de jogo das forças políticas e econômicas e defende uma maior intervenção legislativa, com a reestruturação de inúmeros institutos jurídico-processuais.

Menger fora considerado um grande crítico dos ideais liberais, especialmente no que diz respeito à complicação do aparato jurisdicional e à

---

12. CATTONI DE OLIVEIRA, Marcelo Andrade. Direito Processual Constitucional. Belo Horizonte: Mandamentos, 2001. p.59.
13. THIBAU, Vinícius Lott. Presunção e prova no direito processual democrático. p. 17-18.
14. SOUZA, Patrus Ananias de. Processo constitucional e devido processo legal. In: LEAL, Rosemiro Pereira (org.) Estudos continuados de teoria do processo. Porto Alegre: Síntese, 2000. v. I. p. 36.

passividade judicial, devido ao fato de que, na luta de classes, os ricos sempre eram privilegiados ao se tomar por base a ótica da igualdade formal.[15]

Assim, segundo Nunes, Menger propõe alterações profundas no sistema de administração da justiça civil mediante um reforço do papel judicial. Caberia ao juiz a assunção de um duplo papel: **a**) de *educador*: extraprocessualmente, este deveria instruir os cidadãos acerca do direito vigente, de modo a auxiliá-los na defesa de seus direitos; **b**) de *representante dos pobres*: endoprocessualmente, o juiz deveria, em contraste com a imparcialidade do princípio dispositivo, assumir a representação da classe mais pobre.[16]

Acerca deste segundo papel enumerado por Nunes, Menger defendia que:

> *"Quando o demandante houvesse proposto sua demanda e o demandado houvesse contestado, o juiz deveria proceder no litígio de oficio. Uma vez concedido ao rico o direito de se fazer representar por um advogado, o juiz deveria estabelecer um equilíbrio entre as partes, assumindo a representação da parte mais pobre."*[17]

Dessa forma, para Menger, o juiz, no paradigma do Estado Social, a fim de evitar as desigualdades ocorridas durante a égide do modelo liberal de processo, assumiria uma postura compensadora dos déficits de igualdade material das partes, na verdadeira acepção do termo "*juiz social*".

Verifica-se, portanto, que a organização do processo no paradigma do Estado Social, segundo os ensinamentos de Troller, "*fez do juiz o instrumento da justiça estatal e lhe transferiu a tarefa de prestar tutela às partes incapazes de se defender por si mesmas*"[18].

O formalismo processual, neste cenário, também sofreu significativa mudança, haja vista que para se implementar essa nova concepção de processo, indispensável se faria o rompimento com a noção de formalismo enquanto ferramenta de contensão do Estado.

Do mesmo modo, as rígidas prescrições legislativas dos atos processuais também necessitava ser relativizada, a fim de que os ideais de fortalecimento do protagonismo estatal no processo fossem alcançados.

5.2 A REVOLUÇÃO DE FRANZ KLEIN

As ideias preconizadas por Menger foram de extrema influência na moldagem da primeira legislação socializadora, a saber, a Ordenança

---

15. NUNES, Dierle José Coelho. Processo Jurisdicional Democrático. p.80.
16. NUNES, Dierle José Coelho. Processo Jurisdicional Democrático. p.80.
17. MENGER. Anton. *El derecho civil e los pobres*. Atalaya: Buenos Ayres, 1947. p.69.
18. TROLLER, Alois. Os Fundamentos do Formalismo Processual Civil. p. 42.

Processual Civil do Império Austro-Húngaro, de 1895, a famosa ÖZPO de Franz Klein.

O enfoque de Klein centra-se na coletividade, considerando como conflito social mesmo o litígio puramente de caráter privado, a reclamar rápida solução pelo direito positivo, principalmente em vista de seus reflexos gerais sobre a tutela dos interesses do Estado e da Sociedade. Em suma, Klein, por influência dos ensinamentos de Menger, também adota a concepção do processo como instituição de bem-estar social, dotada, inclusive, de efeito pedagógico.[19]

Klein defendia uma reestruturação do papel das partes e do juiz no *iter* procedimental, alegando que:

> *"[...] as partes devem comunicar e proporcionar ao juiz os fatos [Sachverhalt] do litígio [Stritfall], porque ele não sabe absolutamente nada da questão até a ação. Mas se isso é entendido de modo que o juiz não tenha qualquer ou nenhuma participação essencial no que lhe é oferecido nas alegações e provas, deixa-se que as partes cuidem quase exclusivamente disso e o juiz somente julgue precisamente como o material existente o permite, com indiferença sobre se a sua decisão corresponderá à verdadeira situação jurídica assim compreendida, isto é, como é de se supor, altamente indesejável não só para os particulares, mas para a vida jurídica e o próprio ordenamento jurídico."*[20]

Em consonância com o pensamento de Menger, Klein alega que o julgador deveria auxiliar as partes na busca do clareamento dos requerimentos obscuros, sugerindo o preenchimento de detalhes incompletos e impedindo que o engano ou desconhecimento na sua elaboração inviabilizem o julgamento.[21]

Christoph Schwart, citado por Troller, ressalta que, Klein, o autor do "*Projeto de Lei Austríaca sobre o processo judicial nos litígios civis*" de 1895, partiu do pensamento da "*tarefa social do processo, na medida em que deixou em sua obra amplo espaço para a atividade do juiz e afastou o anterior procedimento ordinário então vigente no rigoroso processo do direito comum*".[22]

Confessadamente, a preocupação de Klein centrava-se na ideia de criar um processo no qual a parte menos hábil, menos culta, menos rica (sem possibilidade de pagar um defensor eficiente e capaz) viesse a se encontrar

19. OLIVEIRA, Carlos Alberto Alvaro de. Do formalismo no processo civil. p. 50.
20. NUNES, Dierle José Coelho. Processo Jurisdicional Democrático. p.83.
21. NUNES, Dierle José Coelho. Processo Jurisdicional Democrático. p.83.
22. SCHWART, Christoph. Vierhundert Jahre deutscher CivilproceBgesetzgebung. Berlin, 1898, p. 672. In: TROLLER, Alois. Os Fundamentos do Formalismo Processual Civil. Porto Alegre: Sergio Antônio Fabris Editor, 2009. p. 60.

em pé de igualdade material em relação ao seu adversário no litígio. Daí o fortalecimento dos poderes do órgão judicial, a ponto de lhe impor não apenas a faculdade, mas o dever de advertir os litigantes das irregularidades e incompletudes de seus pedidos e alegações, no exercício de uma verdadeira função supletiva e auxiliar, ultrapassando a posição de mero árbitro fiscalizador da observância das "regras do jogo" para alcançar um *status* de participante ativo, com vistas a evitar a perda da causa pela escassa habilidade da parte ou de seu representante.[23]

Oliveira ressalta que, neste terreno, "*a ideia da oralidade encontra campo fértil, situando-se o debate público e oral em posição central dominante. Os recursos ficam, em princípio, limitados às decisões definitivas*"[24] (irrecorribilidade das decisões interlocutórias).

O juiz passa, então, a estabelecer uma relação imediata e direta com as partes e as provas, estas livremente apreciadas, estando munido de suficientes poderes para a direção material do processo, capazes de garantir sua marcha rápida e regular.[25]

Nas palavras de Klein, traduzido por Nunes:

"O processo só será racional e estará de acordo com a concepção moderna do Estado quando a tutela jurídica for garantia de fato da assistência estatal não apenas com o veredicto, mas já desde o primeiro passo do procedimento. Mas isso não é nenhuma utopia. Precisa-se apenas liberar as forças atadas do juiz e colocá-las, assim, como as demais forças do órgão estatal, a serviço do direito, do bem comum e da paz social.[26]

Assim, é licito ao juiz, consoante disposto no § 432 da ZPO austríaca, instruir as partes ignorantes do direito ou não representadas por advogado e aconselhá-las sobre as consequências jurídicas de seus atos ou omissões. Ao presidente do órgão colegiado de primeiro grau, nos termos do § 182, incumbe, na audiência oral, a ativa condução do processo, inclusive na investigação dos fatos da causa. Neste contexto mostra-se importante o § 183, o qual possibilita uma atuação oficiosa do juiz para intimar as partes a pessoalmente comparecerem na audiência oral, ordenar a apresentação de

23. OLIVEIRA, Carlos Alberto Alvaro de. Do formalismo no processo civil. p. 137.

24. OLIVEIRA, Carlos Alberto Alvaro de. Do formalismo no processo civil. p. 50.

25. OLIVEIRA, Carlos Alberto Alvaro de. Do formalismo no processo civil. p. 50. Para João de Castro Mendes: *"A luta que a doutrina processualista, sobretudo alemã, travou no século passado contra o regime da prova legal e a favor do regime da livre apreciação das provas, levou à aceitação, muitas vezes meramente subconsciente, da ideia de que basta livrar o juiz de todas as cadeias que o prendiam e permitir-lhe procurar a verdade, para esta ser atingida. Era ainda o mito romântico da bondade, da perfeição inata do Homem".* (MENDES, João de Castro. Do Conceito de Prova em Processo Civil. Lisboa: Ática, s/d. p. 389).

26. NUNES, Dierle José Coelho. Processo Jurisdicional Democrático. p. 83-84.

documentos de interesse para a causa, referidos no curso do processo, ou a requisição de documentos públicos.[27]

Troller ressalta que:

> *"Quando o juiz age com sentido de igualação, não atua para cuidar de uma inferioridade social já existente fora do processo, mas para que não se torne fatal ao direito material a fraqueza processual de uma das partes. Neste ponto, o motivo social é fronteiriço da preocupação com a verdade material"*[28]

O referido autor chama atenção, neste sentido, para o fato de que o processo é necessário em razão da insuficiência do indivíduo, a quem se deve outorgar a tutela estatal invocada.[29]

Assim, para Troller, percebe-se que no centro do pensamento processual de Klein, situava-se, de forma clara, a ideia do processo como instituição de tutela social.[30]

Analisando-se criticamente essa visão social do processo, impõe-se advertir, em primeiro lugar, que o aumento dos poderes do juiz não deve significar, necessariamente, completa indeterminação desses poderes. De modo nenhum a pretendida restauração da autoridade do poder estatal no processo haverá de implicar renúncia a se normatizar o seu desenvolvimento. Tal solução transferiria ao órgão judicial o poder de criar a seu bel prazer, caso a caso, a regra processual mais apropriada para o desenvolvimento do processo, conduzindo a total indeterminação e imprevisibilidade.[31]

Nesta senda, Oliveira aduz que:

> *"Não obstante a função social do processo, o excesso de poderes do órgão judicial poderia desembocar num processo substancialmente privado de formas, conduzido segundo a livre discricionariedade do juiz, com provável prejuízo à igualdade substancial das partes e a violação do princípio da certeza jurídica, sem falar do eventual menosprezo ao nexo entre o direito material e o processual."*[32]

---

27. OLIVEIRA, Carlos Alberto Alvaro de. Do formalismo no processo civil. p. 50.
28. TROLLER, Alois. Os Fundamentos do Formalismo Processual Civil. p. 73.
29. TROLLER, Alois. Os Fundamentos do Formalismo Processual Civil. p. 80.
30. TROLLER, Alois. Os Fundamentos do Formalismo Processual Civil. p. 63. Sob essa perspectiva, Rainer Sprung aduz que "*o grande êxito de Klein consistiu na compreensão sociológico-econômica da instituição processual [...] Das normas processuais modernas, o processo austríaco foi o primeiro que tomou a sério a efetivação do conhecimento de que o processo seria uma manifestação social das massas e deveria ser organizado como instituição de bem público*" (SPRUNG, Rainer. Os fundamentos do direto processual austríaco. *Revista de Processo* nº 17, São Paulo: RT, janeiro/março de 1980, p. 149).
31. OLIVEIRA, Carlos Alberto Alvaro de. Do formalismo no processo civil. p. 138.
32. OLIVEIRA, Carlos Alberto Alvaro de. Do formalismo no processo civil. p. 138.

Percebe-se, portanto, que Klein buscava uma condução mais informal do processo, visando suplantar a concepção liberal de formalismo como ferramenta de controle do Estado, visto ser esta totalmente contrária à concepção do processo como instituição de tutela social.

Nesta seara, Oliveira aduz que entre os aspectos mais impactantes da ZPO austríaca, na busca da informalização do processo, está a possibilidade de mudança do pedido depois da citação, independentemente de consentimento do demandado, atribuindo-se ao juiz a "*valorização discricional de sua admissibilidade com amparo em considerações de economia processual*" (§ 235 da ZPO).[33]

Outra inovação importante, e que aqui merece especial atenção, consiste na "*eliminação e correção tempestiva dos vícios de forma*", concernente aos atos escritos das partes (§§ 84 e 85 da ZPO).[34] Ou seja, Klein, pautado no ideal de informalização do processo, insere na legislação processual austríaca uma possibilidade de serem sanados os vícios processuais passíveis de acarretar nulidade ao processo, rompendo-se de forma definitiva com a ideologia de um formalismo exacerbado e ritualista.

Em suma, para Klein o juiz poderia convalidar, a posteriori, os atos produzidos com algum vício de forma, mantendo-se o curso natural do processo, haja vista o interesse do Estado na pacificação do conflito nele existente.

A postura defendida por Klein se dava em razão de inúmeros fatores, dentre os quais se encontram as novas técnicas legislativas de elaboração das leis com a adoção de conceitos indeterminados.

As normas jurídicas que o julgador aplica no caso a ele submetido compõem-se em parte de conceitos estreitos (determinados) e em parte de conceitos amplos (indeterminados), os quais o legislador, via de regra, utiliza não a seu bel prazer, mas sim, em virtude da finalidade da legislação. É cada vez mais frequente nos depararmos com conceitos amplos, gerais, pobres de substância, que são descritos meramente em seus contornos. Mediante a utilização desta técnica, para Klein, citado por Nunes:

> *"A legislação se contenta com a metade do trabalho e joga a outra metade sobre os ombros do juiz, que tem de escolher, dentre o grande número de possibilidades que estão subordinadas ao conceito em si e para si, aquela para a qual a norma jurídica deve valer dentro do espírito da lei. As linhas abordadas de tais indícios fáticos deixam considerável espaço para o pensamento original, que é próprio apenas dele, do juiz. A jurisdição se torna tanto mais pessoal, já que nos determinados casos-limite, pode o*

33. OLIVEIRA, Carlos Alberto Alvaro de. Do formalismo no processo civil. p. 51.
34. OLIVEIRA, Carlos Alberto Alvaro de. Do formalismo no processo civil. p. 51.

> *juiz, em um, ter que se submeter ao conceito legal e, em outros, eliminá-los sem que seu dever venha a ferir qualquer um desses casos-limite, pois é justamente apenas em seu saber que cada um vê, pensa, decide e julga.*"[35]

Tal situação aponta o verdadeiro intuito de Klein, o qual, respaldado nas ideias de Menger, buscava afastar a problemática da demora exacerbada das demandas provenientes do modelo liberal de processo por intermédio de uma jurisdição célere e menos formal, estruturando um modelo técnico de procedimento oral no qual se atribui um reforço dos poderes do juiz, devendo o julgador participar mais intensamente da direção do processo e, respaldado na prioridade da função social deste, terá o dever de influir mais ativamente no acertamento dos fatos levados a seu conhecimento.

Delineiam-se, assim, as bases para uma avaliação socioeconômica (e principalmente política) do conflito deduzido em juízo como problema social que deveria ser resolvido através do exercício de uma jurisdição salvadora, a qual, conforme acima narrado, teria de ofertar aos cidadãos um método rápido de resolução dos litígios, instituindo-se, de forma gradativa no âmbito processual moderno, a implementação do discurso do protagonismo judicial.

Klein pretendia não mais permitir que o juiz aguardasse passivamente o resultado das aportações fáticas das partes e que apreciasse o material processual assim reunido sem consideração subsuntiva de sua completude.[36]

Para Klein, não se tratava apenas de liberar o juiz da cadeia de apreciação formal da prova, mas de arredar do caminho de sua movimentação também as limitações da atividade na investigação dos fatos e determinações procedimentais obstacularizadoras, formalismo desnecessário, segundo seu parecer.[37]

Na esteira do pensamento de Klein, a Associação Comercial e Industrial de Zurique elaborou, em 1895, uma proposta de iniciativa parlamentar para a modificação da lei de administração judicial, na qual se postulava um procedimento de instrução em que o juiz deveria auxiliar as partes para que estas pudessem conduzir o processo sem a intervenção de um advogado. Em suma, verifica-se a manifesta adoção do protagonismo judicial, modificando o epicentro da relação processual das partes (liberalismo processual) para a figura do juiz, e, por conseguinte, enfraquecendo os ideais de participação das partes e sua influência direta na decisão.[38]

---

35. NUNES, Dierle José Coelho. Processo Jurisdicional Democrático. p. 84-85.
36. TROLLER, Alois. Os Fundamentos do Formalismo Processual Civil. p. 63.
37. TROLLER, Alois. Os Fundamentos do Formalismo Processual Civil. p. 63.
38. REICHEL, Alex. Die Stellung der neuren (hauptstsächlich schweizereischen). Gesetzgebungen sur Verhandlungemaxime ZBJV, Bd. 33. 1987. p.116. in: TROLLER, Alois. Os Fundamentos do Formalismo Processual Civil. Porto Alegre: Sergio Antônio Fabris Editor, 2009. p. 82.

Klein esperava um procedimento mais acelerado, ao lado de um poder mais amplo de condução do processo. Isso lhe parecia exigido pela intensificação da velocidade negocial e para que não fosse obstruída a circulação monetária; "*quem procura o direito busca, em primeiro lugar, uma pronta solução do litígio; assim, a organização que serve a uma mais rápida conclusão do processo é de importância para seu resultado social*"[39].

Troller ressalta que a Ordenança Geral Prussiana dos tribunais acreditava ser possível combater de modo suficiente a demora do processo por meio de concentração de considerável poder de condução do processo ao juiz, e, admitia no interesse da justiça material e do equilíbrio social do caso concreto alegação posterior de fatos novos e produção de provas.[40]

Assim, a ZPO austríaca rompe com as previsões procedimentais rígidas, e deixa amplamente nas mãos do juiz a preocupação com uma via processual ordenada. "*A confiança no correto e exato desempenho dessa tarefa exigiria, naturalmente, um bom magistrado*"[41].

Em suma, Klein, pela via legislativa, busca o afastamento das amarras formais que limitam a atividade jurisdicional, delineando um modelo processual desprovido de qualquer possibilidade de controle do Estado por intermédio do procedimento.

Vale ressaltar que, se demos consideração tão grande à reforma processual austríaca, foi graças a sua pormenorizada regulação legal, à explicação generosa das bases ideais e, sobretudo, "*pela sua influência sobre a legislação e a ciência do processo europeias*"[42], a qual será demonstrada nos tópicos subsequentes, sem, contudo, termos a pretensão de exaurimento da matéria.

5.3 A INFLUÊNCIA DE KLEIN NA REFORMA PROCESSUAL DE BERNA (1918)

A reforma processual de Berna (1918) sofreu significativa influência da ZPO austríaca, uma vez que as determinações da ZPO de Berna afirmam que: § 89 – O juiz atua de ofício na medida em que não obstado por pedido da parte. Em todos os estágios do processo, pode de ofício, para complemento da investigação dos fatos e das pretensões e direitos afirmados pelas partes conforme a verdade, determinar o interrogatório destas e tomar as decisões sobre a prova que lhe pareçam necessárias. § 197 – Se o tribunal conside-

39. KLEIN, Frans. *Zeit – und Geistesströmungen im Prozesse*, Jahrbuch der Gehe-Stiftung, Bd, VIII, Dresden, 1902, p.24. In: TROLLER, Alois. Os Fundamentos do Formalismo Processual Civil. p. 64.
40. TROLLER, Alois. Os Fundamentos do Formalismo Processual Civil. p. 97.
41. TROLLER, Alois. Os Fundamentos do Formalismo Processual Civil. p. 104.
42. TROLLER, Alois. Os Fundamentos do Formalismo Processual Civil. p. 64.

rar necessária a produção de alguma prova, ordenará sobre que fatos, por qual parte e com que meios essa prova deve ser realizada, sem vinculação àqueles indicados pelas partes. Também não são vinculativas ao tribunal as determinações tomadas pelo juiz de instrução no processo preparatório.[43]

Diante da grande ressonância das premissas do processo austríaco na legislação de Berna, Troller ressalta uma significativa diferença na visão da limitação da atividade do juiz, uma vez que "*enquanto os materiais e comentários outorgavam ao juiz austríaco a faculdade de introduzir o material processual por si mesmo, o juiz de Berna só pode provocar as partes a apresentar fatos novos por si mesmas*"[44].

Vale ressaltar que a reforma da escola processual de Berna não se realizou por meio da legalização da prática do tribunal, mas para a superação de um procedimento favorecedor de um processo "*chicanista*" e tortuoso e de sua aplicação estranha à vida, no intente de reconduzi-lo a um processo mais célere.[45]

No entanto, segundo Troller, a mensagem legislativa relacionada à simplificação e encurtamento do processo de 1883 trazia à baila a insatisfação geral:

> "*Há vários anos, de cima a baixo do país, ressoa a queixa sobre o nosso comportamento processual. Não sem razão, censura-se a sua sutileza formalística, o seu lento desenrolar, a sua inútil e dispendiosa instrução probatória. Todavia, cumpre ressaltar que esses inconvenientes devem ser atribuídos não apenas às leis, mas em boa parte também à sua defeituosa aplicação por parte de advogados e juízes. Esses abusos, porém, nunca poderiam ter tomado a dimensão hoje objeto de reclamação, se a própria lei processual em muitas prescrições não tivesse dado motivos para tanto.*"[46]

Na revisão então parcial, o § 158 concedia ao juiz o poder de questionar as partes: "*O juiz deve de ofício determinar que as partes pronunciem o mais claro e exatamente sobre a extensão das pretensões aforadas e a relação fática litigiosa*"[47].

Troller aduz que, para que o litígio não se torne uma disputa, deve ser regulada rigorosamente a ordem de cada um dos atos do processo. Para o autor, a própria lei poderia efetuar esta regulação ou fixar apenas as grandes

43. TROLLER, Alois. Os Fundamentos do Formalismo Processual Civil. p. 65.
44. TROLLER, Alois. Os Fundamentos do Formalismo Processual Civil. p. 65.
45. TROLLER, Alois. Os Fundamentos do Formalismo Processual Civil. p. 66.
46. TROLLER, Alois. Os Fundamentos do Formalismo Processual Civil. p. 66.
47. TROLLER, Alois. Os Fundamentos do Formalismo Processual Civil. p. 66.

linhas condutoras, delegando ao juiz, como imparcial condutor do processo, o posterior poder de polícia para a fiscalização e a contenção da "*chicana*".[48]

Em 1987 escreveu Reichel:

> "*O princípio dispositivo constitui um travesseiro bem confortável. É muito mais fácil portar-se passivamente e sentenciar apenas sobre o material processual apresentado pelas partes, do que cooperar automaticamente. Por último, é preciso justamente que o juiz se familiarize com o material processual desde o começo do processo e não apenas na sentença. As determinações do processo de Berna sobre o direito jurisdicional de inquirição, contidos nos §§ 158 e 171, oferecem o melhor exemplum odiosum, pois embora apresentassem apenas uma interpretação, raramente ou nunca chegam a ser aplicadas.*"[49]

A referida situação conflituosa do querer da reforma acabou por ensejar a discussão voltada para remoção do formalismo da divisão do trabalho do direito comum. Em primeiro plano, sob clara influência de Menger e Klein, encontrava-se a aceleração do processo por intermédio do fortalecimento da atividade jurisdicional oficiosa.

Na concepção de Troller,

> "*Estabelece-se, assim, o dever de o juiz manter em suas mãos a condução do processo. As partes querem que, o mais rapidamente possível o juiz encontre a decisão daquela questão litigiosa posta entre elas. Para que ele possa atuar dessa maneira, deve ter o poder de direção da marcha do processo para levá-lo até a sentença, o seu término natural. Na aceleração desse resultado final, não têm interesse apenas as partes, mas também o conjunto do povo; e isso depende da existência ou não de uma segura e rápida administração estatal da justiça.*"[50]

Nos intentos da reforma de Berna, o juiz deve ter o sentimento de que tem contato estreito e vivo com os fatos. Por conseguinte, deve também estar em estreito relacionamento com as partes.

O juiz para Troller:

> "*Não pode se isolar: aqui estou eu, juiz, e lá estás tu, parte; tu, parte, reportas o teu fato pelo teu advogado, e, todavia, eu, juiz, não me importo se me falastes corretamente ou colocastes segredo, pelo contrário, eu sentencio como me é apresentado o assunto. Ao juiz, inclusive, deve*

---

48. TROLLER, Alois. Os Fundamentos do Formalismo Processual Civil. p. 22.
49. REICHEL, Alex. *Die Stellung der neuren (hauptstsächlich schweizereischen)*. Gesetzgebungen sur Verhandlungemaxime ZBJV, Bd. 33. 1987. p.116. in: TROLLER, Alois. Os Fundamentos do Formalismo Processual Civil. p. 67.
50. TROLLER, Alois. Os Fundamentos do Formalismo Processual Civil. p. 67.

> *ser dada a iniciativa de verificar o fundamento da causa. Assim, de um lado, deve lhe ser concedido o poder de se colocar em contato pessoal com as partes mediante o questionamento pessoal, e, de outro, na medida em que achar necessário, suprir de ofício o material processual que lhe forneceram.*"[51]

Nesta senda, verifica-se que o temor pela parcialidade do juiz deixa de ser uma grande preocupação, ocasionando, por conseguinte, um enfraquecimento do formalismo processual, que era tido, ainda sob os resquícios do Modelo Liberal, como ferramenta de controle do Estado.

Com efeito, Troller ressalta que se não é temido qualquer prejuízo à imparcialidade jurisdicional em razão de uma adjudicação a menor, também a função oposta, a concessão a maior, não deveria ser recusada em virtude de parcialidade, na medida em que tal faculdade "*contribui para um desempenho mais pronunciado da função jurisdicional e uma realização mais justa do direito material*".[52]

Reichel ressalta o "desconforto" do juiz, que limitado pelo Princípio Dispositivo, não poderia deixar de triunfar o direito material com fulcro na mera vinculação formal ao lacunoso esclarecimento fático apresentado pelas partes. Assim, para Reichel, na valoração do material fático apresentado pelos litigantes, mostra-se indispensável um rompimento do juiz com suas limitações de ordem formal, uma vez que:

> *"A mais elevada finalidade do processo civil é a de investigar a pretensão jurídica aforada quanto à sua procedência e proporcionar justiça a uma pretensão fundada. A finalidade do direito processual não deve ser frustrada em virtude de que, em consequência da constituição do processo, o juiz na sua mais íntima convicção é forçado a declarar como direito algo que ele não vê como direito."*[53]

Abre-se espaço, dessa forma, para a possibilidade de ulterior alteração da demanda pelo juiz, na qual este poderia "adequar" o procedimento ao direito em discussão, para que não ocorresse possibilidade de se reconhecer como direito algo contrário às convicções do magistrado, tão somente em razão do formalismo exacerbado.

Na ulterior alteração da demanda, o procedimento se tornaria então amplamente congruente com o pedido. Leuch, a quem evidentemente não escapou essa eventual tensão entre a situação jurídica e o direito processual,

---

51. TROLLER, Alois. Os Fundamentos do Formalismo Processual Civil. p. 68.
52. TROLLER, Alois. Os Fundamentos do Formalismo Processual Civil. p. 88.
53. REICHEL, Alex. *Die Stellung der neuren (hauptstsächlich schweizereischen)*. p.104. in: TROLLER, Alois. Os Fundamentos do Formalismo Processual Civil. p. 68.

logo considerou a alteração da demanda "*como meio adequado para proporcionar o triunfo do direito material (ZPO de Berna, § 94)*"[54].

Neste contexto, a vontade da parte de obter proteção judicial em relação ao pedido de mérito não deve ser frustrada em razão de defeitos na relação processual, adotando-se, na mesma linha da ZPO de Klein (1895), a possibilidade de convalidação a posteriori, pelo juiz, de vícios formais sanáveis, almejando-se, assim, a pacificação do conflito e cumprindo a finalidade social de bem estar do processo.

5.4 A REFORMA ALEMÃ

Com grande força e intensidade, o pensamento de Klein e o novo ordenamento austríaco passaram também a interferir na reforma da ZPO alemã.

Atento ao movimento de reforma de cunho socializador do processo, Oliveira ressalta que, em função dos novos ares, mesmo a doutrina de cunho liberal começava a pregar a concentração do juízo, a libertação de todo falso formalismo, bem como o redimensionamento do princípio dispositivo na investigação dos fatos controversos.[55]

A questão, aliás, estava também relacionada com a chamada "*socialização do direito privado*", especialmente no que tange ao papel ativo a ser desempenhado pelo juiz na condução do processo, na medida em que, conforme a nova ideologia do Estado Social, a finalidade essencial da função jurisdicional se transferiria do puro equilíbrio de forças individuais para a realização de justiça de cunho material, na perspectiva dos interesses maiores da sociedade.[56]

Obviamente, o movimento de socialização do processo também ensejaria reflexos na legislação alemã, a qual, conforme anteriormente demonstrado, apresentava cunho eminentemente liberal.

Oliveira, com esteio em Wach, resume as três premissas principais da reforma do sistema processual alemão:

> *1. Busca de uma maior energia do processo, principalmente mais intensa concentração e organização da audiência; 2. Sua libertação do falso formalismo; 3. Imediatividade mais forte da investigação jurisdicional no conhecimento da verdade e o aperfeiçoamento do juramento.*[57]

Wach, com fulcro na ideia da busca de maior celeridade na resolução do litígio, valoriza a reforma introduzida pela ZPO alemã de 1877 e elogia

---

54. TROLLER, Alois. Os Fundamentos do Formalismo Processual Civil. p. 90.
55. OLIVEIRA, Carlos Alberto Alvaro de. Do formalismo no processo civil. p. 52.
56. OLIVEIRA, Carlos Alberto Alvaro de. Do formalismo no processo civil. p. 52.
57. OLIVEIRA, Carlos Alberto Alvaro de. Do formalismo no processo civil. p. 52.

a libertação das cadeias do processo escrito, do formalismo trancado e demorado, repleto de preclusões.[58]

Nunes, respaldado na doutrina de Fritz Baur e Nicolo Trocker, afirma que a primeira legislação processual liberal a sofrer a ressonância do movimento "socializador" de Klein foi a ZPO alemã de 1877, a qual, na reforma de 1924, buscou um reforço dos poderes judiciais de direção formal e material do processo, retirando, via de consequência, o controle dos prazos processuais das partes, e, posteriormente em 1933, em pleno regime nazista, buscava através da reforma, segundo o discurso legislativo, uma justiça rápida e mais próxima das exigências do povo, partindo da ideia de que a função jurisdicional não servia somente às partes, mas primeiramente à segurança jurídica da coletividade.[59]

Impunha-se assim, no âmbito do discurso legislativo alemão, a socialização processual idealizada por Menger, com a implementação, no campo da técnica procedimental, do protagonismo decisório. Urge ressaltar que, para Ingeborg Maus[60] a referida postura encontrou grande respaldo na Alemanha nazista.

Na concepção de Maus, o juiz alemão passa a ser o protetor dos valores do regime nazista incutidos no povo e aniquilador dos fatos e valores contrários de um povo doente.[61] Com efeito, o juiz alemão se comportava como um portador da visão privilegiada dos valores do povo, corporificados no Führer.

---

58. OLIVEIRA, Carlos Alberto Alvaro de. Do formalismo no processo civil. p. 52.
59. NUNES, Dierle José Coelho. Processo Jurisdicional Democrático. p. 89.
60. MAUS, Ingeborg. Judiciário como superego da sociedade: o papel da atividade jurisprudencial na "sociedade órfã". Novos Estudos CEBRAP, n.58, Nov. 2000, p. 196-197.
61. As exigências formuladas perante a justiça do sistema nazista ligam-se de modo ininterrupto à autocompreensão desenvolvida pela justiça antes de 1933. Mesmo o amplo surgimento de fórmulas comunitárias e de fim social no direito nazista – que possibilitaram suspender toda regulação legal singular em prol das determinações "superiores" – foi expressão da ideologia de que o povo alemão comporta no nacional-socialismo uma comunidade de povos na qual as antigas divisões de classe e conflitos de grupo estariam superados. Também nesse sentido manifestou-se uma verdadeira autoconsciência da Justiça alemã, como na declaração de "total fidelidade" a Hitler por parte da direção da Associação dos Juízes Alemães em 19/03/1933. "*O juiz alemão foi desde sempre consciente, nacionalista e responsável [...] sempre decidiu segundo a lei e sua consciência. Oxalá possa a grande tarefa de construção do estado oferecer em breve ao povo alemão o sentimento da imprescindível união*". Assim é que a ciência jurídica alemã saudará, no interesse de uma pratica jurídica consciente, que o nacional-socialismo tenha construído um "*sistema de valores unitário*", o qual encerrou a anterior concorrência social de sistema de valores diferenciados, tratando esse ato como uma conformação das funções da justiça antes de 1933. Essa "*integração jurídica [...] formava um sistema de valores com fundamento geral nos bons costumes, no sentimento de pensadores equânimes e justos [...] que, mesmo em tempos de neutralidade de valores, seria capaz de incutir, por meio de uma atitude nacional conservadora, uma boa dose saudável de sentimento popular em um povo doente.*" (MAUS, Ingeborg. Judiciário como superego da sociedade: o papel da atividade jurisprudencial na "sociedade órfã". p. 196-197).

Assim, o juiz teria o dever de reconhecer e aplicar toda lei que entrasse em vigência pela vontade de Hitler, entretanto, deveria aplicá-la em consonância com o espírito do povo alemão externado na figura do Führer, ou seja, de acordo com sua vontade jurídica.

Neste sentido, Nunes, escudado nos ensinamentos de Ernesto Garzón Valdés, afirma que:

> *"O recurso à chamada "ordem concreta" facilitava a adequação às novas concepções valorativas do nacional-socialismo: justamente as "ordens concretas" suprapositivas (metajurídicas) deviam jogar uma função corretora do direito legislado e servir para a "renovação" do direito vigente. E, assim, foi possível abandonar os valores individualistas e liberais do, por exemplo, Código Civil, e adaptá-lo à concepção racista do nacional-socialismo, sem necessidade de novas intervenções do legislador. Quão longe chegou esta reinterpretação das disposições vigentes através da inclusão de ideologias suprapositivas e das intenções de inferir valores a partir da realidade "vital e concreta" ilustrou, com todo detalhe BerndRüthers em sua já clássica obra sobre a "interpretação ilimitada". [...] A necessidade de abandonar o formalismo e assegurar um direito "concreto" foi exposta, desde logo, não só pelos juristas mas também pelos condutores do nacional-socialismo. Será necessário, dizia Hitler, que o direito seja valorizado novamente, não segundo o "critério de pensamento liberal, mas de acordo com as pautas dadas pela natureza."*[62]

Para Nunes, a proximidade do pensamento dos autores do período nazista de um juiz portador de uma concepção privilegiada de valores uniformes compartilhados, de algumas ideias, ditas contemporâneas[63], de um juiz engenheiro social, que atua como canal dos valores da sociedade, é no mínimo preocupante, quando se recorda o que a magistratura nazista realizou neste período, conduzindo à reflexão se tal concepção pode ser realmente nomeada de democrática.[64]

Com assento nessas premissas, a velocidade com que se obtém a decisão judicial se vincula de forma não tematizada com os critérios de legitimação

62. NUNES, Dierle José Coelho. Processo Jurisdicional Democrático. p. 93.

63. Cândido Rangel Dinamarco aduz que: *"A segurança dos litigantes, cultivada pelo dueprocess, na medida em que limita os poderes a serem exercidos pelo Estado-Juíz, é um valor elevadíssimo, mas não tão elevado ou absoluto que legitime o esclerosamento, ou engessamento do sistema processual. Seria injusta e depreciativa a esse poderoso instrumento do Estado democrático de direito a afirmação de sua destinação a aniquilar os anseios por um processo de feição humana, no qual o juiz é constantemente conclamado a exercer sua sensibilidade ao valor do justo e do socialmente legítimo".* (DINAMARCO, Cândido Rangel. Nova Era do Processo Civil. São Paulo: Malheiros, 2004. p. 15).

64. NUNES, Dierle José Coelho. Processo Jurisdicional Democrático. p. 93.

decisória, principalmente no que tange ao respeito à norma posta, fazendo com que os estudiosos do Modelo Social de Processo sustentassem a ideia de que o importante para sociedade é a solução rápida dos conflitos por um juiz dotado de valores sociais privilegiados[65], o que implica afirmar, ainda que de forma indireta, que, assim como o tempo necessário à produção da decisão judicial, o tempo de produção da norma pelo legislativo representaria um malefício, uma vez que é exatamente o tempo de produção legislativa que se apresenta, nessa perspectiva, como obstáculo permanente a adaptação da lei a realidade social.

As reformas alemãs de 1909 e 1924 refletem essa linha de evolução, ancoradas notadamente na concentração e na aceleração do procedimento sob uma perspectiva de protagonismo jurisdicional, enfraquecendo-se, desse modo, as limitações formais existentes que eram impostas à atividade do julgador.[66]

Oliveira ressalta que, do ponto de vista do formalismo,

> *"revela-se ainda importante a novela alemã de 1976, em que o legislador procura acelerar a marcha do processo com rígida disciplina das preclusões relativamente a alegações tardias e a introdução de dois modos de desenvolvimento do processo, dos quais, um comportava ulterior limitação ao princípio da oralidade.*[67]

Um dos objetivos da reforma era incrementar a possibilidade de resolução da causa em uma única audiência por meio de tratativas orais (§ 272, I da ZPO). Para Oliveira, a aspiração dessa ordem pressupõe a completa preparação da audiência, e as duas vias processuais estabelecidas no diploma referem-se exatamente a esta fase preparatória (§272, 2, da ZPO), seja pela fixação de uma audiência preliminar, eminentemente oral, seja por meio de um procedimento preliminar escrito.[68]

Diante destas possibilidades, caberia ao presidente do tribunal eleger a via mais indicada para a solução do caso concreto. Ou seja, havia uma escolha do procedimento pelo julgador, de acordo com sua melhor adequabilidade ao caso em análise.

Com efeito, o procedimento adotado na reforma de 1976 previa a possibilidade de adequação, ainda que limitada, deste ao direito material,

---

65. Nesse sentido encontram-se as conclusões da dogmática majoritária brasileira por influência das ideias da Escola Paulista de Processo, segundo as quais o processo é mero instrumento da jurisdição na consecução de escopos metajurídicos, com a supressão do tempo discursivo--procedimental em prol da rapidez da decisão.
66. OLIVEIRA, Carlos Alberto Alvaro de. Do formalismo no processo civil. p. 52.
67. OLIVEIRA, Carlos Alberto Alvaro de. Do formalismo no processo civil. p. 53.
68. OLIVEIRA, Carlos Alberto Alvaro de. Do formalismo no processo civil. p. 53.

rompendo-se, em definitivo, com a ideia de rigidez formal exacerbada implementada no período do liberalismo processual.

A reforma de 1990, dando continuidade a essa adequabilidade do provimento ao direito material em litígio, acabou por criar um procedimento probatório autônomo, desvinculado do procedimento ordinário (§ 485 e s. da ZPO), no qual as partes poderiam convencionar livremente (§ 493, 3, da ZPO) sobre o modo de colheita e demais aspectos relativos às provas a serem produzidas.[69]

Segundo Oliveira:

> *"Para o problema do formalismo, que concerne em essência ao conflito fundamental entre liberdade e autoridade do âmbito processual, uma das inovações mais interessantes do ordenamento austríaco e seu consequente reflexo na legislação alemã consiste na possibilidade de modificação da demanda."* [70]

Desse modo, percebe-se que o § 284 da ZPO, introduzido na novela alemã de 1898, atribuía ao juiz a possibilidade de admitir a *mutatio libeli*, bastando que houvesse o assentimento da outra parte do litígio, bem como não resultasse em comprometimento da defesa desta.

Oliveira salienta que, em que pese toda essa onda de '*desformalização*' do processo em prol do protagonismo judicial realizada nas várias reformas do processo alemão pós-Klein, o passo decisivo para implementação dos ideais do movimento socializador é dado na reforma de 1924, ao permitir ao juiz aceder na alteração, se julgasse "conveniente", mesmo que sem o consentimento do demandado, inclusive em sede recursal.[71]

Tem-se, assim, um efetivo rompimento com as barreiras do princípio dispositivo e as limitações formais impostas ao Estado no desenvolvimento da atividade jurisdicional, o qual, considerado o canal convergente dos valores da sociedade, deveria solucionar o caso concreto pautado no senso inato de justiça do julgador, em que pese ser este contrário aos interesses das partes em litígio.

Não obstante, sob esta perspectiva, o juiz estava autorizado a realizar (sozinho) as alterações que julgasse pertinente no processo, a fim de se alcançar a melhor solução para o caso concreto, em consonância com seu ideal de valores da sociedade. Contudo, consoante analisado, em que pese se verificar um pequeno avanço em relação ao formalismo excessivo (de cunho ritual) do modelo liberal, a ideologia socializadora buscava o afastamento

---

69. OLIVEIRA, Carlos Alberto Alvaro de. Do formalismo no processo civil. p. 54.
70. OLIVEIRA, Carlos Alberto Alvaro de. Do formalismo no processo civil. p. 54.
71. OLIVEIRA, Carlos Alberto Alvaro de. Do formalismo no processo civil. p. 55.

deste tão somente para fins de libertação do julgador de suas limitações legislativas (conforme irá se verificar no tópico a seguir), e não segundo uma nova concepção do papel do procedimento no processo.

5.4.1 A Teoria do Processo como Relação Jurídica e o Paradoxo de Bülow

Como era de se esperar, o total rompimento com as limitações formais do Estado no exercício da função jurisdicional empreendido nas reformas do processo alemão, em especial nas novelas (reformas) de 1924 e 1933, acabaria por ressoar no campo da ciência processual, a qual teve, por conseguinte, de se 'adequar' às novas premissas ideológicas implementadas pelo paradigma do Estado Social.

Assim, conjuntamente à técnica legislativa de reforço do papel do juiz empreendida por Klein, surgia, no âmbito doutrinário na Alemanha, uma linha teórica que, segundo a grande maioria da doutrina existente, deu origem à autonomia do estudo do direito processual.

De acordo com a concepção de Oskar Bülow, citado por Nunes:

> "*Nunca se duvidou que o direito processual civil determina as faculdades e deveres que colocam em mútuo vínculo as partes e o tribunal. Mas, dessa maneira, afirmou-se, também, que o processo é uma relação de direitos e obrigações recíprocas, ou seja, uma relação jurídica. [...] Visto que os direitos e obrigações processuais aplicam-se entre os funcionários do estado e os cidadãos, desde que se trata no processo da função dos oficiais públicos e uma vez que as partes são levadas em conta unicamente no aspecto de seu vínculo de cooperação com a atividade judicial, essa relação pertence, portanto, a uma relação jurídica pública. A relação jurídica processual se distingue das demais relações de direito por outra característica singular, que pode ter contribuído, em grande parte, ao desconhecimento de sua natureza de relação jurídica contínua. O processo é uma relação jurídica que avança gradualmente e que se desenvolve passo a passo, enquanto relações jurídicas privadas que constituem a matéria do debate judicial apresentam-se totalmente concluídas; a relação jurídica processual se encontra em embrião.*"[72]

Contudo, segundo a perspectiva de Bülow, a autonomia da relação jurídica do processo não havia sido adequadamente trabalhada, mostrando-se salutar a necessidade de reconstruir todos os estudos que haviam sido desenvolvidos a respeito das atividades judiciais com vistas à obtenção de decisões.

Diante das bases apresentadas, Bülow estruturou a autonomia do estudo do Direito Processual mediante o delineamento de uma relação jurídico-

---

72. NUNES, Dierle José Coelho. Processo Jurisdicional Democrático. p. 99-100.

-processual lastreada primordialmente na figura do juiz, uma vez que as partes apresentavam-se como meros colaboradores deste na formação dos provimentos decisórios, o qual era emanado de seu "senso inato de justiça", em verdadeiro culto ao protagonismo judicial.

Entretanto, embora Bülow tenha sido precursor da autonomia da ciência processual, demonstrando que o processo não se confundia com o direito debatido entre as partes, é interessante ressaltar que este adotou o modelo da relação jurídica oriundo de um enfoque material do direito, haja vista a clara intenção de manutenção dos vínculos de subordinação entre as partes do processo, perspectiva essa típica do modelo privatístico de processo que o antecedera, e que este buscava contrapor com fulcro nos novos ideais do Estado Social.

De acordo com Bülow, o processo não fora concebido como meio de controle dos atos do estado, e principalmente do juiz, mas como técnica de atuação dos juízes em relação ao reforço das convicções axiológicas do Estado alemão.

Percebe-se, assim que, o que Bülow buscava, desde 1868, era oferecer uma saída para o "formalismo" que havia se desenvolvido na Escola Histórica do Direito alemã pela Jurisprudência dos Conceitos, fundamentando teoricamente a necessidade de aumento do poder do Estado, dos juízes e dos tribunais.[73]

Nunes, por outro lado, salienta que a defesa do aludido protagonismo judicial de Bülow somente se apresenta de modo indiscutível em sua obra de 1885, *GesetzundRichteramt* (Lei e função judicial), publicada cinco anos antes da obra de Menger.[74]

Para Karl Larenz[75], Bülow pode ser considerado o precursor do chamado Movimento do Direito Livre, em cujas propostas lançou bases ulteriormente para o nacional-socialismo. Nas palavras do autor:

> "*A ideia básica deste escrito, a tanta atenção se prestou, é a de que cada decisão judicial não é apenas a aplicação de uma norma já pronta, mas também uma atividade criadora do direito. A lei não logra criar logo o direito; é "somente uma preocupação, uma tentativa de realização de uma ordem jurídica". Cada litígio jurídico "põe um particular problema jurídico para o que não existe ainda pronta na lei determinação jurídica oportuna [...], determinação que também não é possível inferir-se, com a absoluta*

73. LEAL, André Cordeiro. A Instrumentalidade do Processo em Crise. Belo Horizonte: Mandamentos, 2008. p. 45.
74. NUNES, Dierle José Coelho. Processo Jurisdicional Democrático. p.100.
75. LARENZ, Karl. Metodologia da ciência do direito. Lisboa: Calouste Gulbenkian, 1997.

> *segurança de uma conclusão lógica necessária, das determinações da lei". Sob o "véu ilusório da mesma palavra da lei" oculta-se uma pluralidade de significações, cabendo ao juiz a escolha da determinação que lhe pareça ser "em média mais justa". Não diz Bülow segundo que critérios deve o juiz proceder a essa escolha, se segundo critério objetivo e, em certa medida, controlável, como o fim da lei, a "natureza das coisas" ou a concordância com um princípio, se segundo um mero critério subjetivo, por ventura do seu sentimento jurídico pessoal. Por isso, as suas afirmações tanto podem interpretar-se no sentido de uma interpretação teleológica da lei, como no sentido da "Teoria Pura do Direito Livre"- e formam-no, realmente, tanto num como noutro sentido."*[76]

Larenz, conforme acima transcrito, adverte que a Escola do Direito Livre possuía como característica basilar a ideia de que não poderia haver determinação jurídica pronta na lei para cada problema em particular, tendo em vista a existência de um "véu ilusório" decorrente de uma pluralidade de significações do texto normativo a impedir um pronto acesso à solução almejada.

Portanto, a proposta do Direito Livre centra-se justamente na forma pela qual essa pluralidade de interpretações deve ser resolvida: a saída encontrada é acentuar o "*primado da vontade, do sentimento ou da intuição*".[77]

Segundo André Cordeiro Leal, nesse mesmo ambiente histórico em que Bülow colocava em xeque a validade da Jurisprudência dos Conceitos, surge também ainda de forma embrionária, e com objetivos semelhantes às propostas bülowianas, o que se denominou posteriormente de Jurisprudência dos Interesses, cujas bases foram formuladas por Rudolf Von Jhering e desenvolvidas por Heck.[78]

Diante dessa perspectiva, André-Jean Arnaud e María Farias Dulce estabelecem interessante entrelaçamento teórico entre as obras de Bülow e Jhering. Ao abordarem a importância de Bülow para o surgimento da Escola do Direito Livre, afirmam os autores, a respeito de Jhering que:

> *"A interessenjurisprudenz (jurisprudência dos Interesses, final do século XIX e início do XX), outra corrente crítica ante o "formalismo conceitual" é considerada, também, como já se mencionou, como precursora na Alemanha, do Movimento do Direito Livre. Ao aderir ao positivismo não normativo, esta corrente visou a dar o primeiro passo em direção à sociologização do pensamento jurídico por meio de sua crítica à Begriffsjurisprudenz (Jurisprudência dos Conceitos) e ao excesso de formalismo conceitual e do uso da*

76. LARENZ, Karl. Metodologia da ciência do direito. p.78.
77. LARENZ, Karl. Metodologia da ciência do direito. p.79.
78. LEAL, André Cordeiro. A Instrumentalidade do Processo em Crise. p.46.

lógica no desenvolvimento do método jurídico. Rudolf Von Jhering (1818-1892) foi quem a iniciou, durante o período que se chama de segunda etapa do pensamento, fase esta dominada pelo princípio da jurisprudência prática."[79]

A intenção de Jhering era a de destacar a importância que a decisão judicial e o trabalho dos juízes têm para o direito, tratando-se, puramente, da implementação de regras para o manejo do poder estatal de coerção. Para Leal, as ideias que Jhering havia desenvolvido em *A Finalidade do Direito* "*parecem mesmo dar a Bülow contribuições inafastáveis sobre o que seja o direito e, principalmente, sobre o seu aspecto coercitivo, que é aquele que o próprio Jhering considerava o mais importante*"[80].

Bülow se aproveita da obra de Jhering justamente no cerne em que direito e poder se equiparam. Assim, as cogitações de Bülow sobre o processo centram-se no poder que deve se dar à magistratura diante de sua imensa importância na construção do direito. Com efeito, o processo deveria servir apenas como meio apto a legitimar as preconcepções privilegiadas do juiz, não havendo justificativa para manutenção de qualquer aspecto formal que limitasse sua ingerência.

Não obstante a aproximação das perspectivas teóricas do Movimento do Direito Livre e da Jurisprudência dos Interesses, a resposta de Bülow ao problema da decisão jurídica, pautada na supervalorização do Estado na figura do Juiz, encontra no sentimento e papel do decisor a resposta às necessidades práticas que o direito deveria fornecer à sociedade. Nesse sentido, Larenz leciona que:

> "*A intervenção do conhecimento na atividade interpretativa e judicativa vai realmente muito além da lógica. Essa noção, que transcende o conceito positivista de ciência, coloca a jurisprudência dos Interesses em vantagens sobre a "teoria do Direito Livre". Com razão repetiram os seus adeptos, acentuando-o enfaticamente, que a sua doutrina era substancialmente distinta do "Movimento do Direito Livre", pois, salvo raras exceções, viam a investigação do direito pelo juiz como dirigida por ponderações racionais. Em vez da dedução lógico-formal, coloca a Jurisprudência dos Interesses não a vontade ou sentimento, mas a investigação dos interesses e a apreciação desses interesses à luz dos critérios de valor subjacentes à lei. Por isso, reserva ao juiz, sem dúvida, uma margem de decisão maior, mas nenhuma liberdade de decidir guiada apenas no sentimento.*"[81]

---

79. ARNAUD, André-Jean; DULCE, María Farias. Introdução à análise lógica dos sistemas jurídicos. Rio de Janeiro: Renovar, 2000. p. 75.
80. LEAL, André Cordeiro. A Instrumentalidade do Processo em Crise. p.50.
81. LARENZ, Karl. Metodologia da ciência do direito. p.82.

Verifica-se que Bülow, calcado na ideia do protagonismo judicial, buscava uma aplicação livre e subjetiva do direito pelos juízes, que deveriam realizar a função judicante com sabedoria e sensibilidade vez que "*a atividade do juiz contribui para o progresso e a completude da edificação do ordenamento jurídico, que a Lei somente iniciou.*"[82]

Troller ressalta que "*a aplicação do direito deixa muito mais espaço para a discrição subjetiva do que a investigação do material processual*"[83], desvelando-se, assim, a real intenção de Bulöw, qual seja, romper em definitivo com as amarras do formalismo para legitimar uma atuação ilimitada do Estado no exercício da função jurisdicional.

O juiz para Bülow é um porta-voz avançado do sentimento jurídico do povo, protagonista do processo que cria o direito mesmo contrariamente à legislação em vigor, para quem:

> "*O poder autônomo de determinar o direito por parte do juiz alcança o fim de surgir vitoriosamente, até contradizendo significados normativos consolidados, até opondo-se ao querer e ao desejo do legislador. Essa conseqüência das múltiplas dificuldades que se podem opor à precisa compreensão da palavra da lei.*" [84]

Leal aduz que o jurista alemão, da mesma forma que "*aquele trabalho realizado de maneira assídua, livre e meticulosa, de orientação nobre do direito dos tribunais conduzida por uma jurisprudência genial*" tinha dado suporte a Roma, também o direito alemão devia sua transformação, ao longo de sua história, ao trabalho e à contribuição criadora da magistratura, principalmente quando da recepção do direito romano – daí o motivo pelo qual deveria ser mantida, também na época em que Bülow escrevia, a perspectiva que ressalta a importância dos tribunais.[85]

Bülow justifica que, tendo em vista a fragmentação do poder na Alemanha, a partir do século XIII, a qual conduzia ao risco de uma anomia total, a recepção só se empreendera e se tornara possível pelo trabalho salvador do magistrado, o qual buscava, através de suas perspectivas axiológicas privilegiadas, o resgate da nação alemã da referida anomia em que se lançara.[86]

---

82. NUNES, Dierle José Coelho. Processo Jurisdicional Democrático. p.101.
83. TROLLER, Alois. Os Fundamentos do Formalismo Processual Civil. p. 78.
84. NUNES, Dierle José Coelho. Processo Jurisdicional Democrático. p.102.
85. LEAL, André Cordeiro. A Instrumentalidade do Processo em Crise. p.54.
86. Em interessante passagem de sua obra, Bülow, citado por Leal, assim afirmou: "*Nesse sentido, posso me devotar à esperança de que esta tentativa, que está muito além das proposições anteriores, de desenvolver uma teoria sobre a criação do direito pelos juízes, bem como de justificá-la integralmente não disse muito do que os outros, mesmo que silentes, também entenderam como correto. A verdadeira decisão sobre a correção do caminho escolhido dependerá daqueles, aos*

Tornam-se, portanto, cristalinos os motivos pelos quais a teoria processual desenvolvida por Bülow não poderia ser a mesma abordada pelas perspectivas processuais anteriores (privatísticas), mas como relação jurídica de direito público vinculativa das partes aos tribunais, cuja formação e existência deveriam ser totalmente controladas pelo juiz, através dos vínculos de subordinação (elementos inerentes ao Modelo Social de Processo calcado em bases imanentistas do direito).

O comando da relação processual pelo juiz permitiria o controle de todo o direito vigente, haja vista a possibilidade de criação de normas através da decisão judicial, fazendo com que somente a relação jurídica processual, pautada na subordinação nela pressuposta (a qual reduzia as partes a meros "colaboradores" do juízo na formação do provimento) poderia dar sustentação a este projeto.

Por esses motivos, Leal entende ser possível afirmar que o processo, sob a taxionomia de relação jurídica, já surge, em Bülow, como instrumento da jurisdição, devendo essa ser entendida como atividade do juiz na criação do direito em nome do Estado com a contribuição do sentimento e da experiência do julgador.[87]

Conforme anteriormente advertido por Larenz, Bülow, obviamente, não se preocupou em explicar como poderia ser controlada essa atividade jurisdicional criadora de um direito, o qual era, via de regra, "*sentimental*" ou "*emocional*" [88].

Leal aduz que é exatamente dessa aporia que se erige incontornável, nos escritos posteriores dos que buscaram o controle da atividade judicial pelos fundamentos da ciência bülowiana, o *Paradoxo de Bülow*.[89] Isso porque:

---

quais se destina este trabalho, ou seja, aos juízes, para que reencontrem no tema aquilo que preencha e anime sua profissão!" (LEAL, André Cordeiro. A Instrumentalidade do Processo em Crise. p.59).

87. LEAL, André Cordeiro. A Instrumentalidade do Processo em Crise. p.60.

88. André Leal, invocando as palavras de Bülow em nota de rodapé, ressalta que *"[...] quando se tem em vista que Bülow reconhece e elogia a possibilidade de disparidade entre o texto legal e o conteúdo da decisão: 'Então, quando acontece, várias vezes, das decisões dos juízes contrariarem o sentido e a vontade da lei, isso deve ser aceito tranquilamente, como um destino inevitável, como um tributo, o qual os legisladores e juízes prestam à fraqueza do poder de expressão e comunicação humanas. [...] Mesmo a decisão contrária à lei possui força de lei. Ela é, como qualquer decisão judicial, uma determinação jurídica originária do Estado, validada pelo Estado e por ele provida de força de lei. Com isso, não se quer dizer outra coisa do que o juiz ser autorizado pelo Estado a realizar determinações jurídicas, as quais não estão contidas no direito legislado, mas sim encontradas pelos juízes, por eles criadas, escolhidas e desejadas!'"* (LEAL, André Cordeiro. A Instrumentalidade do Processo em Crise. p.60-61).

89. LEAL, André Cordeiro. A Instrumentalidade do Processo em Crise. p.65.

> *"Toda a tentativa no sentido de elevar o processo impregnado da herança bülowiana à condição de garantidor de direitos fundamentais falha exatamente em razão do fato de que não poderia ser esse processo, ao mesmo tempo, instrumento do poder (de criação e do dizer o direito pelo juiz) e sua limitação eficaz – eis o paradoxo."*[90]

Assim sendo, resta manifesto que a intenção da obra de Bülow não fora a de fornecer critérios para implementação de meios de controle sobre a atividade dos juízes, pelo contrário, o propósito de Bülow foi o de apresentar fundamentos histórico-sociológicos autorizativos da legitimação do controle social pela magistratura alemã e de justificar, a partir dessas premissas, a adoção de técnicas que permitissem a desvinculação dos julgadores das abordagens formalistas ou legalistas da aplicação do direito (em consonância com a concepção liberal de processo) que buscava contrapor, municiando, dessa forma, a magistratura de instrumentos de dominação idênticos aos dos pretores e magistrados Romanos.

Em Bülow, via de consequência, a dialeticidade do processo e a influência das partes na formação do provimento decisório ao qual irão se submeter são suplantadas por uma postura de superioridade do julgador em relação a elas, sendo o contraditório relegado a mero elemento formal validador de uma jurisdição monológico-salvacionista exercida pelo agente estatal instituído da função judicante, o qual possuía um "saber privilegiado", assumindo as partes o papel de meros colaboradores do julgador na formação da decisão.

De acordo com Leal, a atribuição de escopos metajurídicos[91] à jurisdição coloca o juiz como sujeito privilegiado, na posição de líder inatacável, criando uma fronteira móvel de aplicação do direito em que este estará autorizado a fixar os limites do ordenamento e sua direção, colocando-o na borda legal que nega a própria normatividade do direito, ou seja, no ponto similar ao de decretação do Estado de Exceção Shimittiano.[92]

Sob tal concepção de processo, verifica-se inoportuna qualquer tentativa de estabelecimento de um procedimento convencional pelas partes, ou destas em conjunto com o juiz, haja vista que, se o julgador não estava limitado nem mesmo pelo direito material, a ideia de observância da estru-

---

90. LEAL, André Cordeiro. A Instrumentalidade do Processo em Crise. p.64-65.

91. Atividade decisional que visa ao atendimento de fins sociais, políticos e econômicos. A esse respeito, André Leal afirma que o "*entrelaçamento da teoria do processo como relação jurídica com o insuficiente paradigma do Estado Social leva vários desses autores a examinar o processo como relação jurídica desenvolvida entre partes, que se encontra à disposição do Estado, ao atendimento de interesses públicos de origem extralegal (escopos metajurídicos)*". (LEAL, André Cordeiro. A Instrumentalidade do Processo em Crise. p. 82).

92. LEAL, André Cordeiro. A Instrumentalidade do Processo em Crise. p.32-33.

tura procedimental também restou claramente prejudicada, caindo por terra qualquer pretensão de se procedimentalizar a atividade jurisdicional, e por conseguinte, de celebração de acordos de procedimento.

Importante ressaltar ainda que, consoante afirmado no Capítulo 2, a resistência teórica que os operadores do direito apresentam à possibilidade de utilização da negociação processual finca suas bases em ideias socializadoras, em especial na teoria de Bülow, o qual, conforme se verificou, era refratário a qualquer possibilidade de intervenção das partes na atividade jurisdicional, e, por conseguinte, na estrutura procedimental.

Tem-se, portanto, que a concepção socializadora de (ausência) formalismo também não serve de base para as ideias do presente trabalho, haja vista que, além de pautar-se em um critério de protagonismo e centralidade do processo nas mãos do juiz, contrária, desse modo, ao marco teórico aqui adotado, a clarividente vedação da interferência das partes no processo, e via de consequência, da possibilidade de implementação da negociação processual, em nada contribuem para a investigação dos limites na normatividade da vontade sob os preceitos da comparticipatividade e do policentrismo processual.

É importante frisar que, contemporaneamente a Bülow, Wach, um dos precursores do denominado processualismo científico, cujas ideias despontaram na Alemanha na segunda metade do século XIX, já propalava a importância do contraditório ante o caráter dialético do processo, ressaltando que sua finalidade atendia ao interesse das duas partes do litígio, o interesse da tutela jurídica afirmada pelo autor e o interesse contraposto do sustentado pelo réu, apontando a fragilidade da ideia de contraditório defendida por Bülow.[93]

Posteriormente, a partir de 1958, na Itália com Elio Fazzalari, e no Brasil com José Alfredo de Oliveira Baracho em 1984 e Aroldo Plínio Gonçalves em 1992, a teoria de Bülow passou a sofrer ferrenhas críticas[94] em seu ponto

---

93. BRETAS, Ronaldo de Carvalho Dias. Processo Constitucional e Estado Democrático de Direito. 2ª ed. Belo Horizonte: Del Rey, 2012. p.96.

94. No entanto, em importante estudo sobre o percurso histórico-teórico do Processo Constitucional, Dhenis Madeira leciona que o movimento científico de abandono dos modelos liberal e social de Processo se iniciou na América (e não Europa, como pensam alguns juristas), tendo sido claramente percebido ao final e, com mais vigor, logo após a Segunda Guerra Mundial. Para o referido Professor, *"o processualista uruguaio Eduardo Juan Couture Etcheverry, mais conhecido como Eduardo J. Couture (1904-1956), foi quem, em plena Segunda Guerra, ministrou, nos anos de 1943 e 1944, um curso em algumas universidades americanas sobre o (então) inovador tema das 'garantias constitucionais do processo civil'"*. Segundo Fix-Zamudio, esse curso, que deu origem a um texto publicado em 1946, marcou o início dos estudos do Direito Constitucional Processual. (MADEIRA, Dhenis Cruz. O nascimento do Processo Constitucional na América. *In:*

mais discutível, qual seja a implementação de um protagonismo judicial que conduz ao solipsismo e ao esvaziamento do papel técnico e institucional do processo, sob um discurso moderno de funcionamento do sistema jurídico.[95]

Importante destacar que Fazzalari[96] contribuiu pioneiramente para o direito processual ao apresentar uma nova concepção de processo e procedimento, pois, em sua teoria:

> "*[...] o procedimento é regulado de modo que dele participem também aqueles em cuja esfera jurídica o ato final é destinado a desenvolver efeitos – de modo que o autor dele (do ato final, ou seja, o juiz) deve dar a tais destinatários o conhecimento da sua atividade, e se tal participação é armada de modo que os contrapostos 'interessados' (aqueles que aspiram a emanação do ato final – 'interessados' em sentido estrito – e aqueles que queiram evitá-lo, ou seja, os 'contra-interessados') estejam sob plano de simétrica paridade, então o procedimento compreende o 'contraditório'; faz-se mais articulado e complexo, e do genus 'procedimento' é possível extrair a species 'processo'. Existe o 'processo', quando em uma ou mais fases do iter de formação de um ato é contemplada a participação não só – e obviamente – do seu autor, mas também dos destinatários dos seus efeitos, em contraditório, de modo que eles possam desenvolver atividades que o autor do ato deve determinar, e cujos resultados ele pode desatender, mas não ignorar.*"[97]

Assim sendo, considerando que Bülow não se alinhava à concepção científica de processo como procedimento em contraditório, no qual as partes deveriam participar em simétrica paridade no *iter* procedimental de formação decisória, bem como não visualizava o processo como meio de controle da atividade jurisdicional, mas meramente como instrumento de viabilização hipoteticamente emancipatório pela atividade criadora do direito pela magistratura, o aproveitamento de sua teoria resta manifestamente prejudicado em paradigmas que não se alinhem ao Modelo de Estado Social, no qual o Movimento do Direito Livre cunhava suas bases. O processualista alemão "*criara uma 'ciência' que se destinava à instrumentalização da atividade dos*

SOARES, Carlos Henrique; BRÊTAS, Ronaldo C. Dias (Coords.). Direito Processual Civil Latino-Americano. Belo Horizonte: Arraes, 2013. p. 17).

95. Importante observar que já em 1948 Couture fazia uma crítica contundente ao enfoque do juiz como Führer do processo, para quem "*[...] este princípio do povo como comunidade vivente, que necessita de um intérprete, levou àquilo que se costuma chamar "doutrina do Führerprinzip", segundo a qual o juiz é o Führer dentro do processo. Essa doutrina, no entanto, que parecia destinada a triunfar, não pode suportar alguns embates fundamentais. Um deles por exemplo, o de que não pode haver na Alemanha tantos Führer fiéis intérpretes do direito.*" (LEAL, André Cordeiro. A Instrumentalidade do Processo em Crise. p.64).

96. FAZZALARI, Elio. Instituições de direito processual civil. Trad. Eliane Nassif. 1ª. ed. Campinas: Bookseller, 2006.

97. FAZZALARI, Elio. Instituições de direito processual civil. p. 120.

juízes e não à asseguração de legitimidade da decisão fora do Estado Social, a 'ciência' bülowiana do processo acaba se transformando num elemento inútil."[98]

Consectário ao exposto, percebe-se que o deslocamento do eixo de formação decisória das partes (Liberalismo Processual) para o Juiz (Socialismo Processual), rompendo-se com as limitações formais existentes e dando ilimitado poder de criação do direito a magistratura, para que esta decidisse ainda que de forma totalmente contrária a legislação posta, respaldando a validade da decisão no senso inato de justiça do julgador, o qual possuía uma concepção axiológica social privilegiada (protagonismo judicial), carece claramente de legitimidade quando analisada sob as bases principiológico-constitucionais do Estado Democrático de Direito, conforme será demonstrado adiante, haja vista que o processo neste paradigma procedimental garante às partes a possibilidade de atuar de decisivamente na formação dos provimentos jurisdicionais aos quais irão se submeter.

5.5 O MODELO DE STUTTGART – O PRINCÍPIO AUTORITÁRIO E A COOPERAÇÃO PROCESSUAL

Conforme se visualizou no tópico antecedente, a teoria de Bülow, pautada nos ideais de celeridade e protagonismo, acabou por retirar do processo todas as limitações de ordem formal existentes na legislação, resultando no esvaziamento do papel do contraditório, haja vista que a participação das partes fora relegada a mero elemento validador de uma jurisdição solipsista emanada do senso inato de justiça do decisor.

No entanto, conforme alhures ressaltado, a ideia de contraditório defendida por Bülow mostra-se completamente frágil, tendo em vista a importância deste ante o caráter dialético do processo, já ressaltada por Wach, o qual salientava que sua finalidade atendia ao interesse das duas partes do litígio, o interesse da tutela jurídica afirmada pelo autor e o interesse contraposto sustentado pelo réu.

Assim, mostra-se inconcebível a defesa do esvaziamento total da participação das partes em prol de uma suposta "aceleração" do procedimento, haja vista que, conforme fora ressaltado por Baur, e será abaixo demonstrado, o juiz não é capaz, *per si*, de resolver o problema da morosidade do exercício da função jurisdicional.

Em uma conferência realizada em 1965 na Universidade de Tübingen, Baur, preocupado com os ideais do movimento de acesso à justiça, apresentou uma palestra denominada de "*Caminhos para a concentração da audiência*

---

98. LEAL, André Cordeiro. A Instrumentalidade do Processo em Crise. p.65.

no processo".[99] Nesta conferência Baur delineou o perfil do processo alemão desde a Ordenança de 1877, elencando como os principais problemas da morosidade na aplicação da tutela estatal, segundo Xavier Neto:

> "*1ª- Insuficiência na formulação, pelas partes, da pretensão respectiva, em especial em decorrência da inexistência de prazo para apresentação de petições, dificilmente rejeitadas, resultando que, até mesmo depois de colhida a prova oral se ensejava, mediante novo pedido, repetição da instrução, ocorrendo mais, por vezes, que a real pretensão das partes só fosse aparecer, de forma clara na 2ª Instância. 2ª – Separação da audiência propriamente dita daquela em que se coletava a prova, repetindo-se audiências e mais audiências em cada processo, abarrotando-se as pautas, não tendo o magistrado tempo hábil para tratar, com a profundidade necessária, da tomada de depoimentos e da própria questão em Juízo debatida, restando ferido o direito material.*"[100]

Segundo Nunes, Baur percebeu que, no caso alemão, a longa duração do processo não estava atrelada tão somente ao fato de haver significativo lapso temporal entre o início do processo até o primeiro debate oral realizado em audiência, mas sim da ausência de debate entre os sujeitos processuais de modo a permitir uma preparação adequada para a audiência oral, trazendo uma redução do numero de audiências, com a possibilidade de uma decisão mais célere.[101]

As referidas ponderações levaram o autor alemão, com nítida influência dos ideais reformistas do modelo socializador de processo, numa perspectiva de oralidade, a propugnar um procedimento nos seguintes termos:

> "*A idéia de base é simples: após a propositura da ação, realiza-se uma troca de peças escritas entre as partes, sob a direção do tribunal; ela se destina à exposição das questões de fato e à indicação dos meios de prova. O tribunal influi na exposição escrita das partes, na medida em que lhe indica pontos que lhe parecem importantes para o completo esclarecimento da matéria de fato. Depois desta troca de escritos, o tribunal marca a audiência, ordena sempre o comparecimento pessoal das partes e provê no sentido de que todos os meios de prova estejam presentes à audiência. Nessa única audiência [...] o tribunal discute primeiro as questões de fato com as partes, pessoalmente presentes; nessa ocasião apontam-se obscuridades e equívocos nas exposições das partes, que devem ser logo esclarecidos. Muitas vezes, já nesse primeiro estádio, surge a possibilidade de encerrar-se o processo mediante transação. Se não se chega a tanto, realiza-se de imediato – na presença*

---

99. XAVIER NETO, Francisco de Paula. Notas sobre a justiça da Alemanha. Revista de Processo, São Paulo: Revista dos Tribunais, n.27, p.107, jul/set. 1982.

100. XAVIER NETO, Francisco de Paula. Notas sobre a justiça da Alemanha. p. 107-108.

101. NUNES, Dierle José Coelho. Direito Constitucional ao Recurso: Da teoria geral dos recursos, das reformas processuais e da comparticipação nas decisões. Rio de Janeiro: Editora *Lumen Júris*, 2006. p. 33.

das partes – a colheita das provas. Também os peritos estão pessoalmente presentes, mesmo quando já tenham antes apresentado laudo escrito. Após a conclusão da atividade instrutória, têm as partes e os advogados oportunidade de arrazoar. O tribunal discute abertamente a situação de fato e de direito com as partes, de maneira que estas não fiquem em dúvida sobre a opinião do órgão. Isso conduz em muitos casos a uma transação. Quando não, o tribunal, depois de conferenciar, profere a sentença."[102]

As ideias de Baur encontraram receptividade, inicialmente, no Tribunal Estadual de Sttutgart e expandiram-se, posteriormente, para inúmeros outros tribunais alemães, culminando seus efeitos na promulgação, em 03 de setembro de 1976, e entrada em vigor, em 01 de julho de 1977, da "*novela de simplificação*", que alterou a Ordenança alemã, de forma a adequá-la às perspectivas do Modelo de Sttutgart.[103]

Verifica-se que, conforme idealizado por Baur, o ponto crucial que lastreia o processo alemão, em que pese ser cunhado sob os pilares do Princípio Autoritário inerente à perspectiva socializadora, está na cooperação processual ou intersubjetiva entre o juiz e os litigantes.

Nunes aduz que o denominado princípio da cooperação intersubjetiva[104] impõe ao magistrado alemão os deveres de prevenção[105], esclarecimento[106],

102. BAUR, Fritz. Transformações do processo civil em nosso tempo. *In: Revista Brasileira de direito processual*. v. 7, Uberaba, 3º Trim. 1976, p. 61-62.

103. NUNES, Dierle José Coelho. Direito Constitucional ao Recurso: Da teoria geral dos recursos, das reformas processuais e da comparticipação nas decisões. p. 34-35.

104. O princípio da cooperação intersubjetiva foi introduzido na reforma Código de processo civil português que entrou em vigor em 01.01.1997, em moldes idênticos aos do direito alemão.

105. *"O dever de prevenção tem uma consagração no convite ao aperfeiçoamento pelas partes de seus articulados (...) ou das conclusões das suas alegações de recurso [...]. Aquele primeiro convite deve ser promovido sempre que o articulado enferme de irregularidades [...] ou mostre insuficiências ou imprecisões na matéria de fato alegada".* (SOUSA, Miguel Teixeira de. Aspectos do novo processo civil português. *In: Revista de Processo*, v. 86, Ab. – Jun. 1997, p.176 – 177).

106. Este dever possui dupla característica: 1) *"(...) o juiz pode em qualquer altura do processo, ouvir qualquer das partes, seus representantes ou mandatários judiciais, convidando-os a fornecer os esclarecimentos sobre a matéria de facto ou de direito que se afigurem pertinentes e dando-se conhecimento à outra parte dos resultados da diligência"*; 2) *"(...) as pessoas às quais o juiz solicita o esclarecimento são obrigadas a comparecer e a prestar os esclarecimentos que lhes forem pedidos, salvo se tiverem uma causa legítima para recusar a colaboração requerida".* (SOUSA, Miguel Teixeira de. Aspectos do novo processo civil português. p. 176).

assistência das partes[107] e, principalmente, consulta das partes dos pontos fáticos e jurídicos que cercam a demanda[108].[109]

Nas palavras de Trocker:

> *"O sucessivo debate oral permite um aprofundamento das discussões quanto aos aspectos de fato e de direito da controvérsia. Parece assim um modo extremamente válido para afastar o perigo das "decisões surpresa" e colocar os interessados em condições de atuar eficazmente sobre o desenvolvimento e sobre o êxito do julgamento. O desprezo ao contributo crítico e construtivo das partes estimula um uso excessivo dos instrumentos de recurso, com todas suas consequências negativas. [...] O resultado do Modelo de Sttutgart confirma que o diálogo aberto e sem preconceitos facilita a obra de seleção dos elementos relevantes, agiliza a reconstrução do caso concreto e garante também uma decisão mais correta, enquanto o "prestigioso" silêncio do juiz constrange as partes a alegações supérfluas e dificulta a "busca da verdade". É apenas o caso de constatar-se que celeridade e concentração do processo e correteza da pronúncia são valores estritamente conexos à própria garantia de ação e de defesa".*[110]

Para Trocker, essa perspectiva cooperativa do processo proporciona

> "*(...) ao cidadão a sensação de encontrar no "guardião da lei" um verdadeiro interlocutor que aceita a cooperação para a formação da decisão, e não um simples representante do poder público que do alto emite uma pronúncia vinculante. Em tal senso o diálogo garante a democratização do processo e impede que o princípio do "novit curia" seja fonte de uma atitude autoritária ou instrumento de opressão.*"[111]

---

107. *"(...) sempre que alguma das partes alegue justificadamente dificuldade séria em obter documento ou informação que condicione o eficaz exercício de uma faculdade ou o cumprimento de um ônus ou dever processual, o juiz deve, sempre que possível, providenciar pela remoção do obstáculo".* SOUSA, Miguel Teixeira de. Aspectos do novo processo civil português. p. 177.

108. *"(...) salvo no caso de manifesta desnecessidade, o tribunal não pode decidir uma questão de direito ou de facto, mesmo que seja de conhecimento oficioso, sem que as partes tenham tido a oportunidade de se pronunciarem sobre ela. O escopo deste preceito é evitar as chamadas 'decisões-supresa', isto é, as decisões proferidas sobre matéria de conhecimento oficioso sem a sua prévia discussão pelas partes."* SOUSA, Miguel Teixeira de. Aspectos do novo processo civil português. p. 177.

109. NUNES, Dierle José Coelho. Direito Constitucional ao Recurso: Da teoria geral dos recursos, das reformas processuais e da comparticipação nas decisões. p. 37-38.

110. TROCKER, Nicoló. Processo civile e costituzione. Problemi de diritto tedesco e italiano. Milano: Giuffré, 1974. p. 667. Apud. GOUVEIA, Lucio Grassi de. O dever de cooperação dos juízes e tribunais com as partes – uma análise sob a ótica do direito comparado (Alemanha, Portugal e Brasil). In: Revista da ESMAPE, v. 5, n. 11, Jan. – jun. 2.000, p. 262.

111. TROCKER, Nicoló. Processo civile e costituzione. Problemi de diritto tedesco e italiano *Op. cit.* p. 670. *Apud.* GOUVEIA, Lucio Grassi de. O dever de cooperação dos juízes e tribunais com as partes – uma análise sob a ótica do direito comparado (Alemanha, Portugal e Brasil). *In: Revista da ESMAPE*, v. 5, *Op. cit.* p. 263. apud: NUNES, Dierle José Coelho. Direito Constitucional ao Recurso: Da teoria geral dos recursos, das reformas processuais e da comparticipação nas decisões. p. 40.

Para Nunes, ao se analisar o conteúdo dos dispositivos presentes nos §§ 139[112], e especialmente 278[113], entre outros, da Ordenança Processual alemã reformada, vislumbra-se que o direito de participação das partes não constitui "*um acréscimo inútil ou supérfluo*" [114] ao processo, de forma que o aumento dos poderes dos juízes não pode significar a mitigação das garantias de defesa dos litigantes, tanto que os pontos delineados por estes devem ser levados em consideração na fundamentação das decisões e o juiz não poderá decidir de ofício, sem o anterior e prévio conhecimento das partes[115].[116]

Por consectário, tem-se no Modelo de Sttutgart, gestado sob os pilares do Modelo Social de Processo difundido na Alemanha, a coexistência do Princípio Autoritário e da atribuição da garantia de participação efetiva e decisiva das partes no *iter* procedimental de formação da decisão, através da implantação de um verdadeiro espaço discursivo-argumentativo para influência destas no provimento em construção.

Nas palavras de Aroldo Plínio Gonçalves:

> *"[...] o problema da justiça foi deslocado do "papel-missão" do juiz para a garantia das partes. O grande problema da época contemporânea não é o da*

---

112. *"§139. O presidente deve fazer com que as partes se expressem inteiramente sobre os fatos decisivos e formulem pedidos úteis, e, particularmente completem as alegações insuficientes dos fatos invocados e indiquem meios de prova. Com este objetivo, sempre que seja necessário, discutirá o assunto e o litígio com as partes e fará perguntas sobre o aspecto fático e jurídico do conflito. O presidente deve chamar a atenção sobre as considerações e os pontos que devem ser levados em conta de ofício. Se assim for requerido, deve permitir a formulação de perguntas a cada membro do tribunal.".*

113. *"§278, [...] III. O juiz só pode apoiar sua decisão num aspecto jurídico considerado insignificante pela parte, ou que lhe tenha passado desapercebido, se lhe tiver dado oportunidade de manifestar-se a respeito, salvo quando se tratar de uma questão meramente acessória".*

114. Gouveia, valendo-se dos ensinamentos de Trocker, diz que *"[...] toda essa questão há muito vem sendo estudada na Alemanha. Na jurisprudência do Bundesverfassungsgericht [Tribunal Constitucional Federal], o direito do rechtliches Gehör resulta portanto delineado como direito de incidirem ordem a qualquer questão, de fato ou de direito, de rito ou de mérito, cuja solução possa influir na decisão jurisdicional. E essa solução vem compartilhada por grande parte da doutrina, a qual vai, enfim, convencendo-se de que as alegações ou deduções jurídicas dos interessados não são um acréscimo inútil e supérfluo, mas o exercício da garantia de ação e de defesa e que a individuação e a interpretação da norma a aplicar não constituem uma prerrogativa intangível e exclusiva do magistrado."* GOUVEIA, Lucio Grassi de. O dever de cooperação dos juízes e tribunais com as partes – uma análise sob a ótica do direito comparado (Alemanha, Portugal e Brasil). Apud: NUNES, Dierle José Coelho. Direito Constitucional ao Recurso: Da teoria geral dos recursos, das reformas processuais e da comparticipação nas decisões. p. 41.

115. Alvaro Oliveira afirma a existência do *"veto ao órgão judicial para decidir questões de fato ou de direito, mesmo que de conhecimento ex officio, sem prévio pronunciamento das partes a respeito, de modo a emprestar outra dimensão ao contraditório, afeiçoando-o a uma visão cooperativista do processo. Hoje, esse resultado só é alcançável no direito brasileiro por via interpretativa"* (OLIVEIRA, Carlos Alberto Álvaro de. Efetividade e processo de conhecimento. *Revista da Ajuris*. v. 75, p. 132, set./1999).

116. NUNES, Dierle José Coelho. Direito Constitucional ao Recurso: Da teoria geral dos recursos, das reformas processuais e da comparticipação nas decisões, p. 40-41.

convicção ideológica, das preferências pessoais, das convicções do juiz. É o de que os destinatários do provimento, do ato imperativo do Estado que, no processo jurisdicional, é manifestado pela sentença, possam participar de sua formação, com as mesmas garantias, em simétrica igualdade, podendo compreender por que, como, por que forma, em que limites o Estado atua para resguardar e tutelar direitos, para negar pretensos direitos e para impor condenações".[117]

Desse modo, revela-se inconcebível a defesa do esvaziamento do papel do contraditório, sob a premissa da aceleração do procedimento por intermédio da supressão das formalidades existentes, conforme as bases do Modelo de Sttutgart que culminou na alteração da Ordenança alemã de 1977.

No mesmo sentido, verifica-se que o total esvaziamento do papel das partes na atividade processual idealizado pro Bülow também se mostra inadequado.

5.6 REFORMA ITALIANA – APOSTA NA COOPERAÇÃO PROCESSUAL

O projeto de reforma italiano de 1919, elaborado por Chiovenda, assim como inúmeras outras legislações europeias, também sofreu grande influência da ZPO de Klein. Nunes ressalta que tal fato se dá em detrimento de que "*na primeira metade do século XX, a preocupação reformista foi enormemente centrada no Princípio Autoritário que, representava a base ideológico-jurídica do nazismo e do fascismo*[118]".

Contudo, na prática, em território italiano as ideias de Klein somente foram introduzidas no seu aspecto paternalístico, pois no plano técnico não o foram.[119]

Conforme irá se verificar, o CPC italiano, valorizando a participação das partes na resolução do litígio, rompe com as premissas socializadoras do protagonismo judicial e aposta no método da divisão do trabalho (cooperação).

Segundo Nunes, Calamandrei, ao comentar o projeto Solmi de reforma, que serviu como uma das bases do *Codice* italiano de 1940, afirmava que as bases do estado social deveriam se fazer presentes na legislação, uma vez que o processo civil, antes de um instrumento de direitos privados (conforme concepção do Modelo Liberal de Processo), é considerado um meio para atuar a vontade do Estado, expressa em abstrato na lei e que se

117. GONÇALVES, Aroldo Plínio. Técnica processual e teoria do processo. Rio de Janeiro: Aide, 1992, p. 195.

118. NUNES, Dierle José Coelho. Processo Jurisdicional Democrático. p.94.

119. NUNES, Dierle José Coelho. Processo Jurisdicional Democrático. p.95.

deveriam "*projetar no campo processual aqueles princípios autoritários no qual se inspira o ordenamento constitucional do Estado: já que no processo o Estado é representado pelo juiz, o princípio autoritário trazido ao processo civil significa logicamente o reforço dos poderes do juiz*".[120]

Calamandrei exaltava, assim, a busca pela celeridade processual, mediante um sistema preclusivo mais rigoroso e uma intervenção mais efetiva do juiz na aplicação do princípio autoritário, que permitia a este o exercício de maiores poderes discricionários.

Neste cenário, Nunes ressalta que "*obviamente que o pensamento de Calamandrei deve ser contextualizado, uma vez que traduzia uma tendência doutrinária de crítica ao modelo liberal de processo, já iniciada no período pré-fascista, que obteve respaldo institucional do Estado fascista*".[121]

Alguns anos após a reforma de Chiovenda, reconhece-se no relatório do Ministro Grandi para a reforma operada com o Código de 1942, contrariamente às premissas do modelo social de processo, o aspecto de garantia dos requisitos de natureza formal, assegurando certas balizas de controle do arbítrio e da ingerência do Estado na legislação processual. No entanto é repelido o formalismo "*mesquinhamente conservador*", sacramental, arcaico e, portanto, "*inútil à resolução da demanda e aos fins do próprio instituto*".[122]

Para Oliveira, "*dentro dessa linha de entendimento, concernente à forma em sentido estrito, as nulidades são sancionadas "non por cieco ossequio alla forma considerata in si stessa", mas tendo-se em vista o "scopo pratico" do ato processual.*"[123]

Em relação aos poderes diretivos do juiz, Oliveira ressalta que:

> "*O princípio da legalidade impõe a prefixação legal das formas e procedimentos, e é contrabalanciado pela possibilidade atribuída ao órgão judicial e às partes de adequar o curso do procedimento às exigências concretas da causa, mediante poderes de aceleração, simplificação ou abreviação.*"[124]

Do ponto de vista do formalismo, a modificação mais importante fora introduzida pela Lei nº. 353 de 26 de Novembro de 1990, alterando-se o sistema de preclusões na busca da concentração e da completude da atividade processual das partes.

---

120. NUNES, Dierle José Coelho. Processo Jurisdicional Democrático. p.95.
121. NUNES, Dierle José Coelho. Processo Jurisdicional Democrático. p.95.
122. OLIVEIRA, Carlos Alberto Alvaro de. Do formalismo no processo civil. p. 55.
123. OLIVEIRA, Carlos Alberto Alvaro de. Do formalismo no processo civil. p. 55.
124. OLIVEIRA, Carlos Alberto Alvaro de. Do formalismo no processo civil. p. 55.

Oliveira aduz que, em princípio,

> *"autor e réu devem apresentar com a petição inicial e a resposta toda a matéria de fato importante para a causa (arts. 163 e 167). Como ponto crítico da reforma apresenta-se o ônus, imposto ao réu, de apresentar com a resposta, "sob pena de decadência", "as eventuais demandas reconvencionais e as exceções processuais de mérito que não sejam conhecíveis de ofício" (art. 167, § 2º). No desenvolvimento do processo o papel central foi atribuído à primeira audiência "di trattazione", nesta tendo lugar o interrogatório livre das partes sobre os fatos da causa e a tentativa de conciliação, devendo o juiz assinalar, se inexitosa a conciliação, as questões conhecíveis de ofício, para as quais entenda oportuno o debate (concentrando-se, assim, o contraditório). Na mesma audiência, o autor poderá apresentar as demandas e exceções consequentes à demanda reconvencional ou às exceções suscitadas pelo réu na resposta (art. 183). Possibilita-se, portanto, de modo expresso, a reconventio reconventionis do autor, questão até então controvertida na dogmática italiana."*[125]

Vale ressaltar que, segundo a legislação italiana, na mesma audiência "*ambas as partes podem precisar e, sob autorização do juiz, modificar as demandas, as exceções e as conclusões formuladas*".[126]

Segundo a doutrina, mostra-se clara a diretiva no sentido de autorizar o juiz a *emendatio* da demanda, exceções e conclusões, mormente porque não subordina a autorização a existência de "*graves motivos*" para tanto.[127]

Embora o silêncio da lei, Giuseppe Tarzia sustenta também não estar vedada a alegação de um fato tornado relevante com base no *ius superveniens*, ou conhecido após o momento da ocorrência das preclusões.[128]

A alteração radical para o direito italiano, ainda no plano das preclusões, consiste, segundo Oliveira, na proibição de inovar no juízo de apelação, tanto no que concerne a novas demandas quanto a novas exceções e novos meios de prova, de molde a transformar a apelação de *novium judicium* em mera *revisio prioris instantiae*.[129]

De acordo com Oliveira, o Decreto-Lei nº. 238 de 21 de junho de 1995 procura implementar certos temperamentos a essa estruturação, flexibilizando o sistema de preclusões, a custo de maiores solenidades e, portanto,

---

125. OLIVEIRA, Carlos Alberto Alvaro de. Do formalismo no processo civil. p. 56.
126. OLIVEIRA, Carlos Alberto Alvaro de. Do formalismo no processo civil. p. 56.
127. OLIVEIRA, Carlos Alberto Alvaro de. Do formalismo no processo civil. p. 56.
128. TARZIA, Giuseppe. O novo processo civil de cognição na Itália. Trad. Clayton Maranhão. Revista de Processo, 79(1995), p. 51-64.
129. OLIVEIRA, Carlos Alberto Alvaro de. Do formalismo no processo civil. p. 57.

de maior demora na entrega da prestação jurisdicional. Com esse espírito, estatuem-se duas solenidades, em primeiro lugar uma "*audiência de primeiro comparecimento das partes*" e a seguir a primeira audiência "*di trattazione*" (arts. 4º e 5º do Decreto).[130]

Para o autor, a primeira audiência destina-se ao saneamento do processo, cabendo ainda ao juiz nela fixar a data da audiência "*di trattazione*" e verificar a necessidade de serem posteriormente oferecidos pelas partes outros argumentos de defesa. Na mesma oportunidade deverá, ainda, o órgão judicial fixar um prazo peremptório, de pelo menos vinte dias antes dessa nova audiência, no qual o réu poderá oferecer exceções processuais e de mérito, não conhecíveis de ofício.[131]

Frisa-se que o prazo peremptório para essas defesas não mais se exaure na primeira oportunidade para a resposta, que deveria ser apresentada pelo menos vinte e um dias antes da audiência "*di trattazione*" (conforme alteração realizada no art. 167 do CPC italiano pelo art. 3º do Decreto-Lei nº. 238), mas é prorrogado *ex lege*, permitindo-se ao réu completa defesa no curso de toda a fase preparatória e não apenas no seu início.[132]

Desaparece, igualmente, a distinção de regime entre a "*precisazione*" e a "*modificazione*" das conclusões, podendo ambas ser oferecidas livremente pelas partes, sem necessidade de autorização judicial.[133]

Tem-se, neste espeque, flagrante valorização da participação das partes no *iter* de formação da decisão, atribuindo-se, via de consequência, extrema importância ao contato direto destas com o julgador (imediatividade), bem como aos debates orais desenvolvidos em audiência para elucidação completa dos fatos constitutivos do direito em debate.

Segundo os ensinamentos de Calamandrei:

> *"Em sua sentença o juiz deve se basear somente nas provas oferecidas pelas partes (art. 115). Contudo, perante a situação legal preexistente, com vistas a se alcançar por meio da colaboração judicial na investigação dos fatos um esclarecimento melhor da lide, concedeu-se ao juiz a faculdade de questionar informalmente as partes sobre qualquer ponto e em todos os estágios do processo (art. 11). Dessa forma, também se atribuiu grande peso à livre discussão do caso entre o juiz e as partes. Por isso, impõe-se conceder significado de todo especial ao debate perante o juiz de instrução, que ante o tribunal comum deve se ocupar da*

130. OLIVEIRA, Carlos Alberto Alvaro de. Do formalismo no processo civil. p. 57.
131. OLIVEIRA, Carlos Alberto Alvaro de. Do formalismo no processo civil. p. 57.
132. OLIVEIRA, Carlos Alberto Alvaro de. Do formalismo no processo civil. p. 57.
133. OLIVEIRA, Carlos Alberto Alvaro de. Do formalismo no processo civil. p. 57.

> *preparação da causa (Art. 172 e SS). Nele as partes têm de responder ao juiz sobre todas as questões obscuras, Tanto quanto possível, a discussão deve esclarecer todos os subterfúgios e insinceridades, e assim permitir a visão do caso como realmente é, e não encoberto pelo invólucro artificialmente torcido das alegações escritas da parte. Se não é possível ao juiz enriquecer o material processual com provas novas, mediante inquirição, ele deve provocar as partes para que apresentem todos os fatos prestantes para o complemento do suporte fático e indiquem as provas úteis para sua confirmação.*"[134]

O juiz italiano de modo nenhum permanece esperando (limitação pelo Princípio Dispositivo) até que as alegações da parte lhe sejam apresentadas e o limitem pelas formas processuais.

Com efeito, em que pese a manutenção dos aspectos formais como garantia das partes, o juiz no processo italiano permaneceria ativo, não envidando esforços para o descobrimento da verdade e para a resolução do litígio.

Contudo, a referida busca da verdade e da resolução do processo não se encontrava pautada no protagonismo, mas sim na cooperação processual, uma vez que, segundo Troller:

> "*Mesmo o melhor juiz sem ajuda dos advogados não pode conduzir completamente um processo complicado do ponto de vista fático. Ele não tem tempo e, apesar do melhor querer, nem o mesmo interesse do representante das partes para classificar o material trazido por elas, para processá-lo e formá-lo com independência. O juiz deve apenas preencher as lacunas, não, porém, compensar a inércia das partes com sua atividade. Mostram-se infundados os inconvenientes de que a esperança de colaboração do juiz pudesse levar as partes à negligência. Em regra, partes e advogados não devem ser propriamente responsabilizados por um resultado desfavorável, se apresentarem tudo o que lhes pareça benéfico.*"[135]

O princípio de que o juiz não pode adjudicar às partes nada mais e nada além do que tenham reclamado, atualmente conhecido como Princípio da Congruência, é irmão gêmeo do princípio da *mihi factum, dabo tibi ius*, e foi acolhido com as mesmas considerações como condutor pelos glosadores no processo românico-canônico e reconhecido igualmente como axioma nos processos do direito comum. E se os processualistas elogiaram a máxima do tratamento, muitas vezes queriam assim nela compreender também a restrição da livre apreciação pelo juiz.[136]

---

134. CALAMANDREI, Piero. *Delle Buone Relazioni fra i giudice e gli avvocati nel nuovo processo civile. Firenze*. 1941, p. 51-65.
135. TROLLER, Alois. Os Fundamentos do Formalismo Processual Civil. p. 84.
136. TROLLER, Alois. Os Fundamentos do Formalismo Processual Civil. p. 85.

Para Troller,

> *"Se o juiz quer adjudicar em lugar da dívida reclamada por empréstimo do testador uma quota hereditária, deve conceder à parte contrária a possibilidade de se manifestar sobre essa inesperada viragem contra si e de reagir contrariamente com a exposição dos fundamentos jurídicos e dos fatos prestantes. Do contrário, no interesse do equilíbrio processual, ele prejudicaria do princípio lógico e jurídico-político de igual importância "Et audiatur altera pars". O seu bem intencionado serviço ao direito material pode então produzir facilmente uma sentença injusta."*[137]

O autor salienta ainda que tal situação poderia ser facilmente prevenida por uma fase prévia de debates, antes do estabelecimento da instrução processual, na qual o litígio seria amplamente discutido em livre diálogo entre o juiz e as partes, ou seja, seriam estabelecidos os limites da sentença mediante amplo e prévio debate entre os litigantes e o julgador, não resultando, por conseguinte, o provimento decisório em surpresa para as partes.[138]

Há de se ressaltar que, conforme se verificou ao longo do presente estudo, as reformas processuais que buscavam uma melhoria da aplicação da tutela, acelerando o procedimento e rompendo com as diretrizes de ordem formal, construíram um modelo solipsista no qual o processo se transforma em espaço vazio, outorgando ao juiz a possibilidade de decidir em determinado sentido respaldado em pré-compreensões não problematizadas no âmbito da estrutura procedimental sem que nenhuma das partes tenha suscitado o argumento expendido, ou, mesmo, em alguns casos, provado o alegado.[139]

Com efeito, a necessidade de aumento dos poderes do juiz adotada no paradigma socializador do processo, ínsita à técnica da oralidade, levou, sem maiores incursões críticas, a uma mudança institucional e cientifica do direito processual, começando-se a amalgamar esta perspectiva solipsista de aplicação da tutela, como retrato dos ideais defendidos no Estado de Bem Estar Social (Welfare State), dentre eles o fortalecimento do Estado, a adoção do Princípio Autoritário e a consequente desvalorização dos aspectos formais do processo.

No entanto, conforme se verificou na legislação processual italiana, essa tendência para o ativismo judicial pautada no Princípio Autoritário não deve permitir a manipulação dos poderes oficiosos em contraste com as garantias constitucionais de paridade de armas dos litigantes no desenvolvimento do

137. TROLLER, Alois. Os Fundamentos do Formalismo Processual Civil. p. 89.

138. TROLLER, Alois. Os Fundamentos do Formalismo Processual Civil. p. 89-90.

139. NUNES, Dierle José Coelho. Direito Constitucional ao Recurso: Da teoria geral dos recursos, das reformas processuais e da comparticipação nas decisões. p. 25.

iter procedimental de formação do provimento decisório, uma vez que a ideologia processual cunhada sobre as bases do referido princípio não pode excluir a cooperação entre partes e Estado (juiz) na formação das decisões.

Do mesmo modo, as premissas de ordem formal tomam novos contornos, constituindo verdadeiras balizas limitadoras da arbitrariedade, revestindo-se de pleno caráter de garantia das partes, pondo termo, em definitivo, aos aspectos irracionais (não-problematizados) do formalismo, os quais, por óbvio, não auxiliariam na resolução da demanda, bem como não se coadunam com a ideia de proteção do jurisdicionado contra as ingerências indevidas do Estado.

5.7 A REFORMA PORTUGUESA – ADOÇÃO DO PRINCÍPIO DA COOPERAÇÃO INTERSUBJETIVA

Em Portugal ainda permanece em vigor o Código de Processo Civil de 1939, contudo, a referida legislação sofreu duas grandes alterações ao longo do século XX, dentre as quais, por meio da reforma implementada pelos Decretos-leis 329-A/1995, de 12/12 e 180/96, a legislação fora submetida a profunda revisão e adequada a um perfil mais próximo às modernas tendências reformistas ora estudadas.[140]

Entretanto, o modelo reformista português se distancia, em partes, das tendências do movimento socializador de submissão do processo ao controle judicial, retirando das partes quaisquer formas de limitação e controle dos atos do Estado, no intento de afastar os "inconvenientes" do processo liberal.

Nunes ressalta que tal fato se dá em razão de que,

> *"além de implementar o ativismo judicial, a reforma tenta estabelecer uma repartição da direção do processo entre as partes e o juiz, mediante a aplicação técnica do denominado "princípio da cooperação intersubjetiva" (SOUZA, 1997, p.59), que se propõe a uma auto-responsabilização de todos os sujeitos processuais, seguindo o exemplo alemão."*[141]

A adoção do Princípio da Cooperação Intersubjetiva, inspirado na reforma alemã de 1976, impõe ao julgador (conforme anteriormente verificado na análise do Modelo de Sttutgart) os deveres de prevenção, esclarecimento, assistência às partes e, principalmente, consulta às partes sobre os pontos fáticos e jurídicos que cercam a demanda.

Para Nunes, um dos principais momentos da instauração dessa cooperação se dá na "*audiência preliminar*" do art. 508 A do CPC português, que

140. NUNES, Dierle José Coelho. Processo Jurisdicional Democrático. p.125.
141. NUNES, Dierle José Coelho. Processo Jurisdicional Democrático. p.125.

possui como finalidades primordiais o saneamento de possíveis incorreções processuais e, especialmente, "*a concretização da causa, ou seja, a delimitação das questões de fato relevantes para a decisão*".[142]

No referido ato, o Tribunal busca a conciliação das partes, e, em restando frustrada a autocomposição do conflito, aprecia a questões dilatórias, permite o suprimento de insuficiências ou omissões na exposição da matéria de fato e seleciona, após o debate, a questão relevante e que constitui a base instrutória da demanda. Assim, na concepção de Nunes, abre-se margem para uma filtragem das questões a serem colocadas em discussão com a preparação das diligências probatórias que serão realizadas antes do julgamento.[143]

Percebe-se, desse modo, a adoção de um sistema processual pautado na imediatividade, na oralidade e na cooperação entre as partes e o juiz.

Recentemente, em 16/10/2006, entrou em vigor o Decreto-lei 108, implementando o denominado "*Regime Especial Experimental*", trazendo inúmeras alterações ao modelo processual português, dentre as quais, para o presente estudo, ressalta-se a possibilidade de simplificação e flexibilização dos procedimentos previstos em lei, conforme descrito na exposição de motivos da reforma citada por Nunes:

> *"O sistema judicial, condicionado pelo recurso massivo aos tribunais por parte de um número reduzido de utilizadores e por uma tramitação processual desajustada a essa procura, clama há muito por soluções que promovam, de facto, o direito fundamental de acesso ao direito e a garantia de uma justiça em tempo razoável estabelecida na Constituição em favor das pessoas singulares e coletivas. O presente decreto-lei cria um regime processual civil mais simples e flexível, que confia na capacidade e no interesse dos intervenientes forenses em resolver com rapidez, eficiência e justiça os litígios em tribunal. Opta-se, num primeiro momento, por circunscrever a aplicação deste regime a um conjunto de tribunais a determinar pela elevada movimentação processual que apresentem, atentos os objetos de acção predominantes e as actividades econômicas dos litigantes. A natureza experimental da reformulação da tramitação processual civil que aqui se prevê permitirá testar e aperfeiçoar os dispositivos de aceleração, simplificação e flexibilização processuais consagrados, antes de alargar o âmbito de sua aplicação."*[144]

Em consonância com a doutrina de Nunes, a alteração implementada pelo Decreto-lei 108 aumenta a direção processual do juiz (gestão processual), mas com algumas novas peculiaridades, como a possibilidade de

142. NUNES, Dierle José Coelho. Processo Jurisdicional Democrático. p.126.
143. NUNES, Dierle José Coelho. Processo Jurisdicional Democrático. p.127.
144. NUNES, Dierle José Coelho. Processo Jurisdicional Democrático. p.127.

adequação do procedimento às especificidades da causa[145], a ser realizada pelo magistrado.[146]

Destarte, o regime experimental adota expressamente a possibilidade de alteração das normas procedimentais em decorrência do objeto da demanda.

Neste cenário, salutar se mostram os ensinamentos de Troller, para quem:

> *"O poder jurisdicional do Estado decorre de sua finalidade essencial, e se está obrigado a outorgar tutela contra a lesão do direito, pode também fazer dever do ofício do juiz o emprego de uma demanda, sem a qual essa finalidade não pode ser alcançada, e por consequência buscar também estabelecer a demanda apropriada conforme as características da causa."*[147]

De acordo com a exposição de motivos da reforma portuguesa citada por Nunes:

> *"Do dever de gestão processual agora estabelecido decorrem, para o juiz, os imperativos de adoptar a tramitação processual adequada às especificidades da causa e o conteúdo da forma dos actos ao fim que visam atingir e de garantir que não são praticados actos inúteis, tendo ainda de fazer uso dos mecanismos de agilização processual que a lei estabelece. Manifestação deste dever é a faculdade concedida ao juiz de, uma vez concluso o processo para saneamento, conhecer das excepções dilatórias e nulidades processuais suscitadas pelas partes ou que deva apreciar oficiosamente, julgar de imediato a causa se o estado da matéria de facto ou exercício do contraditório ou designar o dia para a audiência de julgamento. O conjunto de actos previstos neste artigo não é, sequer, taxativo, podendo o magistrado praticar no processo, qualquer acto ou diligência que lhe pareça mais adequado. Deve, pois, dirigir activa e dinamicamente o processo, tendo em vista a sua rápida e justa solução e a melhor forma de organizar o seu trabalho."*[148]

Adota-se, por conseguinte, uma nova leitura do formalismo processual, sob clara influência de Klein, haja vista a possibilidade de adequação procedimental pelo magistrado, convalidando *a posteriori* atos processuais viciados, caso estes sejam reputados adequados ao cumprimento da finalidade a que se propõem.

---

145. Art. 2º. Dever de gestão processual – O juiz dirige o processo, devendo nomeadamente: a) Adoptar a tramitação processual adequada às especificidades da causa e o conteúdo e a forma dos actos processoais ao fim que visam atingir; b) Garantir que não são praticados actos inúteis, recusando o que for impertinente ou meramente dilatório; c) Adoptar os mecanismos de agilização processual previstos na lei. (DIÁRIO da República. I serie-A 2006, Lisboa, n. 111, 8 jun. 2006. p. 4071).

146. NUNES, Dierle José Coelho. Processo Jurisdicional Democrático. p.128.

147. TROLLER, Alois. Os Fundamentos do Formalismo Processual Civil. p. 74.

148. NUNES, Dierle José Coelho. Processo Jurisdicional Democrático. p.128.

Contudo, conforme já verificado, e que será reforçado pormenorizadamente mais a diante, a flexibilização procedimental deve ser pautada no princípio da cooperação intersubjetiva e na dialogicidade processual, não sob um critério subjetivo do julgador, mostrando-se (ainda) inadequada, em que pese mais evoluída, o aproveitamento desta concepção de formalismo para nos fins do presente estudo.

5.8 A REFORMA INGLESA - O *CASE MANAGEMENT* E A COOPERAÇÃO INTERSUBJETIVA

Outra legislação que apostou na gestão processual como forma de implementação de maior controle pelo Estado foi a inglesa, que, com o advento da norma processual que entrou em vigor em 26/04/1999 (Civil Procesure Rules - CPR), a característica *adversarial* do sistema eminentemente liberal, passou a sofrer os influxos da tendência de reforço dos poderes judiciais.

Nunes ressalta que a reforma inglesa buscou, "*sem abandonar a tradição oral e adversarial do sistema, uma intervenção gerencial das cortes, visando extirpar possíveis abusos do sistema.*"[149]

Tal gestão possibilitava a participação do juiz na fase preliminar, inclusive, podendo este se valer da aplicação de sanções na hipótese de ausência de colaboração das partes.[150]

O Civil Procedure Rules trazia como um de seus pilares de sustentação o princípio técnico do *case management*, autorizando a intervenção judicial em todo o *iter* processual, a partir da citação. Em suma, na esteira do movimento socializador, houve uma transferência do controle do procedimento das partes (e de seus advogados) para o tribunal.

Segundo Lord Woolf, presidente do comitê que elaborou grande parte da CPR inglesa, citado por Nunes, o princípio do *case management*

> "*[...] consiste no fazer a corte assumir a responsabilidade final de fazer prosseguir as causas durante um procedimento escolhido por um período predeterminado, durante o qual elas serão sujeitas a procedimentos selecionados, que culminarão em uma forma apropriada de resolução diante de um juiz suficientemente preparado. O seu propósito último está em encorajar a conclusão das causas no primeiro momento conveniente e, onde o debate for inevitável, assegurar que o procedimento chegue da forma mais célere possível à audiência final, de duração estritamente limitada.*"[151]

149. NUNES, Dierle José Coelho. Processo Jurisdicional Democrático. p.130.
150. NUNES, Dierle José Coelho. Processo Jurisdicional Democrático. p.130.
151. NUNES, Dierle José Coelho. Processo Jurisdicional Democrático. p.131.

Percebe-se, assim, a implementação de uma simplificação procedimental, pautada na máxima da celeridade processual, que incentiva os juízes a assumir um papel de direção do processo, almejando a liberação do máximo de causas no menor tempo possível.

Segundo doutrina de Nunes, respaldado nos ensinamentos de Passanante, o atual procedimento inglês, na utilização do *case management* em seu sistema bifásico, estabelece na fase inicial, "*a necessidade de identificação das questões, com a fixação daquelas que serão tratadas de modo aprofundado, e a identificação daquelas que serão resolvidas de forma sumária*". Do mesmo modo, vale ressaltar que o sistema inglês incentiva a utilização das ADRs (*Alternative dispute resolution*), oferecendo "*diretivas para que o debate ocorra de forma célere e eficiente*". [152]

Neste espeque, urge frisar que a adoção da técnica de *case management*, contrariamente às tendências reformistas do Século XX, não é pautada na premissa solipsista e monológica da socialização processual, e sim na cooperação intersubjetiva, uma vez que "*deve ser implementada mediante constante consulta aos advogados e previsão de um sistema de monitoramento*".[153]

Com efeito, este sistema de monitoramento possibilita às partes e seus advogados um controle das possíveis arbitrariedades e ingerências imotivadas do juiz, mantendo, por conseguinte, uma garantia formalista de fiscalização e limitação dos atos do Estado na gestão processual.

Ademais, a indispensabilidade de tal controle se ressalta ao se verificar que o procedimento bifásico inglês pode possuir vários percursos (*tracks*) em sua segunda fase (de debates), dependendo das especificidades do caso concreto. Assim, para Nunes, "*tal escolha não é realizada solitariamente pelo juiz, mas por ele, em discussão com as partes, partindo de alguns critérios legais e do princípio da proporcionalidade*"[154].

Na concepção do referido autor:

> *"Criou-se, assim, um modelo opcional para o sistema de procedimentos especiais (tutelas diferenciadas), que é fonte de inúmeros problemas em sua aplicação devido ao imenso grau de complexidade e à impossibilidade de conhecimento, pelos sujeitos processuais, das especificidades de cada um (entre dezenas), quando o sistema trabalha com profissionais generalistas (como na Holanda e no Brasil) que necessitam utilizar vários deles e acabam não conhecendo adequadamente nem mesmo o comum."*[155]

---

152. NUNES, Dierle José Coelho. Processo Jurisdicional Democrático. p.131.
153. NUNES, Dierle José Coelho. Processo Jurisdicional Democrático. p.131.
154. NUNES, Dierle José Coelho. Processo Jurisdicional Democrático. p.132.
155. NUNES, Dierle José Coelho. Processo Jurisdicional Democrático. p.132-133.

Entretanto, essa ausência de especialização profissional apresentou, na concepção inglesa, uma técnica interessante, como explica Donzelli, citado por Nunes, ao ressaltar as diferenças entre os procedimentos especiais e a opção inglesa, uma vez que nos procedimentos especiais,

> *"[...] a exigência de adaptar o processo às diversas exigências da controvérsia acontece unicamente em referencia à particular tipologia de direito substancial, que virá a constituir o objeto do procedimento, com a necessária e inevitável consequência de que a diferenciação do rito acontece antes do processo, segundo um modelo de técnica legislativa decisivamente não elástico, já que totalmente indiferente às circunstancias do caso concreto."*[156]

Por outro lado, no modelo inglês:

> *"[...] a atenção é deslocada decisivamente sobre a vertente processual: o que importa não é tanto predispor um rito que se apresente como abstratamente idôneo a oferecer uma tutela jurisdicional efetiva para uma classe de direitos subjetivos quanto predispor um modelo de processo mediante uma disciplina formal particularmente elástica ou capaz de adaptar-se às características concretas de cada controvérsia, também independentemente da tipologia de direito em discussão, com a consequência – também aqui necessária e inevitável obviamente – de que a diferenciação do rito acontece durante o desenvolvimento do processo, e não antes que ele se inicie."*[157]

Portanto, tem-se clara no sistema inglês uma adequação do procedimento às especificidades da causa, noção tipicamente inerente aos negócios processuais. Contudo, apesar de o sistema ser lastreado nas premissas da socialização, conforme alhures salientado, percebe-se que o sistema inglês resguarda enorme importância aos advogados, exaltando sua função e participação durante todo o *iter* processual, apostando na cooperação intersubjetiva e no contraditório, e refutando, por conseguinte, a perspectiva de protagonismo do Estado na figura de seu agente julgador idealizada por Menger, Klein e Bülow.

Assim, inicia-se o delineamento de uma concepção de processo (e de formalismo) que se aproxima das premissas defendidas no presente trabalho, estruturado na comparticipação e na dialogicidade, onde as diretrizes formais devem exercer um novo papel, não de viés meramente limitador dos sujeitos processuais, mas em consonância com os preceitos constitucionais.

5.9 RESSONÂNCIAS DA SOCIALIZAÇÃO PROCESSUAL NA LEGISLAÇÃO BRASILEIRA

Para os Estados latinos, o discurso germânico de socialização, no âmbito legislativo, chegou por intermédio de ideias amplamente defendidas

156. NUNES, Dierle José Coelho. Processo Jurisdicional Democrático. p.133.

157. NUNES, Dierle José Coelho. Processo Jurisdicional Democrático. p.134.

por Chiovenda, com sua proposta legislativa de reforma do Códice de 1920 da comissão do pós-guerra (Primeira Grande Guerra).[158]

No referido projeto, Chiovenda apontava uma série de alterações legislativas embasadas na técnica da oralidade e da concentração, o que, conforme se verificará, somente representavam uma defesa do modelo processual proposto por Klein.

Nunes ressalta que:

> *"O projeto, apesar de não ter sido convertido em lei, apresentava uma análise profunda dos movimentos reformistas e defendia a superioridade de um processo marcado pelo princípio da oralidade e por outros princípios técnico-processuais, que se apresentariam como condição de melhor eficácia do processo oral, qual sejam: a) imediatividade da relação entre o juiz e as pessoas cujas declarações ele deveria valorar; b) identidade física do juiz durante o desenvolvimento da causa; c) irrecorribilidade das interlocutórias; d) concentração do exame da causa num período único de debate, que será desenvolvido numa audiência ou em poucas audiências próximas; e e) aumento dos poderes judiciais com a adoção do princípio autoritário."*[159]

Respaldados no relatório de Chiovenda, os estudiosos dos países latinos começaram a defender o modelo procedimental gestado por Klein, no intento de implementar reformas legislativas nos respectivos países, de modo que até hoje, para Nunes, *"se alardeiam essas tendências reformistas com tons de novidade"*[160].

No Brasil, a tendência legislativa do modelo social se implementa com a reestruturação realizada no Código de Processo Civil de 1939, que unificou, em parte, a legislação processual civil.[161]

No entanto, Oliveira ressalta que, em que pese o modelo social de processo ser acolhido, de forma ampla, no Código de Processo Civil de 1939, a nova concepção de formalismo começou a influir na legislação em momento anterior, uma vez que:

> *"Para o Brasil, a entrada na nova era do formalismo processual inicia-se, como que antecipando o Código de Processo Civil de 1939, com o Decreto nº. 960, de 17 de dezembro de 1938, regulador da cobrança judicial da dívida ativa da Fazenda Pública, a constituir notável aprimoramento da técnica processual sob o influxo das doutrinas modernas em voga na Eu-*

---

158. NUNES, Dierle José Coelho. Processo Jurisdicional Democrático. p. 96.
159. NUNES, Dierle José Coelho. Processo Jurisdicional Democrático. p. 96.
160. NUNES, Dierle José Coelho. Processo Jurisdicional Democrático. p. 96.
161. NUNES, Dierle José Coelho. Processo Jurisdicional Democrático. p. 96.

ropa. Não só foi acolhido o despacho saneador (arts. 19 e 20) como se deu guarida igualmente ao princípio da oralidade processual – com concentração dos atos de instrução e debate oral da causa em audiência, reconhecida ainda a necessidade da imediação do juiz com as provas e com as partes, privilegiando-se em consequência, também o princípio da identidade física da pessoa do magistrado."[162]

Em consonância com as ideias de Nunes, Oliveira salienta que *"esse ciclo de evolução tem prosseguimento com o Código de Processo Civil de 1939 (Decreto-Lei nº. 1.608, de 18-9-1939, em vigor a partir de 1º-2-1940".)*[163]

Vale ressaltar que é possível que a passagem dos códigos estaduais para o código de 39 (unificação parcial da legislação), editado em pleno Estado Novo, tenha decorrido mais das premissas autoritárias informadoras do fascismo do que da corrosão do Estado Liberal.

Na concepção de Oliveira,

> *"certamente serviram-lhe como fonte de inspiração a Ordenança Processual austríaca de 1895, o Projeto do Código de Processo Civil português elaborado por José Alberto dos Reis, os projetos para o Código de Processo Civil Italiano e a renovação do processo civil em curso em terras européias, principalmente a ideia de um juiz forte e ativo, em correspondência ao caráter de direito público do fenômeno processual."*[164]

A concepção publicística da jurisdição, que presidiu à preparação do Código, faz-se sentir nas disposições dedicadas ao procedimento, atribuindo-se ao juiz o dever de conduzi-lo por sua própria iniciativa e do modo mais rápido, evitando a chicana das partes.[165]

Frisa-se que, já na exposição de motivos do CPC de 1939, o Ministro Francisco Campos deixou clara a adoção do modelo processual cunhado sob as bases da socialização processual, buscando o reforço do papel do Estado, encontrado indiscutível respaldo no Estado Novo, implementado no Brasil por Getúlio Vargas, com nítida vocação totalitária, populista e paternalista.[166]

Nas palavras do Ministro, citado por Nunes:

> *"O regime instituído em 10.11.1937 constituiu na restauração da autoridade e do caráter popular do Estado. O Estado caminha para o povo e, no*

162. OLIVEIRA, Carlos Alberto Alvaro de. Do formalismo no processo civil. p. 57-58.
163. OLIVEIRA, Carlos Alberto Alvaro de. Do formalismo no processo civil. p. 58.
164. OLIVEIRA, Carlos Alberto Alvaro de. Do formalismo no processo civil. p. 58.
165. OLIVEIRA, Carlos Alberto Alvaro de. Do formalismo no processo civil. p. 58.
166. NUNES, Dierle José Coelho. Processo Jurisdicional Democrático. p.97.

> *sentido de garantir-lhe o gozo dos bens materiais e espirituais, assegurado na Constituição, o Estado teve que reforçar a sua autoridade a fim de intervir de maneira eficaz em todos os domínios que viessem a revestir-se de caráter público. Ora, se a justiça, em regime liberal, poderia continuar a ser o campo neutro em que todos os interesses provados procurariam, sob a dissimulação das aparências públicas, obter pelo duelo judiciário as maiores vantagens compatíveis com a observância formal de regras de caráter puramente técnico, no novo regime haveria de ser um dos primeiros domínios, revestidos de caráter público, a ser integrado na autoridade do Estado."*[167]

Buscou-se, dessa forma, mediante o anteprojeto de Pedro Baptista Martins, que se convertera no Código de Processo Civil de 1939, *"a restauração da autoridade no processo"*[168].

Para Marins:

> *"Em suas observações sobre as premissas políticas do projeto italiano, CALAMANDREI adverte que o juiz é o representante do Estado no processo, cuja tendência publicística não é mais do que o aspecto parcial de um vasto fenômeno que se está desenvolvendo em formas diversas nos ordenamentos jurídicos de todo o mundo e que tem como diretiva comum a prevalência do interesse social sobre o interesse individual. Ao princípio dispositivo, que é a expressão, no processo, do individualismo liberal, opõe-se hoje o princípio inquisitório que se afirma como expressão do autoritarismo, que não pode deixar à mercê das iniciativas individuais a realização das finalidades da justiça."*[169]

Assim, visando contrapor a concepção liberal de processo, assim como ocorrido nos países europeus, implementava-se uma intervenção ativa do Estado no processo, mediante a formulação de um papel ativo do juiz.[170]

Contudo, ressalta Nunes que, apesar de, na técnica da legislação de 1939 (e mesmo no CPC de 1973), explicitar-se um modelo oral e concentrado de processo de cognição, na prática a oralidade nunca fora levada a sério, haja vista que as argumentações das partes quase nunca foram ou são desenvolvidas de forma oral, mas sim, reduzidas a escrito por meio de petições.[171]

---

167. NUNES, Dierle José Coelho. Processo Jurisdicional Democrático. p.97.
168. MARTINS, Pedro Baptista. A defesa do anteprojeto de código de processo civil. In: Processo oral. Rio de Janeiro: Forense, 1940. p. 230.
169. MARTINS, Pedro Baptista. A defesa do anteprojeto de código de processo civil. p. 234-235.
170. NUNES, Dierle José Coelho. Processo Jurisdicional Democrático. p.97.
171. NUNES, Dierle José Coelho. Processo Jurisdicional Democrático. p.98.

Vê-se, portanto, que, não obstante a legislação ser socializadora e oral, a condução do processo se dá com fulcro nas perspectivas liberais, ou seja, de forma escrita (Princípio da Escritura).

Segundo Nunes, o único aspecto da socialização processual que se implementou de fato no Brasil foi o de se reforçar o papel da magistratura e a credulidade de sua superioridade, ao se partir de um suposto privilégio cognitivo, que encontra suas bases no âmbito da teoria do processo, no pensamento de vários autores, mais notavelmente de Oskar Bülow.[172]

Desse modo, evidencia-se que a concepção de esvaziamento da importância das partes na atividade processual passou a fazer parte do cenário brasileiro, prejudicando, por conseguinte, a possibilidade de defesa de uma maior intervenção destas na formação do provimento decisório, e, em especial, na estrutura procedimental.

Em suma, não havia neste tempo amadurecimento teórico-normativo suficiente para a defesa e implementação da negociação processual no sistema procedimental pátrio, haja vista que a premissa do protagonismo judicial afastava qualquer possibilidade de se cogitar a adoção de um modelo processual de índole democrática.

5.10 A CRISE DO ESTADO SOCIAL E A ESTRUTURAÇÃO DE UM NOVO PARADIGMA

A partir da década de 1970, o modelo de socialização característico do paradigma do Estado Social começou a entrar em crise, dando origem à busca de novos paradigmas.

Neste prisma vislumbra-se que o movimento de acesso à justiça, ápice da socialização no campo processual, surgiu exatamente no momento histórico em que a crise do *Welfare State* estava plenamente implementada, ante a incapacidade do Estado provedor de cumprir e aplicar as suas promessas.[173]

Para Nunes, no entanto,

> *"em face do exaurimento da perspectiva materializante dos Welfare States, que pressupunha Estados com atribuições funcionais tentaculares (assistencialista e populista, em alguns exemplos) e que reduzia a autonomia dos cidadãos (pública e privada) ao mero exercício do papel de cliente, com um efeito desmotivador de participação, vem se buscando opções para superação que não representem tão-somente o resgate de perspectivas*

172. NUNES, Dierle José Coelho. Processo Jurisdicional Democrático. p.98.

173. NUNES, Dierle José Coelho. Processo Jurisdicional Democrático. p..135.

> *liberais, mas a busca de perspectivas tensionais entre as argumentações tratadas até o momento.*"[174]

Destarte, tendo em vista esta perspectiva tensional entre os paradigmas liberal e social, não podem mais serem adotadas "*regulamentações discriminatórias típicas do direito liberal, nem paternalistas, típicas do estado social*" *175*, uma vez que se percebe com Habermas, traduzido por Nunes, que:

> "*Um programa jurídico se mostra como discriminatório quando é insensível às consequências limitadoras da liberdade, derivadas das desigualdades fáticas; é paternalista quando é insensível às consequências limitadoras da liberdade que acompanham a compensação estatal daquelas desigualdades.*"[176]

Neste cenário, apenas a perspectiva reflexiva procedimental permitirá uma releitura dessa tensão, de modo democrático, evitando os equívocos e degenerações de ambas as perspectivas paradigmáticas (liberal e social), e buscando um modelo paradigmático híbrido.[177]

Nas palavras de Cattoni de Oliveira:

> "*Com a crise do paradigma jurídico do bem-estar social e mesmo com as tentativas empreendidas pela dogmática jurídica, sobretudo germânica, deve escapar da alternativa "paradigma liberal" ou "paradigma social", inclusive procurando estabelecer conexões mais ou menos "hibridas" entre eles, fomentou-se uma compreensão reflexiva do Direito, assim como a necessidade de se problematizar "modelos sociais" que estariam inscritos no próprio Direito. Segundo Habermas, sua intenção, com a interpretação que vem desenvolvendo do Direito e da política à luz da Teoria do Discurso, é, em face disso, a de "dar contornos nítidos a um terceiro paradigma do Direito, que recapitule em si os outros dois. Parto de que o que mais se ajusta aos sistemas jurídicos que a fins do século XX vigem nas democracias de massa, articuladas em termos de Estado Social, é uma compreensão procedimental do direito.*"[178]

Este "terceiro paradigma" representaria, na acepção de Nunes, "*uma concepção procedimental de Estado Democrático de Direito idealizada por Jürgen Habermas*"[179].

---

174. NUNES, Dierle José Coelho. Processo Jurisdicional Democrático. p.135.
175. NUNES, Dierle José Coelho. Processo Jurisdicional Democrático. p.135.
176. NUNES, Dierle José Coelho. Processo Jurisdicional Democrático. p.135.
177. NUNES, Dierle José Coelho. Processo Jurisdicional Democrático. p.136.
178. CATTONI DE OLIVEIRA, Marcelo Andrade. Teoria discursiva da argumentação jurídica de aplicação e garantia processual jurisdicional dos direitos fundamentais. In: __________. (coord.) Jurisdição e hermenêutica constitucional. Belo Horizonte: Mandamentos, 2004. p. 204.
179. NUNES, Dierle José Coelho. Processo Jurisdicional Democrático. p.136.

Explicita Habermas, traduzido por Nunes:

> *"O paradigma procedimental do Direito é, além do mais, resultado de um conflito de paradigmas e parte da premissa de que o modelo liberal e o modelo do Estado Social de Direito interpretam a evolução jurídica em termos excessivamente concretistas à realização do direito e ocultam assim aquela interna conexão que se dá entre autonomia privada e autonomia pública, a qual necessita ser interpretada caso a caso."*[180]

Segundo Cattoni de Oliveira, seriam mantidas as tensões entre as perspectivas liberais e sociais, uma vez que

> *"[...] no marco de uma compreensão procedimentalista do Direito, na prática social do cotidiano dos operadores jurídicos, e que em muito ultrapassa o círculo fechado dos especialistas, os paradigmas jurídicos liberal e social permanecem em tensão, concorrendo caso a caso para a interpretação do suposto Direito aplicável."*[181]

Nunes, escudado na doutrina de Habermas, explica que:

> *"Dos precedentes paradigmas jurídicos em concorrência, o procedimental não se diferencia por ser 'formal', no sentido de 'vazio' ou 'pobre de conteúdo'. Pois a sociedade civil e a esfera pública política constituem para ele pontos de referencia extremamente fortes, à luz dos quais o processo democrático e a realização do sistema de direitos adquirem importância inusitada. Em sociedades complexas, as fontes mais escassas não são a produtividade de uma economia organizada pela economia de mercado, nem a capacidade de regulamentação da administração pública. O que importa preservar é, antes de tudo, a solidariedade social, em vias de degradação, e as fontes de equilíbrio da natureza, em vias de esgotamento. E, nas sociedades complexas, somente as práticas comunicativas de autodeterminação estão ainda em condição de regenerar as forças da solidariedade social."*[182]

Para o autor, "*nem a forma nem o conteúdo bastam sozinhos em face da falibilidade fundamental de nosso conhecimento*", uma vez que, na prática de justificativa, garante-se, no máximo, que "*a troca de argumentos abranja todas as informações e razões relevantes atualmente disponíveis, devido à inexistência de fontes de evidência e argumentos definitivos em questões práticas que possam ser determinados antes do procedimento argumentativo*".[183]

---

180. NUNES, Dierle José Coelho. Processo Jurisdicional Democrático. p.136.
181. CATTONI DE OLIVEIRA, Marcelo Andrade. Teoria discursiva da argumentação jurídica de aplicação e garantia processual jurisdicional dos direitos fundamentais. p. 205.
182. NUNES, Dierle José Coelho. Processo Jurisdicional Democrático. p.137.
183. NUNES, Dierle José Coelho. Processo Jurisdicional Democrático. p.138.

Defende-se, portanto, que tal procedimento garanta um espaço público com ampla participação dos próprios interessados em condição paritária e sem delegação de responsabilidades a quaisquer escolhidos.[184]

Com efeito, busca-se na perspectiva procedimentalista a superação crítica dos paradigmas liberal e social, garantindo-se complementariedade entre as autonomias pública e privada, de modo que os direitos fundamentais *"não possam ser reduzidos nem a direitos liberais de defesa nem mesmo a direitos de prestação positivas em face do Estado"*[185].

O sistema processual dimensionaria, dessa forma, adequadamente seu viés democrático, no qual todas as esferas de exercício do poder encontram um controle comparticipado (cooperativo), uma blindagem de mão dupla, em um espaço de problematização incessante, que impediria o subjetivismo e o autoritarismo judicial, de um lado, e a má fé e a procrastinação por parte do advogado, do outro.[186]

Na concepção de Nunes:

> *"Resgatar a importância do espaço público processual, no qual todos os interessados possam participar do aprimoramento do sistema jurídico, pode representar a tentativa de redescoberta da importância dessa estrutura normativa contra a indiferença e a apatia (coletiva) política na qual os cidadãos (clientes não participantes) estão imersos, e que são geradas pelo argumento dos "manipuladores olímpicos do poder" e pelos seus discursos tecnológicos de máxima eficácia prática e de diminuta repercussão social (cidadã)."*[187]

Através da racionalização discursiva do sistema processual das sociedades plurais da alta modernidade, seria possível se estruturar uma nova perspectiva de legitimidade, muito diversa daquela estratégica do sistema de liberalismo processual ou do protagonismo judicial, fruto dos modelos de socialização processual.[188] Nas palavras de Cattoni de Oliveira:

> *"Numa sociedade liguisticamente estruturada, plural e sem a possibilidade de fundamentos absolutos, a única certeza pela qual podemos lutar é a de que os melhores argumentos, em uma situação de participação em simétrica paridade entre as partes que deverão ser afetados pelo provimento jurisdicional, sejam levados corretamente em consideração, ao longo do processo jurisdicional e no momento da decisão, por um juiz que demonstre sua imparcialidade. [...]*

184. NUNES, Dierle José Coelho. Processo Jurisdicional Democrático. p.138.
185. NUNES, Dierle José Coelho. Processo Jurisdicional Democrático. p.138.
186. NUNES, Dierle José Coelho. Processo Jurisdicional Democrático. p.251.
187. NUNES, Dierle José Coelho. Processo Jurisdicional Democrático. p.251.
188. NUNES, Dierle José Coelho. Processo Jurisdicional Democrático. p.139.

Há muito a questão acerca da legitimidade das decisões jurisdicionais deixou de ser um problema que se reduza tão-somente à pessoa do juiz, à sua virtude ou à sua forma de seleção, ou a um momento quase mítico de tomada de decisão. O que garante a legitimidade das decisões são antes direitos e garantias fundamentais, de caráter processual, atribuídas às partes e que são, principalmente, os do contraditório e da ampla defesa (Constituição da República, art. 5º, LV), além da necessidade racional de fundamentação das decisões (Constituição da República, art. 93, IX). Embora o Direito diga respeito a todos os cidadãos, nos discursos de aplicação essa necessidade de legitimidade afeta diretamente àqueles que sofrerão os efeitos do provimento jurisdicional."[189]

Amplia-se a importância do processo, de sua estrutura normativa e, especialmente, dos princípios e regras dele instituídos, na medida em que deve ser assegurado um espaço-tempo racionalmente construído para a participação de todos os interessados na tomada de decisões.[190]

Todos esses princípios serão aplicados em perspectiva democrática (processualizada) se garantirem uma adequada fruição de direitos fundamentais em visão normativa, além de uma ampla comparticipação e problematização, na ótica (agora) policêntrica do sistema, de todos os argumentos relevantes para os interessados.[191]

Constata-se, desse modo, que apenas uma interpretação que leve a sério a tensão entre os paradigmas liberal e social poderá representar uma alternativa adequada para a compreensão do direito processual, e, em especial para os intentos do presente trabalho, do formalismo e da negociação processual.

No pêndulo pró-juiz, de um lado, e pró-parte, e advogado, do outro lado, "*a comparticipação e o policentrismo buscam o dimensionamento e o equilíbrio de concepções liberais e sociais em face das nuanças de aplicação normativa*", de modo que a assunção de responsabilidades por todos os agentes processuais e a mudança de sua mentalidade no exercício das respectivas funções venham a representar um verdadeiro horizonte para a almejada democratização processual.[192]

No que tange à negociação processual, essa mudança de perspectiva oportuniza uma reanálise do papel dos sujeitos processuais, em especial em relação à gestão do processo, uma vez que não há mais espaço teórico-paradigmático para a defesa de um processo sob as premissas do modelo liberal, que preconiza o total engessamento do Estado mediante um for-

---

189. CATTONI DE OLIVEIRA, Marcelo Andrade. Teoria discursiva da argumentação jurídica de aplicação e garantia processual jurisdicional dos direitos fundamentais. p. 220.
190. NUNES, Dierle José Coelho. Processo Jurisdicional Democrático. p.139.
191. NUNES, Dierle José Coelho. Processo Jurisdicional Democrático. p.250.
192. NUNES, Dierle José Coelho. Processo Jurisdicional Democrático. p.251.

malismo rigoroso, bem como pelas bases do modelo social, que visualiza o processo como técnica de atuação dos juízes em relação ao reforço das convicções axiológicas do Estado, ofertando uma saída para o "formalismo" fundamentada no reforço dos poderes do Estado, dos juízes e dos tribunais, por conseguinte.

Essa perspectiva democrática que emerge da tensão dos modelos anteriores oportuniza uma ampla problematização do papel dos sujeitos do processo, sob uma ótica policêntrica (comparticipativa) do sistema, abrindo campo para uma releitura do formalismo processual, e, por conseguinte, do papel que a estrutura procedimental deve cumprir para garantir uma adequada fruição dos direitos fundamentais pelo jurisdicionado.

Sob essa premissa, abre-se campo para o estudo da negociação processual em perspectiva democrática, havendo respaldo teórico suficiente para sua implementação com fulcro na comparticipação e o policentrismo processual.

Contudo, para os ideais do presente estudo, ainda mostra-se essencial a compreensão do papel que o formalismo exerce neste "novo" modelo processual, haja vista ser indispensável sua compreensão para apontarmos quais os limites que a flexibilização procedimental encontra no sistema processual pátrio.

Assim, passa-se à investigação do formalismo no Estado Democrático de Direito.

Capítulo VI

FORMALISMO PROCESSUAL DEMOCRÁTICO

6.1 O GIRO LINGUÍSTICO E A TEORIA DISCURSIVA DO DIREITO

A ruptura com a filosofia da consciência, que, segundo Lenio Streck, é o "nome" do paradigma da subjetividade, dá-se no século XX, a partir do que passou a ser denominado de giro linguístico. Vale registrar que o giro não se sustenta tão somente no fato de que, agora, os problemas filosóficos serão linguísticos, em face da propalada "invasão" da filosofia pela linguagem. Mais do que isso, trata-se do ingresso do mundo prático na filosofia. Nele, existe a descoberta de que, para além do elemento lógico-analítico, pressupõe-se sempre uma dimensão de caráter prático-pragmático.[1]

Para Streck:

> *"Em Heidegger, isso pode ser visto a partir da estrutura prévia do modo de ser no mundo ligado ao compreender; em Wittgenstein, (Investigações Filosóficas), é uma estrutura social comum – os jogos de linguagem que proporcionam a compreensão. E é por isso que se pode dizer que Heidegger e Wittgenstein foram corifeus dessa ruptura paradigmática, sem desprezar as contribuições de Austin, Apel, Habermas e Gadamer, para citar apenas estes".*[2]

Pode-se argumentar que essa percepção é uma das decorrências da alteração de paradigma da filosofia marcado pelo giro linguístico, que, na concepção de Javier Herrero:

> *"[...] permite a descoberta de que a linguagem mediatiza toda relação significativa entre sujeito e objeto e que ela, mais fundamentalmente ainda, está inevitavelmente presente em toda comunicação humana, a qual implica um "entendimento mútuo" sobre o sentido de todas as palavras usadas e*

1. STRECK, Lenio Luiz. O que é isso? Decido Conforme Minha Consciência? 4. ed. rev. Porto Alegre: Livraria do Advogado Editora, 2013, p. 14.
2. STRECK, Lenio Luiz. O que é isso? Decido Conforme Minha Consciência?, p. 14.

> *sobre o sentido de ser das coisas mediadas pelos significados das palavras. Isso significa: a linguagem mediatiza todo o sentido de validade."*[3]

Nunes justifica tal reviravolta linguista salientando que "*o método solipsista de análise – sujeito-objeto – da filosofia da consciência não foi capaz de perceber a necessária intersubjetividade na construção do conhecimento*"[4]. Na concepção de Regenaldo Costa:

> *"[...] tal teoria, já que parte da unidade e evidência da consciência do objeto ou da autoconsciência concebidas mediante um método solipsista, é incapaz de prevenir-se de que a relação sujeito-objeto do conhecimento aperceptivo está mediada por signos e, portanto, pela relação sujeito-sujeito do conhecimento interpretativo; ora, este horizonte de compreensão vê nos signos unicamente um instrumento para comunicar o que já é conhecido e isto implica uma desconsideração da mediação intersubjetiva que está ligada a qualquer interpretação da linguagem em atos do conhecimento. [...] Pode-se dizer que na tradição filosófica do Ocidente, desde a filosofia antiga, houve uma certa dificuldade para tematizar a problemática da intersubjetividade do conhecimento de forma adequada e isto por conta de um pré-conceito que perpassou toda a tradição filosófica, ou seja, o pressuposto da identidade dos significados em todos os sujeitos, o que levou, na maioria das vezes, a um solipsismo metódico e a uma não consideração efetiva da intersubjetividade como mediação fundamental para constituição e validação do conhecimento".*[5]

Destarte, escudado nos ensinamentos de Streck, e, ressaltando a possibilidade de estar simplificando esta complexa temática, pode-se afirmar que, no giro linguístico, a invasão que a linguagem promove no campo da filosofia transfere o próprio conhecimento para o âmbito da linguagem, onde o mundo se descortina. É na linguagem que se dá a ação, é na linguagem que se dá o sentido (e não na *consciência de si do pensamento pensante*). O sujeito surge na linguagem e pela linguagem, a partir do que pode dizer que o que morre é a subjetividade, e não o sujeito da relação de objetos.[6]

Ocorre assim, em consonância com as lições de Nunes, o fortalecimento da intersubjetividade, ocasionando a derrocada dos horizontes de análise da razão prática instrumental, de faculdades subjetivas construídas

---

3. HERRERO, Francisco Javier. Ética do discurso. In: OLIVEIRA, Manfredo A de. Correntes fundamentais da ética contemporânea. 2 ed. Petrópolis: Vozes, 2001, p.166.
4. NUNES, Dierle José Coelho. Direito Constitucional ao Recurso: Da teoria geral dos recursos, das reformas processuais e da comparticipação nas decisões, p. 132.
5. COSTA, Regenaldo da. Ética do discurso e verdade em Apel. Belo Horizonte: Del Rey, 2002, p. 57 e nota 27.
6. STRECK, Lenio Luiz. O que é isso? Decido Conforme Minha Consciência?, p. 14-15.

a partir de um sujeito singular, ensejando, por conseguinte, a percepção de uma razão comunicativa.[7]

Em face da descoberta da existência de uma razão comunicativa, Habermas explicita um princípio do discurso que afirma que *"são válidas as normas de ação às quais todos os possíveis atingidos poderiam dar seu assentimento, na qualidade de participantes de discursos racionais"*.[8]

O princípio do discurso para Habermas, nos ensinamentos de Costa, explica como

> *"é possível fundamentar imparcialmente normas de ação e pressupõe que questões práticas em geral podem ser julgadas imparcialmente e decididas racionalmente pelo procedimento discursivo-argumentativo, o qual funciona como critério de legitimidade das pretensões de validade levantadas"*.[9]

Ultrapassando a leitura do princípio do discurso como critério legitimador das normas de ação em geral, Habermas defende que *"nos discursos jurídicos, nos quais a comunidade político-jurídica é considerada o sistema de referência (dos interesses da comunidade jurídico-política), o princípio do discurso assume a forma do princípio da democracia"*.[10]

Assim, para Nunes, não há possibilidade de aceitação de uma leitura predeterminada do direito anteriormente à abertura de um espaço de problematização discursiva.[11]

Ao se impedir a utilização de pré-compreensões não problematizadas de qualquer sujeito privilegiado, tal concepção do princípio da democra-

---

7. NUNES, Dierle José Coelho. Direito Constitucional ao Recurso: Da teoria geral dos recursos, das reformas processuais e da comparticipação nas decisões, p. 133.
8. *"(...) o predicado 'válidas' refere-se a normas de ação e proposições normativas gerais correspondentes; ele expressa um sentido não-específico de validade normativa [...] Eu entendo por 'normas de ação' expectativas de comportamento generalizadas temporal, social e objetivamente. Por mim, 'atingido' é todo aquele cujos interesses serão afetados pelas prováveis consequências provocadas pela regulamentação de uma prática geral através de normas. E 'discurso racioan' é toda tentativa de entendimento sobre pretensões de validade problemáticas, na medida em que ele se realiza sob condições da comunicação que permitem o movimento livre de temas e contribuições, informações e argumentos no interior de um espaço público constituído através de obrigações ilocucionárias. Indiretamente a expressão refere-se também a negociações, na medida e que estas são reguladas através de procedimentos fundamentados discursivamente"* HABERMAS, Jurgen. Direito e democracia: entre faticidade e validade. volume I. 2. ed. revista pela Nova Gramática da Língua Portuguesa; tradução Flávio Beno Siebneichler: – Rio de Janeiro: Tempo Brasileiro, 2012, p. 142-143.
9. COSTA, Regenaldo da. Discurso, direito e democracia em Habermas. *In:* MERLE, Jean-Christophe, MOREIRA, Luiz (organizadores). Direito e legitimidade. São Paulo: Landy, 2003, p. 42.
10. COSTA, Regenaldo da. Discurso, direito e democracia em Habermas, p. 42.
11. NUNES, Dierle José Coelho. Direito Constitucional ao Recurso: Da teoria geral dos recursos, das reformas processuais e da comparticipação nas decisões, p. 134.

cia conduz a uma perspectiva procedimental do Estado Democrático de Direito.[12]

Não obstante,

> *"O projeto de realização do direito, que se refere às condições de funcionamento de nossa sociedade, portanto de uma sociedade que surgiu em determinadas circunstâncias históricas, não pode ser meramente formal. Todavia, divergindo do paradigma liberal e do Estado social, este paradigma do direito não antecipa um determinado ideal de sociedade, nem uma determinada visão de vida boa ou de uma determinada opção política. Pois ele é formal no sentido de que apenas formula as condições necessárias segundo as quais os sujeitos do direito podem, enquanto cidadãos, entender-se entre si para descobrir os seus problemas e o modo de solucioná-los. Evidentemente, o paradigma procedimental de direito nutre a expectativa de poder influenciar, não somente a autocompreensão das elites que operam do direito na qualidade de especialistas, mas também a de todos os atingidos".*[13]

Desta forma, Nunes preconiza que "*no paradigma de Estado Democrático o Direito precisa legitimar-se através de procedimentos*"[14] que devem estar de acordo com os direitos humanos e com o princípio da soberania do povo[15].

Para Habermas:

> *"O princípio da soberania do povo estabelece um procedimento que, a partir de suas características democráticas, fundamenta a suposição de resultados legítimos. Esse princípio expressa-se nos direitos à comunicação e à participação que garantem a autonomia pública dos cidadãos. Em contraposição a isso, aqueles direitos humanos clássicos que garantem aos membros da comunidade jurídica vida e liberdade privada para seguir os seus projetos pessoais, fundamentam uma soberania das leis que as torna legítimas a partir de si mesmas. Sob esses dois pontos de vista normativos deverá*

---

12. *"A teoria do direito, fundada no discurso, entende o estado democrático de direito como a institucionalização de processos e pressupostos comunicacionais necessários para a formação discursiva da opinião e da vontade, a qual possibilita, por seu turno, o exercício da autonomia política e a criação legítima do direito."* HABERMAS, Jurgen. Direito e democracia: entre faticidade e validade. volume II. 2. ed. revista pela Nova Gramática da Língua Portuguesa; tradução Flávio Beno Siebneichler: – Rio de Janeiro: Tempo Brasileiro, 2011, p. 181.
13. HABERMAS, Jurgen. Direito e democracia: entre faticidade e validade. *Op. cit.* t. II, p. 189-190.
14. *"(...) a compreensão procedimentalista do direito tenta mostrar que os pressupostos comunicativos e as condições do processo de formação democrática da opinião e da vontade são a única fonte de legitimação".* HABERMAS, Jurgen. Direito e democracia: entre facticidade e validade. t. II, p. 310.
15. MOREIRA, Luiz. Fundamentação do direito em Habermas. Belo Horizonte: Mandamentos, 2002, p. 170.

legitimar-se o Direito codificado, portanto, modificável, como um meio de garantir uniformemente a autonomia privada e pública do indivíduo".[16]

Tais preocupações permitem a construção da legitimidade discursiva tanto nos procedimentos legislativos, quanto nos jurisdicionais, afastando por completo o ideal monológico que assegura ao juiz um "*privilégio cognitivo*" [17] no procedimento de construção do pronunciamento jurisdicional, eis que caso isso fosse possível, poder-se-ia acabar com o espaço procedimental discursivo do processo, como garantia de um *iter* formador dos provimentos, impedindo a possibilidade de que novas informações e melhores argumentos pudessem ser apresentados pelas partes.

Desse modo, a partir do giro linguístico e dos estudos de Habermas, percebe-se que a estruturação e a análise do processo democrático passa pela adoção de uma noção policêntrica que não pode privilegiar nenhum dos sujeitos processuais.

Por derradeiro, escudado em Nunes, frisa-se que esta impossibilidade de análises solipsistas pelo juiz, na prática da decisão[18], leva obrigatoriamente a percepção de uma perspectiva intersubjetiva e comparticipativa do processo jurisdicional que possibilitará uma releitura do formalismo e dos direitos fundamentais processuais que balizam este processo e atribuem uma visão democrática do direito processual, "*de modo a haver uma articulação dialógica da técnica processual seguindo os comandos institutivos da principiologia processual constitucional que não reduza o papel institucional nem dos juízes e nem das partes (e seus advogados)*".[19]

6.2 O ESTADO DEMOCRÁTICO DE DIREITO

Conforme se viu ao longo do capítulo anterior, a doutrina do século XX tem constantemente se manifestado no sentido de liberar o órgão judicial das amarras do formalismo processual, outorgando-lhe papel ativo na direção do processo, e, ao mesmo tempo, em períodos mais recentes, em especial após o segundo pós-guerra, tem ganhado fôlego a busca de intensificação

---

16. HABERMAS, Jürgen. Sobre a legitimação pelos direito humanos. *In:* MERLE, Jean-Christophe, MOREIRA, Luiz (organizadores). Direito e legitimidade. São Paulo: Landy, 2003, p. 69-70.
17. HABERMAS, Jurgen. Direito e democracia: entre facticidade e validade. t. I, p. 276.
18. *"Em face da teoria constitucional legalmente adotada na Constituição brasileira de 1988, o momento decisório não é mais a oportunidade de o juiz fazer justiça ou tornar o direito eficiente e prestante, mas é o instante de uma DECISÃO a ser construída como resultante vinculada à estrutura procedimental regida pelo PROCESSO constitucionalizado."* LEAL, Rosemiro Pereira. Teoria processual da decisão jurídica. São Paulo: Landy, 2002, p. 69.
19. NUNES, Dierle José Coelho. Direito Constitucional ao Recurso: Da teoria geral dos recursos, das reformas processuais e da comparticipação nas decisões, p. 172.

dos poderes das partes e ao estabelecimento de garantias processuais para estas, visando a implementação de direitos fundamentais do cidadão, de modo que o processo não seja mais coisa das partes e nem do juiz, mas uma garantia da sociedade como um todo.[20]

Ronaldo Brêtas destaca que a dimensão atual e marcante do Estado Constitucional Democrático de Direito resulta da articulação dos princípios do Estado Democrático e do Estado de Direito, "*cujo entrelaçamento técnico e harmonioso se dá pelas normas constitucionais*". Para chegar a essa conclusão, o autor ressalta ser indispensável "*perceber que a democracia, atualmente, mais do que forma de Estado e de governo, é um princípio consagrado nos modernos ordenamentos constitucionais como fonte de legitimação do exercício do poder*", o qual origina-se do povo, nos termos do artigo 1º da Constituição Federal de 1988.[21]

Neste ideário de democracia, posições extremas, dispostas a privilegiar as premissas privatísticas ou publicísticas do processo, não encontrariam respaldo teórico-paradigmático, e seriam facilmente repudiadas.

Corrobora com o presente entendimento a doutrina de Oliveira, na qual o autor ressalta que:

> *"Pense-se, no concernente à primeira hipótese, no processo romano--canônico, em que a corrupção abundante da época levou a sociedade a manietar quase inteiramente o órgão judicial, relegando-o à posição de mero espectador, enquanto atribuía total iniciativa às partes. O ativismo do juiz constitui hoje um fenômeno praticamente irreversível, e a história demonstrou não ser esta a maneira eficiente de se obter resultados próprios do processo, sem falar no cunho indiscutivelmente público deste, a rejeitar semelhante opção.*
>
> *(...) No extremo oposto, tome-se como exemplo a exacerbação ideológica do publicismo de um Frederico, o Grande, ou, mais perto de nós, o nacional-socialismo, a propiciar total insegurança jurídica. No concernente a este último, Calamandrei, estudando a legislação e a doutrina processual alemã daqueles tempos inglórios, mostra claramente a tendência de limitações sempre mais intensas ao princípio da legalidade e correspondente prevalência do poder discricional do órgão judicial, redução do princípio dispositivo, abolição das formas processuais, acentuada transformação da justiça civil num processo de polícia, sem garantia de imparcialidade ou de recursos. Célebre e paradigmática, aliás, no sentido de terminar com o processo civil e em seu lugar instituir, em*

20. OLIVEIRA, Carlos Alberto Alvaro de. Do formalismo no processo civil. p. 188.
21. BRETAS, Ronaldo de Carvalho Dias. Processo Constitucional e Estado Democrático de Direito. p. 58-59.

todos os casos, uma jurisdição voluntária completa, justamente quando já se prenunciava o nazismo."[22]

Ao princípio democrático agrega-se o princípio do Estado de Direito, este "*informado por uma gama variada de ideias-mestras que lhe dão contextura, verdadeiros subprincípios*", albergados em "*normas expressas nas modernas Constituições, que determinam, direcionam e conformam as atividades do Estado, limitando-lhe o poder*".[23]

Não obstante, Brêtas aduz que:

> "*Essas considerações ficam justificadas pela doutrina de Canotilho, para quem a teorização do Estado Democrático de Direito centra-se em dois pontos fundamentais, "o Estado limitado pelo direito e o poder político legitimado pelo povo", permitindo as conclusões de que "o direito é o direito interno do Estado; o poder democrático é o poder do povo que reside no território do Estado ou pertence ao Estado".*[24]

Assim, tem-se que, no estágio atual de desenvolvimento da humanidade, é lícito afirmar que a soberania, embora exprima o poder em grau mais elevado, não pode deixar de ser suscetível a limitação e controle.

Neste enfoque, Habermas ressalta que da constituição cooriginária e da interligação conceitual entre direito e poder político "*resulta uma ulterior necessidade de legitimação, ou seja, a de canalizar o poder político, executivo, de organização e de sanção pelas vias do direito*", pois, para o autor, "*o poder organizado politicamente não se achega ao direito como que a partir de fora, uma vez que é pressuposto por ele: ele mesmo se estabelece em forma de direito*".[25]

O próprio Estado supõe essa organização, chamada a se exercer conforme certas formas e por meio de determinados órgãos, circunscrita sempre pelo direito.[26]

Para Habermas:

> "*No princípio da soberania popular, segundo o qual todo o poder do Estado vem do povo, o direito subjetivo à participação, com igualdade de chances, na formação democrática da vontade, vem ao encontro da possibilidade jurídico-objetiva de uma prática institucionalizada de autodeterminação*

22. OLIVEIRA, Carlos Alberto Alvaro de. Do formalismo no processo civil. p. 189.
23. BRETAS, Ronaldo de Carvalho Dias. Processo Constitucional e Estado Democrático de Direito. p. 59-60.
24. BRETAS, Ronaldo de Carvalho Dias. Processo Constitucional e Estado Democrático de Direito. p. 60.
25. HABERMAS, Jurgen. Direito e democracia: entre facticidade e validade. t. I, p. 169-171.
26. OLIVEIRA, Carlos Alberto Alvaro de. Do formalismo no processo civil. p. 63.

> *dos cidadãos. Esse princípio forma a charneira entre o sistema dos direitos e a construção de um Estado de direito. Interpretado pela teoria do discurso, o princípio da soberania popular implica: o princípio da ampla garantia legal do indivíduo, proporcionada através de uma justiça independente; os princípios da legalidade da administração e do controle judicial e parlamentar da administração; e o princípio da separação entre Estado e sociedade, que visa impedir que o poder social se transforme em administrativo, sem passar antes pelo filtro da formação comunicativa do poder."*[27]

Brêtas salienta que em face dessas considerações, "*o princípio democrático é considerado pela doutrina alemã um princípio configurador de caráter formal e orgânico*"[28], não obstante possua natureza material e procedimental, porque, em termos gerais:

> *"1º) – incide no modo de proceder da atividade estatal, limitando e vinculando o exercício do poder pelo Estado ao direito, a fim de garantir as liberdades individuais; 2º) – reconhece os direitos fundamentais das pessoas; 3º) – institui o controle jurisdicional da legalidade dos atos da administração pública; 4º) – concede proteção jurídica às pessoas por meio dos procedimentos jurisdicionais gerados em contraditório nos processos."*[29]

O reconhecimento dos referidos limites, com a correspondente garantia de liberdade do indivíduo perante o Estado, dá azo aos princípios do Estado Democrático de Direito, presentes na Constituição, os quais exibem grande relevância para o estudo do formalismo processual, haja vista que, no fundo, importam em limites ao exercício do poder.[30]

Brêtas salienta que a democracia proclama o respeito aos chamados direitos de liberdade democrática, quais sejam, "*a liberdade de reunião, liberdade imprensa, liberdade de informação e liberdade de reunião e de associação das pessoas*". Com efeito, para o autor, "*estes direitos são também fim e conteúdo do Estado de Direito*".[31]

Para a doutrina alemã, os intitulados direito de liberdade democrática seriam um "*vetor comum*" entre democracia e Estado de direito, "*um nexo determinante de união entre os dois mencionados princípios*".[32]

---

27. HABERMAS, Jurgen. Direito e democracia: entre facticidade e validade. t. I, p. 212-213.
28. BRETAS, Ronaldo de Carvalho Dias. Processo Constitucional e Estado Democrático de Direito. p. 61.
29. BRETAS, Ronaldo de Carvalho Dias. Processo Constitucional e Estado Democrático de Direito. p. 61.
30. OLIVEIRA, Carlos Alberto Alvaro de. Do formalismo no processo civil. p. 63-64
31. BRETAS, Ronaldo de Carvalho Dias. Processo Constitucional e Estado Democrático de Direito. p. 61.
32. BRETAS, Ronaldo de Carvalho Dias. Processo Constitucional e Estado Democrático de Direito. p. 61.

Ademais, atribuir direitos de liberdade significa, no plano processual, na concepção de Oliveira, "*atender à exigência de um procedimento justo e adequado, de acesso à jurisdição e realização do direito material, determinada essa realização pela conformação jurídica do procedimento e do processo*". A liberdade do cidadão constituiria, na realidade, apenas uma "*fórmula vã e sem sentido, se não assentada em instrumentos eficazes de garantia, declaração e realização da constelação de direitos que lhe são forma e substância*".[33]

Além disso, para o autor, a autonomia reconhecida ao direito processual empresta-lhe características próprias, não obstante exerça grande influência no formalismo processual o nexo funcional com o direito material.[34]

Significativo, aliás, esse nexo funcional para o encaminhamento do problema do formalismo, em virtude de ser peculiar ao direito material, como antes ressaltado, a mesma regulação para a mesma situação fática. De tal sorte, a lei processual não pode estabelecer regulamentação que, por motivos meramente processuais (desprovidos de conteúdo constitucional), ponha em risco a igualdade jurídica assegurada no direito material.[35]

Com efeito, para Oliveira, "*o direito processual vincula, portanto, a relação entre o Estado e o cidadão a um especial e rico pólo de interesse, do mais alto valor substancial, e não a uma simples técnica alterável conforme o gosto e o humor do eventual detentor do poder*".[36]

Assim, conforme restou salientado anteriormente, tem-se que o formalismo processual assumiu um papel histórico de contenção de eventuais arbitrariedades cometidas pelo juiz, de sorte que se concretizou como verdadeira garantia das partes durante a tramitação do processo.

Conclusão esta que, contudo, não afasta a compreensão do processo como direito preponderantemente técnico que se presta à função de metodologia constitucional de dimensionamento de conflitos. "*Neste sentido, o processo é técnico, já que não decide o conflito de interesses, fixando apenas o caminho pelo qual a solução deve ser encontrada*".[37]

6.3 A SOLUÇÃO DO PROBLEMA DO FORMALISMO NO DIREITO ESTRANGEIRO

O equacionamento do problema mediante standards jurídicos tem sido tentado em outros ordenamentos mais predispostos culturalmente a

33. OLIVEIRA, Carlos Alberto Alvaro de. Do formalismo no processo civil. p. 65.
34. OLIVEIRA, Carlos Alberto Alvaro de. Do formalismo no processo civil. p. 66.
35. OLIVEIRA, Carlos Alberto Alvaro de. Do formalismo no processo civil. p. 66.
36. OLIVEIRA, Carlos Alberto Alvaro de. Do formalismo no processo civil. p. 74.
37. TROLLER, Alois. Os Fundamentos do Formalismo Processual Civil. p. 22.

esse tipo de resposta, a exemplo da experiência suíça com o emprego da figura conceitual conhecida como "*excesso de formalismo*" ou "*formalismo excessivo*" (*überspitzer Formalismus*). O mesmo ocorreu na Argentina com a construção pela Corte Suprema da regra do "*exceso de formalismo*", de cunho exclusivamente jurisprudencial, ou com a elaboração alemã a respeito dos princípios da equidade processual (*prozessuale Billegkeit*) e da *Fairness*.[38]

6.3.1 A solução no direito Suíço

À falta de dispositivos de garantia processual explícitos, segundo Oliveira, a jurisprudência suíça extrai do art. 4º da Constituição Federal, assegurador de igualdade perante a lei, certas consequências para preencher as lacunas de proteção constitucional dos sujeitos de direito. Do mesmo modo, entende-se que o princípio da efetividade da tutela jurídica compreende, em sentido amplo, a proibição a qualquer formalismo excessivo.[39]

Considerando indispensável a observância de formas e prazos para o desenvolvimento regular do processo, a jurisprudência suíça passou a sustentar, desde 1955, que estes requisitos deveriam contribuir para garantir rápida e efetiva tutela jurídica, e que o rigor formal transforma-se em denegação da justiça se o órgão judicial, reconhecendo uma regra pertinente a prazo ou forma, sucumbe à tentação de "*facilitar o trabalho*".[40]

Troller, neste contexto, ressalta que:

> *"Quando, por exemplo, por engano uma petição escrita não é assinada, mesmo assim ela alcançou o objetivo de expressar claramente a vontade declarativa e, com isso, desempenha sua tarefa processual específica. À parte negligente deve ser permitida a oportunidade de correção da falta, e com isso não sofrem nem a disciplina processual nem o direito material do adversário."* [41]

Oliveira elenca alguns exemplos colhidos da jurisprudência do Tribunal Federal suíço, em que se considerou ter ocorrido formalismo excessivo:

> *"a) o não-recebimento de manifestação recursal posta no correio no ultimo dia do prazo e recebida pela autoridade judiciária a destempo; b) o não--recebimento de recurso interposto por pessoa sem procuração escrita; c) a não-admissão de perícia de sangue, revelada depois sua importância para o desate da controvérsia; d) o não-recebimento de recurso desacompanhado de cópia certificada da decisão impugnada."*[42]

38. OLIVEIRA, Carlos Alberto Alvaro de. Do formalismo no processo civil. p. 193.
39. OLIVEIRA, Carlos Alberto Alvaro de. Do formalismo no processo civil. p. 193.
40. OLIVEIRA, Carlos Alberto Alvaro de. Do formalismo no processo civil. p. 193-194.
41. TROLLER, Alois. Os Fundamentos do Formalismo Processual Civil. p. 107.
42. OLIVEIRA, Carlos Alberto Alvaro de. Do formalismo no processo civil. p. 194.

Ressalta-se que nestas hipóteses, a adoção do conceito de formalismo excessivo, como informa ainda a jurisprudência do Tribunal Federal, "*decorre da circunstância de se cuidar de formalidade não prevista em lei ou prescritas pela lei sem declaração expressa de que a validade do ato dependesse da formalidade*"[43].

Não obstante, em razão dos avanços teóricos, a jurisprudência suíça passou a proclamar a ocorrência de formalismo excessivo mesmo quando a formalidade, apesar de prevista em lei, revelava-se como uma "*emboscada procedimental*" (*piége procédural*).[44]

Troller, atentando-se para o papel do processo enquanto metodologia de resolução de conflitos, ressalta que "*o mais triste caso em que um juiz frequentemente se encontra é aquele em que reconhece de maneira evidente o direito e não pode realizá-lo por formalidades*"[45].

Desse modo, atento a tais fatores, o Tribunal Federal suíço passou a afastar os excessos provenientes da equivocada leitura do formalismo, visando evitar que a resolução dos conflitos restasse prejudicada por questões de extremo formalismo.

Contudo, é importante ressaltar, com esteio em Troller, que o intento era combater o formalismo excessivo, de cunho irracional, e não sua total substituição por um procedimento informal.[46]

6.3.2 A Solução no Direito Argentino

Similarmente à concepção suíça, constitui figura da jurisprudência constitucional argentina a regra corretiva do chamado "*exceso ritual*", que visa evitar o "*rigorismo formal*", isto é, nas palavras de Oliveira, "*corrigir um abuso, tanto de direito quanto de poder*". Levam-se em conta, em especial, "*as consequências iníquas ensejadas pelo formalismo para a vida de direito, ao mundo jurídico*". Entretanto, a regra de afastamento do "*rigorismo formal*", embora corrija necessariamente um modo vicioso de empregar a regulação processual e os princípios que a fundamentam e governam, não pretende derrogá-la. Não se descartam as formas, busca-se simplesmente sanar o seu lado patológico, com vistas a "*não obstaculizar o estabelecimento e obtenção da verdade*".[47]

Segundo Oliveira:

---

43. OLIVEIRA, Carlos Alberto Alvaro de. Do formalismo no processo civil. p. 195.
44. OLIVEIRA, Carlos Alberto Alvaro de. Do formalismo no processo civil. p. 195.
45. TROLLER, Alois. Os Fundamentos do Formalismo Processual Civil. p. 109.
46. TROLLER, Alois. Os Fundamentos do Formalismo Processual Civil. p. 108.
47. BERTOLINO. Pedro J. *La verdad jurídica objetiva*. Prólogo de Lino Enrique Palacio. Buenos Aires, Depalma, 1990. p. 54-55.

> *"Por "formulismo", "exceso ritual", "ritualismo", "rigor excesivo", "injustificado rigor", compreende-se o fenômeno da desnaturalização ou abuso formal, particularmente no âmbito processual, (...) decorrendo de uso inadequado da forma, ou não-sintonia com a finalidade para a qual estabelecida, uma espécie de exercício antifuncional da jurisdição, a importar dano para a justiça."*[48]

Frisa-se que tudo isso vem entremeado pela consideração de possível violação à amplíssima regra contida no art. 18 da Constituição Nacional argentina, a qual, na concepção de Oliveira, importa em "*verdadeira carta de princípios, dirigida, no entanto, notadamente ao processo penal*".[49] Sublinha-se, contudo, a possibilidade de vir o ritualismo conduzir à arbitrariedade, considerada autêntica denegação de direitos, capaz de configurar conduta antijurídica dos órgãos do Estado. Nesta concepção, quando a forma é empregada por excesso, além de sua finalidade própria, o obrar do juiz torna-se arbitrário essencialmente por ser considerado irracional.[50]

Para a doutrina argentina, o fenômeno do ritualismo deve ser considerado "*integrante do conceito de sentença arbitrária e atribuído ao conceito de "exceso ritual" a característica de "princípio", como relevante função no âmbito da integração normativa*", considerado, a seu turno, como *standard* para estabelecer pautas de conduta razoável para os sujeitos processuais.[51]

6.3.3 A Solução no Direito Alemão

Na Alemanha, o Tribunal Constitucional Federal não segue a orientação suíça, deixando de resolver o problema com apoio no princípio constitucional da igualdade. A tentativa de equacionamento do problema na doutrina alemã, baseada em grande parte na jurisprudência liberal do *Reichsgericht* e depois do *Bundesgerichtshof* (Tribunal Superior Federal), constituiu o emprego do conceito de equidade, argumentando que se no direito material o *ius scritum* opõe-se ao *ius aequam*, no processo o *rigor iuris* deve corresponder a *aequitas*.[52]

Oliveira aduz que este entendimento, não nega, porém,

> *"o caráter coativo das prescrições processuais formais, às quais não deve ser atribuída a natureza de mera recomendação não vinculante, sem maior importância para o juiz. Pelo contrário, segundo essa visão, a tarefa do*

48. OLIVEIRA, Carlos Alberto Alvaro de. Do formalismo no processo civil. p. 195-196.
49. OLIVEIRA, Carlos Alberto Alvaro de. Do formalismo no processo civil. p. 196.
50. BERTOLINO, Pedro J. *El exceso ritual manifesto*. Prólogo de Augusto M. Morélло, La Plata, Platense, 1979. p. 110.
51. BERTOLINO, Pedro J. *El exceso ritual manifesto*. p. 110.
52. OLIVEIRA, Carlos Alberto Alvaro de. Do formalismo no processo civil. p. 199.

> *princípio da equidade é possibilitar uma compreensão entre o ius scritum das normas formais processuais e a justiça, buscando-se assim, acomodar o direito rigoroso, mesmo do ponto de vista do conteúdo, às necessidades de equidade processual. Pretende-se colaborar com a vitória da justiça, sem se comprometer o direito positivo e com isso colocar-se em risco a ideia de direito."*[53]

Dessa forma, a justificativa situa-se quase que exclusivamente no finalismo do ato processual, pois, segundo a doutrina alemã:

> *"As formas processuais cogentes não devem ser consideradas "formas eficaciais" (Wirkform), mas "formas finalísticas" (Zweckform), subordinadas de modo instrumental às finalidades processuais, a impedir assim o entorpecimento do rigor formal processual, materialmente determinado, por um formalismo de forma sem conteúdo."*[54]

Sob esta ótica, as prescrições formais devem ser sempre apreciadas conforme a finalidade e sentido razoável do ato, evitando-se todo exagero das exigências formais.

Com efeito, para Oliveira, "*se a finalidade da prescrição foi atingida na sua essência, sem prejuízo a interesses dignos de proteção da contraparte, o defeito de forma não deve prejudicar a parte*". A forma não pode, portanto, ser colocada "*além da matéria*", por não possuir valor próprio, devendo por razões de equidade a "*essência sobrepujar a forma*".[55]

Neste cenário, Troller ressalta que a ZPO alemã, visando oportunizar maior participação das partes no processo, rompeu com os ideários formais, possibilitando a apresentação de inovações pelos sujeitos do processo até a conclusão dos debates orais, a fim de que estes pudessem influenciar na sentença, que era o ato processual subsequente.[56]

Destarte, a não observância de formas vazias não implica prejuízo, pois a lei não reclama uma finalidade oca e vazia, rejeitando toda obediência cega ao formalismo normativo. Por não serem reconhecidos princípios especiais restritivos na hermenêutica das normas formais, a interpretação não deve ser "*mesquinha*", mas, o mais possivelmente "*generosa*" e livre.[57]

Na esteira deste entendimento, Oliveira ressalta que "*a forma sem sentido não precisa ser observada, já que a lei não pode reclamar nada inexigível*

---

53. OLIVEIRA, Carlos Alberto Alvaro de. Do formalismo no processo civil. p. 199.
54. OLIVEIRA, Carlos Alberto Alvaro de. Do formalismo no processo civil. p. 200.
55. OLIVEIRA, Carlos Alberto Alvaro de. Do formalismo no processo civil. p. 200.
56. TROLLER, Alois. Os Fundamentos do Formalismo Processual Civil. p. 99.
57. OLIVEIRA, Carlos Alberto Alvaro de. Do formalismo no processo civil. p. 200.

e o bom direito deve o menos possível sucumbir à inabilidade das partes ou de seus representantes"[58].

Por consectário, as formas processuais não possuem o escopo de dificultar a tutela da pretensão das partes deduzida em juízo, "*muito menos de facilitar ao tribunal sua atividade de maneira estranha ao mérito*". Assim, no que "*forçam a observância dos interesses dignos de proteção*", as formalidades servem também para a finalidade de realização do direito material no processo.[59]

6.4 A INFLUÊNCIA DESTA CONCEPÇÃO NO DIREITO BRASILEIRO

Conforme se verificou nas modificações ocorridas no direito suíço, argentino e alemão, implementou-se uma nova concepção de formalismo pautada no entendimento de que o processo não constitui um fim em si mesmo, devendo, portanto, oportunizar de modo racional a defesa de direitos fundamentais do jurisdicionado, e não inviabilizá-los por exigências ritualísticas desprovidas de conteúdo normativo.

No que tange ao Brasil, Brêtas aduz que o Estado Democrático de Direito "*tem sua dimensão e se estrutura constitucionalmente na legitimidade do domínio político e na legitimação do exercício do poder pelo Estado assentadas unicamente na soberania e na vontade do povo*", determinando a indispensável observância da garantia fundamental do devido processo legal para haver legitimação democrática do exercício da função jurisdicional.[60]

Atualmente é preciso repensar o problema como um todo, verificar as vertentes políticas e culturais dos fatores determinantes da estruturação e organização do processo, numa palavra, do formalismo. Isso porque, na concepção de Oliveira, "*seu poder ordenador, organizador e coordenador não é oco, vazio ou cego*", pois "*não há formalismo por formalismo*".[61]

Sob essa premissa, só é válido pensar em formalismo, no paradigma do Estado Democrático de Direito, na medida em que este se presta a controlar o arbítrio e servir para alcançar as finalidades constitucionalmente estabelecidas do processo, em tempo razoável e, principalmente, colaborando para a justiça e legitimação democrática da decisão.[62]

---

58. OLIVEIRA, Carlos Alberto Alvaro de. Do formalismo no processo civil. p. 200.
59. OLIVEIRA, Carlos Alberto Alvaro de. Do formalismo no processo civil. p. 201.
60. BRETAS, Ronaldo de Carvalho Dias. Processo Constitucional e Estado Democrático de Direito. p. 64.
61. OLIVEIRA, Carlos Alberto Alvaro de. Do formalismo no processo civil. p. 61-62.
62. BRETAS, Ronaldo de Carvalho Dias. Processo Constitucional e Estado Democrático de Direito. 2ª ed. Belo Horizonte: Del Rey, 2012.

Para Oliveira,

"Em panorama mais abrangente, impõe-se que o problema do formalismo processual seja inicialmente encarado na perspectiva do poder estatal, envolvendo, assim, a questão dos limites da soberania, pois a organização do processo, um dos seus aspectos mais importantes, implica indubitável restrição à atividade do Estado, nele representado pelo órgão judicial."[63]

Neste espeque, o objetivo do presente capítulo é apresentar a necessária releitura do formalismo, agora democrático, e demonstrar que a exigência da forma deve possuir respaldo nos direitos fundamentais, evidenciando que parte da mudança "qualitativa" do sistema passa por esta alteração interpretativa e dogmática.[64]

Para tanto, indispensável se mostra estabelecer a necessária conexão entre o formalismo processual e uma abordagem processual democrática, a partir da observância das garantias constitucionais processuais, bem como dos direitos fundamentais.

6.5 ESTADO DEMOCRÁTICO DE DIREITO E CONSTITUIÇÃO – POR UMA NOVA VISÃO DE PROCESSO.

A decadência do positivismo é emblematicamente associada ao declínio dos regimes do fascismo na Itália e do nazismo na Alemanha. Os referidos movimentos políticos ascenderam ao poder dentro do quadro da legalidade vigente, promovendo a barbárie em nome da lei. Os principais acusados de Nuremberg invocaram o cumprimento da lei e a obediência a ordens emanadas do Führer para justificar suas ações.

Com o fim da II Guerra Mundial a ideia de um ordenamento jurídico indiferente a valores éticos e da Lei como estrutura meramente formal já não eram mais aceitáveis.

A superação histórica do jusnaturalismo e o fracasso político do positivismo abriram caminho para um conjunto amplo e ainda inacabado de reflexões acerca do direito, sua função social e sua interpretação. O pós-positivismo é a designação provisória e genérica de um ideário difuso, no qual se incluem na definição das relações entre valores, princípios e regras,

63. OLIVEIRA, Carlos Alberto Alvaro de. Do formalismo no processo civil. p. 62.

64. NUNES, Dierle; CRUZ, Clenderson Rodrigues da; DRUMMOND, Lucas Dias Costa. Novo CPC, formalismo democrático e súmula 418 do STJ: primazia do mérito e máximo aproveitamento. Revista Justificando. Disponível em: HTTP://justificando.com/2014/09/18/novo-cpc-formalismo-democrático-e-sumula-418-stj-promazia-merito-e-o-maximo-aproveitamento/>.

aspectos da chamada *nova hermenêutica constitucional* e a teoria dos *direitos fundamentais*, edificada sobre o fundamento da dignidade humana.[65]

A valorização dos princípios, sua incorporação, explícita ou implícita, pelos textos constitucionais e o reconhecimento pela ordem jurídica de sua normatividade fazem parte desse ambiente de reaproximação entre direito e ética.

André Del Negri salienta que os direitos fundamentais sãos aqueles que servem de fundamento aos demais direitos, e, em sendo direitos, mesmo que fundamentais, devem estar garantidos por lei, só que não uma lei qualquer, mas sim uma lei que, como eles, também deve ser "*matriz de todas as demais, uma Lei fundamental, que fundamenta as outras, da qual todas decorrem*". Esta Lei fundamental é a Constituição.[66]

Neste contexto, segundo doutrina de Virgílio Afonso da Silva, as normas constitucionais conquistaram o status pleno de normas jurídicas, dotadas de imperatividade, estando aptas a tutelar todas as situações que contemplam. Mais do que isso, a constituição[67] passa a ser a lente através da qual se leem e se interpretam todas as normas infraconstitucionais.[68]

O ponto de partida do intérprete passa a ser sempre os princípios constitucionais[69], que são o conjunto de normas que espelham a ideologia da Constituição, seus postulados básicos e seus fins.

---

65. SILVA, Virgílio Afonso da (org). Interpretação constitucional. São Paulo: Malheiros, 2005, p.278-279.
66. DEL NEGRI. André. Teoria da Constituição e do Direito Constitucional. p.332. É importante ressaltar que alguns direitos fundamentais se encontram previstos na infraconstitucionalidade, tal como ocorre em relação aos preceitos do artigo 7° da Constituição Federal de 1988, a qual arrola os direitos fundamentais dos trabalhadores, consignando de forma expressa a natureza exemplificativa do dispositivo, se referindo de maneira expressa que estarão ali inclusos outros direitos que "*visem à melhoria da condição social*" do trabalhador. Assim, não apenas os direitos previstos no rol do artigo 7°, mas também outros direitos expressos na Constituição, tal como o direito à liberdade sindical, são direitos fundamentais, o que também se aplica àqueles direitos previstos em leis esparsas que, por seus atributos, importância e conteúdo relacionado à dignidade da pessoa humana, inclusive positivados nas normas decorrentes da autonomia privada coletiva (os acordos e convenções coletivas de trabalho) também seriam considerados direitos fundamentais.
67. "*As constituições não representam somente o complemento do Estado de Direito através da extensão do princípio da legalidade a todos os Poderes, incluindo o legislativo; são também um programa político para o futuro, porque impõem a todos os poderes imperativos negativos e positivos como fonte de sua legitimação, porém também, e sobretudo, de deslegitimação.* (STRECK, Lenio Luiz. Jurisdição Constitucional e Decisão Jurídica. p. 113).
68. SILVA, Virgílio Afonso da (org). Interpretação constitucional. p.273.
69. Segundo os ensinamentos de Luís Roberto Barroso: "*Dito de forma sumária, os princípios constitucionais são as normas eleitas pelo constituinte como fundamento ou qualificações essenciais da ordem jurídica que institui.*" (BARROSO, Luís Roberto. Interpretação e aplicação da Constituição. 7ª. ed. rev. São Paulo: Saraiva, 2009, p.155).

Em sua principal dimensão operativa, dirigem-se os princípios ao Estado, condicionando a atuação de suas funções, pautando a interpretação e aplicação de todas as normas jurídicas vigentes. Estes princípios funcionam como "*limites interpretativos máximos*", neutralizando, por conseguinte, o "*subjetivismo voluntarista dos sentimentos pessoais e das conveniências políticas*", reduzindo a discricionariedade do aplicador da norma e impondo-lhe o dever de motivar seu convencimento.[70]

Atento à dimensão operativa dos princípios constitucionais, bem como à inexorável vinculação das funções do Estado a seus preceitos, José Alfredo de Oliveira Baracho ressalta que:

> *"Se a judicatura é tida como poder, para aplicar as leis, surge um novo sentido, alcance e importância em termos da Constituição, devido à existência de um conjunto de direitos, princípios e valores aos quais a lei está sujeita. (...) Os direitos constitucionais não são simples normas programáticas não vinculantes, ou direitos fundamentais "vazios", mas constitui de conformidade com a prescrição expressa em "direitos diretamente aplicáveis".*[71]

Não se pode deixar de notar a decantação, fruto do trabalho dos séculos, de uma série de *princípios*, chamados a representar o papel de *direitos fundamentais* das partes em face do juiz, do adversário e de terceiros. Essas características ostentam, sem dúvida, um "*caráter formal ou procedimental-estrutural*", porquanto determinam seu conteúdo ou substância, bem como o modo como se deve desenvolver a função jurisdicional.[72]

Nas palavras de Oliveira:

> *"Cuida-se de uma espécie de estatuto básico processual, cujo sopro vital habita na salvaguarda do cidadão contra o arbítrio e a força, primeiramente em relação aos demais membros da comunidade e em momento posterior no que concerne a possíveis desmandos do poder estatal, decorrentes do ramo legislativo, executivo ou judicial."*[73]

Urge ressaltar que, escudado nos ensinamentos do referido autor, não se pretende com essa visão, contudo, estabelecer dogmas prestantes à unitária solução de todos os problemas processuais. O que se busca na presente interpretação principiológica é assentar, no contexto em exame,

70. Para Luís Roberto Barroso: *"Por força da Supremacia Constitucional, nenhum ato jurídico, nenhuma manifestação de vontade pode subsistir validamente se for incompatível com a Lei Fundamental."* (BARROSO, Luís Roberto. Interpretação e aplicação da Constituição. p.165).
71. BARACHO, José Alfredo de Oliveira. Processo constitucional: aspectos contemporâneos. Belo Horizonte: Fórum, 2006, p.311.
72. OLIVEIRA, Carlos Alberto Alvaro de. Do formalismo no processo civil. p. 77.
73. OLIVEIRA, Carlos Alberto Alvaro de. Do formalismo no processo civil. p. 77.

uma determinada linha de evolução da estrutura processual, com reflexo direto na organização e eficiência do processo, e, por conseguinte, do formalismo.[74]

Theodoro Júnior ressalta que a segunda metade do Século XX viria exigir da revisão constitucional dos povos democráticos um empenho de aprofundar a intimidade das relações entre o direito constitucional e o processo[75], já que os direitos fundamentais deixaram de ser objeto de simples declarações e passaram a constituir "*objeto de efetiva implantação por parte do Estado Democrático de Direito*".[76]

No Brasil, diante da promulgação da Constituição de 1988 e da implementação do Estado Democrático de Direito[77], com a consequente outorga do poder ao povo (parágrafo único do art. 1º da CF/88), o processo deixa de ser mera relação jurídica entre as partes e o juiz[78], sendo alçado ao patamar de instrumento constitucional de garantia e implementação de direitos fundamentais.

---

74. OLIVEIRA, Carlos Alberto Alvaro de. Do formalismo no processo civil. p. 77.

75. Nos ensinamentos de José Alfredo de Oliveira Baracho: "*A aproximação entre Constituição e processo gera o surgimento do Direito Constitucional Processual ou Direito Processual Constitucional, como preferem outros: a condensação metodológica e sistemática dos princípios constitucionais do processo toma o nome de Direito Processual Constitucional. Não se trata de um ramo autônomo do Direito Processual, mas sim uma colocação científica, de um ponto de vista metodológico e sistemático, do qual se pode examinar o processo em suas relações com a Constituição. O Direito Processual Constitucional abrange, de um lado, a tutela constitucional dos princípios fundamentais da organização judiciária e do processo; de outro lado, a jurisdição constitucional.* (BARACHO, José Alfredo de Oliveira. Processo Constitucional. Rio de Janeiro: Forense, 1984, p.125-126).

76. THEODORO JÚNIOR, Humberto. Constituição e Processo: desafios constitucionais da reforma do processo civil no Brasil. In: MACHADO, Felipe Daniel Amorim; CATTONI DE OLIVEIRA, Marcelo Andrade (Coords). Constituição e Processo: a contribuição do processo ao constitucionalismo brasileiro. Belo Horizonte. Del Rey, 2009, p.234.

77. Lenio Streck aduz que o Estado Democrático de Direito "*Trata-se de um Estado resultante de um determinado padrão histórico de relacionamento entre o sistema político e a sociedade civil, institucionalizado por meio de um ordenamento jurídico-constitucional desenvolvido e consolidado em torno de um conceito de poder público em que se diferenciam a esfera pública e o setor privado, os atos de império e os atos de gestão, o sistema político-institucional e o sistema econômico, o plano político-partidário e o plano político-administrativo, os interesses individuais e o interesse coletivo.*" (STRECK, Lenio Luiz. Jurisdição Constitucional e Decisão Jurídica. p.109-110).

78. A esse respeito, André Cordeiro Leal observa que, "*não obstante as inúmeras mudanças pelas quais passou essa teoria, até hoje vários autores da doutrina brasileira ainda adotam, sem as necessárias ressalvas, o conceito de processo traçado por Bülow*" (LEAL, André Cordeiro. O contraditório e a fundamentação das decisões no direito processual democrático. Belo Horizonte: Mandamentos, 2002, p.82). No mesmo sentido, André Del Negri observa que a Teoria do Processo como Relação Jurídica de Bülow é um "*retrato de como o Direito Processual pode ser usado nas ditaduras para atingir os seus fins*", ressaltando que tal teoria "*ainda é revitalizada na contemporaneidade*", (DEL NEGRI, André. Processo Constitucional e Decisão Interna Corporis. Belo Horizonte: Fórum, 2011, p. 34).

Com efeito, para Cattoni de Oliveira, a Constituição de 1988 resgataria o espírito das Constituições de 1891, de 34 e 46, no seu compromisso com a noção cara ao constitucionalismo de governo limitado, democraticamente eleito e comprometido com os direitos fundamentais.[79]

Por conseguinte, evidencia-se que o Estado Democrático de Direito se assenta em dois pilares: a *democracia* e os *direitos fundamentais*.[80] Não há democracia sem o respeito e a realização dos direitos fundamentais, e não há direitos fundamentais sem democracia.

O Poder Democrático, nos termos da Constituição de 1988, é exercido por representantes do povo, o que, por óbvio, não implica sua exclusão, haja vista que, com a outorga do poder ao povo pela Carta Magna, tem-se por indispensável a participação deste nos atos decisórios. Nas palavras de Cattoni de Oliveira:

> *"Há uma diferença técnico-conceitual entre representação e substituição que aqui é pertinente (...) Representar é agir em nome alheio na defesa de direitos ou interesses alheios; substituição é agir em nome próprio na defesa de direitos ou interesses alheios. A questão é que a representação não implica necessariamente, como no caso da substituição, exclusão do representado do processo. O problema, portanto, de se confundir representante e substituto é o de se entender erroneamente que a representação, ao contrário de mediar, viabilizar institucionalmente a participação do representado no processo deliberativo, exclui essa participação, com conseqüências obviamente desastrosas do ponto de vista democrático."*[81]

A democracia exige respeito à constituição. No momento em que admitimos a existência de um novo paradigma de direito, o Estado Democrático surgido a partir do segundo pós-guerra, temos, ao mesmo tempo, de admitir que o direito alcançou um elevado grau de autonomia. Consequentemente, a moral, a política e a economia, escopos metajurídicos utilizados para balizar a aplicação do direito no paradigma do Estado Social, não mais podem determinar a correção da aplicação do direito.[82]

Portanto, em consonância com os ensinamentos de Streck, tem-se de forma inequívoca que um ato contrário a Constituição é um ato de poder ilegítimo. A Constituição determina a autoridade que o povo atribui ao governo,

---

79. CATTONI DE OLIVEIRA, Marcelo Andrade. A legitimidade democrática da Constituição da República Federativa do Brasil: uma reflexão sobre o projeto constituinte do Estado Democrático de Direito no marco da teoria do discurso de Jürgen Habermas. p.242-243.
80. STRECK, Lenio Luiz. Jurisdição Constitucional e Decisão Jurídica. p. 123.
81. CATTONI DE OLIVEIRA, Marcelo Andrade. A súmula Vinculante n. 4 do STF e o "Desvio" Hermenêutico do TST: notas programáticas sobre a chamada "nova configuração" da jurisdição constitucional brasileira nos vinte anos da Constituição da República. p. 49.
82. STRECK, Lenio Luiz. Jurisdição Constitucional e Decisão Jurídica. p. 120-121.

e, ao fazê-lo, estabelece limites. Qualquer exercício de autoridade por parte do Estado que vá além destes limites passa a ser um ato de "*poder ilegítimo*".[83]

Em consonância com o paradigma do Estado Democrático de Direito, a Constituição Federal de 1988 consolidaria o processo como *garantia constitucional* [84] do povo, através da consagração de princípios de direito processual que se implementam por intermédio da observância das garantias processuais-constitucionais.[85]

Na concepção de Oliveira, é indispensável frisar

> *"a grande riqueza oferecida pelo ordenamento constitucional brasileiro no concernente a máximas processuais, a evidenciar a visão essencialmente comprometida do constituinte de 1988 com a garantia dos direitos processuais do cidadão e sua preocupação em evitar, ou pelo menos minimizar, o autoritarismo dentro do processo."*[86]

Com efeito, a Constituição passa a visualizar o Processo como meio de baliza e influência na formação dos provimentos jurisdicionais, legislativos e administrativos, de modo a efetivar a percepção democrática de que este deve viabilizar a participação[87], o controle e a legitimação dos provimentos em formação por aqueles que irão a estes se submeter.

---

83. STRECK, Lenio Luiz. Jurisdição Constitucional e Decisão Jurídica. p. 112.
84. Nessa seara, Flaviane de Magalhães Barros aduz que, "*em uma perspectiva que toma como marco o Estado Democrático de Direito, através de sua compreensão procedimentalista (Habermas, 1997), é possível sustentar a noção de processo como garantia constitucional, principalmente se formos levar a sério o texto constitucional de 1988 e partir para uma interpretação do processo constitucionalmente adequada. Nesse contexto, à compreensão do processo como garantia pode-se agregar a noção de modelo constitucional de processo, que teve uma proposição inicial feita para o processo civil italiano por Andolina e Vignera (1997), mas aqui apropriada para um modelo de processo e para a construção de uma teoria geral do processo, que supera sua vinculação estrita aos institutos da Jurisdição, Ação e Processo e se constitua sobre uma base constitucional fundada nos princípios do processo.*" (BARROS, Flaviane de Magalhães. O modelo constitucional de processo e o processo penal: a necessidade de uma interpretação das reformas do processo penal a partir da Constituição. In: MACHADO, Felipe Daniel Amorim; CATTONI DE OLIVEIRA, Marcelo Andrade (Coords). Constituição e Processo: a contribuição do processo ao constitucionalismo brasileiro. Belo Horizonte. Del Rey, 2009, p. 333).
85. BARACHO, José Alfredo de Oliveira. Teoria geral do processo constitucional. Revista da Faculdade Mineira de Direito v.2, ns 3 e 4, Belo Horizonte, 1ª e 2ª sem. 1999, p. 90.
86. OLIVEIRA, Carlos Alberto Alvaro de. Do formalismo no processo civil. p. 84.
87. "*O processo assegura um espaço de participação política a seus sujeitos. Não se presta, tão-somente, ao exercício jurisdicional do Estado. Os cidadãos (no processo judicial) ou seus representantes (no processo legislativo) utilizam-no para fim diverso à jurisdição: neste aspecto, o processo é meio de implementação da democracia, permitindo uma comunidade de intérpretes do direito.*" (ARAÚJO, Marcelo Cunha de. O novo processo constitucional. Belo Horizonte: Mandamentos, 2003, p. 120-121).

O processo constitucional coloca-se, assim, ao centro de toda a estrutura de atuação das garantias constitucionais[88], sendo, por conseguinte, o instrumento através do qual se dá o exercício de todas as funções do Estado, em especial, a função jurisdicional[89], e se garantem, nos termos analisados, direitos de participação do povo (*sujeito constitucional*[90]) *e condições procedimentais que possibilitam a geração legítima do provimento decisório.*[91]

6.6 O FORTALECIMENTO DAS GARANTIAS PROCESSUAIS COMO BALIZA DA FUNÇÃO JURISDICIONAL

Para que o Processo consiga alcançar sua finalidade de controle[92], legitimação[93] e fiscalização dos atos do Estado pelo povo (*Legitimado ao*

88. ANDOLINA, Italo. O papel do processo na atuação do ordenamento constitucional e transnacional. Trad. Oreste Nestor de Souza Laspro. Revista de Processo v. 87, p.63-69. São Paulo, jul/set 1997.
89. A partir dessas premissas, Ronaldo Brêtas de Carvalho Dias leciona que a *função jurisdicional*, dentro de uma concepção estruturante do Estado Democrático de Direito, "*é atividade-dever do Estado, prestada pelos órgãos competentes indicados no texto da Constituição, somente exercida sob petição da parte interessada (direito de ação) e mediante a garantia do devido processo constitucional. Em outras palavras, a jurisdição somente se concretiza por meio de processo instaurado e desenvolvido em forma obediente aos princípios e regras constitucionais, dentre os quais avultam o juízo natural, a ampla defesa, o contraditório e a fundamentação dos pronunciamentos jurisdicionais baseada na reserva legal, como o objetivo de realizar imperativa e imparcialmente os preceitos das normas componentes do ordenamento jurídico*". (BRETAS, Ronaldo de Carvalho Dias. Processo Constitucional e Estado Democrático de Direito. p. 32).
90. Para André Del Negri, o sujeito constitucional é o *sujeito do discurso constitucional, representado pelo somatório das reivindicações dialeticamente empregadas numa relação com o outro em sociedade, cujo reconhecimento somente será alcançado "quando lhe for assegurada a condição de protagonista das decisões mediante compartilhamento decisório (discurso que vincula todos os atores humanos que estão reunidos pelo mesmo conjunto de normas constitucionais)". São, portanto, os cidadãos-intérpretes/coautores legitimados que vão "reivindicar a sua identidade no discurso de fundamentação pela teoria do Processo Constitucional"*. (DEL NEGRI, André. Processo Constitucional e Decisão Interna Corporis. p. 30).
91. CATTONI DE OLIVEIRA, Marcelo Andrade. O processo constitucional como instrumento da jurisdição constitucional. Revista da Faculdade Mineira de Direito. v. 3, ns 5 e 6, p. 161-169, Belo Horizonte, 1º e 2º sem. 2000.
92. Italo Andolina ressalta que "*A ordem democrática impõe que a cada poder corresponda uma responsabilidade, e que, por isso, cada poder (recte: o exercício de cada poder) seja objeto do controle correlato.*" (ANDOLINA, Italo. O papel do processo na atuação do ordenamento constitucional e transnacional. p.63).
93. A adoção do paradigma procedimental do Estado Democrático de Direito representa exatamente o esforço de implementação de um arcabouço normativo-principiológico suficiente ao enfrentamento da crise de legitimidade na formação dos provimentos decisórios, vinculando sua produção ao discurso lógico-argumentativo-discursivo procedimental do processo, como elemento de legitimação decisória através do atendimento aos direitos fundamentais e garantias processuais-constitucionais.

Processo[94]*), este deve estar revestido de todas as garantias*[95] *processuais elencadas na Lei Maior, em atendimento ao Devido Processo Legal, ou, na concepção aqui adotada, Modelo Constitucional de Processo*[96].

Concebida originalmente como freio ao poder real, e para servir de estatuto da conveniência política e econômica entre as elites dominantes na Inglaterra do Século XIII, a garantia do Devido Processo Legal culminou por constituir elemento fundamental do Estado de Direito. Para além das garantias correspondentes ao órgão judicial e do caráter fundamental da garantia de acesso à jurisdição, Oliveira ressalta que, "do ponto de vista estritamente processual, o conceito de devido processo legal compreende a estruturação correta do procedimento, ofertando aos litigantes as garantias de publicidade, contato direito do juiz com as partes e a tramitação do processo em tempo razoável".[97]

Todavia, como o processo não se resume a uma simples sequência ordenada de atos, o princípio não se esgota em assegurar a regularidade do procedimento, abrangendo também a possibilidade das partes sustentarem suas razões e apresentarem suas provas e, assim, influírem por meio do con-

---

94. Nas palavras de Rosemiro Pereira Leal, *"O "legitimado ao processo" no paradigma do Estado brasileiro é o que tem acesso (pro-acesso-processo), por um direito fundante de seu próprio sujeito, à fruição de uma linguagem jurídica que lhe seja auto-includente, como parceiro (parte), de um sistema normativo. Sem essa base (direito fundamental à existência humana, ao ensino, ao auto--esclarecimento) como dignidade mínima, não há vida-humana e liberdade, isto é, não se abre a todos possibilidade de construção de sentido entre formas de vida (ampla defesa em suas jurídicas possibilidades contraditoriais na criação compartilhada da existência como co-existência."* (LEAL, Rosemiro Pereira. Modelos Processuais e Constituição Democrática. In: MACHADO, Felipe Daniel Amorim; CATTONI DE OLIVEIRA, Marcelo Andrade (Coords). Constituição e Processo: a contribuição do processo ao constitucionalismo brasileiro. Belo Horizonte. Del Rey, 2009, p. 291).

95. *"Em razão desse relacionamento tão íntimo com os direitos fundamentais do indivíduo ou com a liberdade, é que as garantias constitucionais se tornaram uma espécie de escudo contra os desvios (abusos ou arbitrariedades) do Estado. Sem as garantias constitucionais o direitos contidos no texto constitucional tornar-se-iam normas inócuas, caindo no vazio das esferas abstratas, deixando de propiciar em termos de eficácia a fruição completa das liberdades humanas. De nada valeriam os direitos ou as declarações de direitos se não houvesse pois as garantias constitucionais para fazer reais e efetivos esses direitos".* (BONAVIDES, Paulo. Curso de Direito Constitucional. 13ª ed. ver. atual. São Paulo: Malheiros, 2002, p. 532).

96. Mais uma vez, valemo-nos dos ensinamentos de Rosemiro Pereira Leal, para quem, *"os estudos do processo como instituição constitucionalizada apta a reger, em contraditório, ampla defesa e isonomia, o procedimento, como direito-garantia fundamental [...] no entanto, só recentemente é que, sob a denominação de 'modelo constitucional' do Processo, ficou explícito, [...] que o Processo, em seus novos contornos teóricos na pós-modernidade, apresenta-se como necessária instituição constitucionalizada que pela principiologia do instituto constitucional do devido processo legal que compreende os princípios da reserva legal, ampla defesa, isonomia e contraditório, converte-se em direito-garantia."* (LEAL, Rosemiro Pereira. Teoria Geral do Processo. 11ª. ed. Rio de Janeiro: Forense, 2012, p. 88).

97. OLIVEIRA, Carlos Alberto Alvaro de. Do formalismo no processo civil. p. 85.

traditório na formação da decisão. Por tais razões, em consonância com os ensinamentos de Oliveira, "*o aspecto mais essencial do devido processo legal é o de assegurar o contraditório e a ampla defesa.*"[98]

Nas palavras do referido autor:

> *"No fundo, a garantia do devido processo legal constitui a expressão constitucional do formalismo processual; o informalismo excessivo (em que as partes perigam sossobrar ao arbítrio e ao poder do Estado) e o excesso de formalismo (em que o conteúdo – o direito material e a justiça – corre o risco de periclitar por razões de forma) estabelecem os seus limites extremos."*[99]

Nessa linha de pensamento, considera Baracho que as garantias constitucionais são meios desenvolvidos pela técnica jurídica moderna, de sorte a controlar a regularidade constitucional dos atos estatais em geral (gênero) e do ato jurisdicional (espécie) em particular. Com efeito, a mais importante dessas garantias processuais constitucionais é o *devido processo legal*, que, sob interpretação lógico-sistemática das normas do art. 5º, incisos II[100], XXXV, XXXVII[101], LII, LIV, LV e LXXVIII, do art. 93, incisos IX e X, e dos arts. 133 e 134, todos da constituição Federal, deve ser interpretado como um "*bloco aglutinante e compacto de vários direitos e garantias fundamentais e inafastáveis ostentados pelas pessoas nas relações com o Estado*".[102]

---

98. OLIVEIRA, Carlos Alberto Alvaro de. Do formalismo no processo civil. p. 86.
99. OLIVEIRA, Carlos Alberto Alvaro de. Do formalismo no processo civil. p. 86.
100. No que tange ao Princípio da Reserva Legal, André Del Negri ressalta que, no Estado Democrático de Direito, atendendo a finalidade garantístico-constitucional do processo, "*o projeto legislativo obedece a uma estrutura legislativa (procedimento) juridicamente preordenada por normas infraconstitucionais (Lei Complementar), Regimentais e Constitucionais. Portanto, para que este Procedimento se desenvolva com validade e transforme-se em genuíno Processo deverão estar presentes na preparação do provimento (Lei) os princípios do contraditório, ampla defesa e isonomia (art. 5º, inciso LV, da CB/88). Ausentes um desses pressupostos constitucionais, o Processo converte-se em mero Procedimento.*" (DEL NEGRI, André. Controle de Constitucionalidade no Processo Legislativo: Teoria da Legitimidade Democrática. p. 125-126).
101. A garantia do juízo natural, a seu turno, compõe importante faceta do formalismo processual, uma vez que, para Alvaro de Oliveira, essa garantia busca "*igualmente circunscrever o exercício arbitrário do poder impedindo a alteração da competência do órgão judicial ou a criação de um tribunal especial, após a existência do fato gerador do processo, para colocar em risco os direitos e garantias da parte, tanto no plano processual quanto material.*" (OLIVEIRA, Carlos Alberto Alvaro de. Do formalismo no processo civil. p. 87-88). Na esteira deste entendimento encontra-se o Enunciado nº. 20 do Fórum Permanente de Processualistas Civis, que, ao abordar a temática dos Negócios Processuais à luz das garantias processuais-constitucionais do juridicionado, aduz que: "*Não são admissíveis os seguintes negócios bilaterais, dentre outros: acordo para modificação da competência absoluta, acordo para supressão da primeira instância.*"
102. BRÊTAS, Ronaldo de Carvalho Dias. Processo Constitucional e Estado Democrático de Direito. p.73.

Por consectário, no paradigma do Estado Democrático de Direito, a função jurisdicional é atividade-dever do Estado, prestada pelos órgãos competentes indicados no texto da Constituição, somente exercida mediante a garantia do devido processo constitucional.[103]

Tem-se claramente, dessa forma, uma nova função do formalismo processual no paradigma procedimental do Estado Democrático de Direito, qual seja, garantir a efetiva implementação dos direitos fundamentais das partes através da legitimação e controle da função jurisdicional por intermédio das garantias correlatas ao modelo constitucional de processo.

Nessa perspectiva, não mais se poderia afirmar a jurisdição como atividade do juiz no exercício do poder-dever de dizer o direito e aplicá-lo ao caso concreto[104], mas, sim, como resultado lógico da atividade discursivo-procedimental dos sujeitos do processo a partir de argumentos previamente inseridos no ordenamento jurídico.[105]

Para Del Negri, a jurisdição deve ser tida como atividade construída pelas partes processuais "*a partir dos conteúdos da lei, uma vez que ele (o juiz), servidor por dever funcional do povo e das normas constitucionais, não tem as chaves construtivas de um Direito espontaneamente surgido de sua lei íntima (especial sensibilidade ao decidir)*".[106]

Assim, a jurisdição deve resultar da atividade discursivo-argumentativa desenvolvida pelas partes no *iter* procedimental, pautada sobre a inafastável observância das garantias processuais-constitucionais do jurisdicionado, ou seja, do formalismo (em sua concepção adequada às bases principiológicas do modelo constitucional de processo), sob pena de, conforme acima ressaltado, carecer de legitimidade democrática.

---

103. BRÊTAS, Ronaldo de Carvalho Dias. Processo Constitucional e Estado Democrático de Direito, p.32.

104. Nunes salienta que "*a confiança nas virtudes diferenciadas dos juízes, em seu protagonismo, já deixou de ser algo defensável, para se transformar em um pesadelo para esse órgão de execução do Estado, pressionados a fornecer decisões democraticamente formadas, sem auxílio de ninguém (nem mesmo técnico do processo), em escala industrial (alta produtividade), sem infraestrutura adequada e sofrendo críticas de todos os segmentos da sociedade*". (NUNES, Dierle José Coelho. Precedentes, padronização decisória preventiva e coletivização – paradoxos do sistema jurídico brasileiro: uma abordagem Constitucional democrática. *Direito Jurisprudencial*. Teresa Arruda Alvim Wambier (coord.). São Paulo: RT, 2012, p. 261).

105. "*Aceitar passivamente a ideia de que um processo possa ser objetivo, ou seja, não contraditório, viola inteiramente a concepção de democracia radical da proposta crítico-deliberativa de Habermas (1997), alternativa entendida como mecanismo de construção e solidificação do regime democrático num país desenvolvido como o Brasil. [...] Assim, o processo é necessariamente um procedimento subjetivo, sujeito ao devido processo legal, contraditório e ampla defesa (art. 5º, LV da CF/88), sem o que perde sua legitimidade democrática.*" (CRUZ, Álvaro Ricardo de Souza. Jurisdição constitucional democrática. Belo Horizonte: Del Rey, 2004, p.371).

106. DEL NEGRI. André. Controle de Constitucionalidade no Processo Legislativo: Teoria da Legitimidade Democrática, p. 105.

Por conseguinte, indispensável se mostra uma releitura do papel do formalismo no processo, haja vista que este, no Estado Democrático de Direito, assume função de guardião das garantias processuais-constitucionais do jurisdicionado.

6.7 PROCEDIMENTO E FORMALISMO CONTEUDÍSTICO – POR UMA NOVA VISÃO DO FORMALISMO

No direito processual o leito onde são assegurados os princípios constitucionais em determinada sociedade é o procedimento, traçado em conformidade com as técnicas adequadas para implementá-los em plenitude. Nessa perspectiva, o procedimento se revela como espinha dorsal do formalismo, haja vista que, considerando as premissas da sistemática processual instituídas pela Constituição Federal de 1988, é impensável o processo sem distribuição de poderes entre seus sujeitos.

Por tais razões, Oliveira ressalta que "*não se mostra difícil compreender a importância da organização da atividade jurisdicional em procedimento*", visto que "*o processo não pode prescindir de um mínimo de organização, sendo inconcebível qualquer tentativa de informalizá-lo totalmente*".[107]

O formalismo processual contém, portanto, a própria ideia do processo como organização da desordem, emprestando previsibilidade a todo o procedimento. Na concepção de Dinamarco, ao reduzir as opções de comportamento de cada um dos sujeitos do processo, "*o direito evita a situação de extrema complexidade que geraria incertezas e faria perigar a própria integridade dos direitos e obrigação da ordem substancial e a fidelidade do processo aos seus objetivos*"[108]. Se o processo não obedecesse a uma ordem determinada, cada ato devendo ser praticado a seu devido tempo e lugar, fácil entender que o litígio desembocaria numa disputa desordenada, sem limites ou garantias para as partes, prevalecendo ou podendo prevalecer a "*arbitrariedade e a parcialidade do órgão judicial ou a chicana do adversário*"[109].

Aqui, é válido relembrar a autêntica catástrofe o chamado "*juízo indeterminado*", implantado segundo o modelo de informalização total do processo na Alemanha, por intermédio da Escola do Direito Livre, analisada no capítulo anterior.[110]

---

107. OLIVEIRA, Carlos Alberto Alvaro de. Do formalismo no processo civil. p. 109.
108. DINAMARCO. Cândido Rangel. A instrumentalidade do processo. 2. Ed. rev. São Paulo: Revista dos Tribunais, 1990. p. 252.
109. OLIVEIRA, Carlos Alberto Alvaro de. Do formalismo no processo civil. p. 7.
110. OLIVEIRA, Carlos Alberto Alvaro de. Do formalismo no processo civil. p. 109.

Se o procedimento é essencial para a conformação constitucional do processo, não se trata, obviamente, de encará-lo como *"simples diretiva para a ordem e a sucessão de atos processuais, ou tomá-lo tão-somente como modelo de realização do processo, com o que só se atentaria ao mero aspecto exterior do fenômeno processual"*[111]. Certamente, para grande parte da doutrina, o conceito de procedimento implica na noção de uma sequência legal de atos a ser observada pelo juiz e pelas partes, entretanto, Oliveira ressalta que procedimento não se trata apenas disso, haja vista que *"já há mais de um século intuíra-se que o processo não estabelece tão-somente um procedere, senão que determina também as faculdades e deveres das partes e do tribunal, em mútua e recíproca relação"*[112].

Na esteira deste entendimento, o autor salienta que a referida compreensão, sabidamente,

> *"além de ter dado o passo decisivo para a autonomia do direito processual, ao isolar a relação material da processual, implicou igualmente postura metodológica renovadora, abrindo caminho para passar-se a entrever o fenômeno processual não mais dentro dos acanhados limites do mero procedimentalismo, mas sim na perspectiva da atividade, poderes e faculdades do órgão judicial e das partes."* [113]

A sedimentação dessa ideia, de acordo com Oliveira, obrou para que hoje se encontre pacificado o entendimento de que *"o procedimento não deve ser apenas um pobre esqueleto sem alma, tornando-se imprescindível ao conceito a regulação da atividade das partes e do órgão judicial, conexa ao contraditório paritário"*[114], bem como às demais garantias inerentes ao modelo constitucional de processo, sem as quais não há de se falar em legitimidade democrática do exercício da função jurisdicional.

Nas palavras de Oliveira:

> *"Mesmo no âmbito dos defensores do conceito de relação jurídica processual, desde muito se reconhece constituir-se ela de diversas posições jurídicas subjetivas aí concentradas (poderes, faculdades, ônus, sujeições), representando o verdadeiro tecido interno do processo. Tal admissão torna, no fundo, apenas nominal a adesão dessa corrente ao conceito de relação jurídica processual, diante da manifesta insuficiência desta concepção em explicar o fator temporal, com a consequente ausência de justificativa para a dinamicidade ínsita ao processo."* [115]

111. OLIVEIRA, Carlos Alberto Alvaro de. Do formalismo no processo civil. p. 111.
112. OLIVEIRA, Carlos Alberto Alvaro de. Do formalismo no processo civil. p. 111.
113. OLIVEIRA, Carlos Alberto Alvaro de. Do formalismo no processo civil. p. 111-112.
114. OLIVEIRA, Carlos Alberto Alvaro de. Do formalismo no processo civil. p. 112.
115. OLIVEIRA, Carlos Alberto Alvaro de. Do formalismo no processo civil. p. 112.

Em outra perspectiva, o abandono e esvaziamento do formalismo, constitucionalmente compreendido, em prol de uma concepção ainda vinculada ao dogma socializador do protagonismo judicial, que permitiria ao magistrado sozinho flexibilizar as formas (vezes sim, vezes não) no exercício de um *"ativismo seletivo"*[116] (conforme idealizado por Klein), merecem ser combatidos, uma vez que toda forma processual, na concepção do modelo constitucional de processo no paradigma do Estado Democrático de Direito, deve guardar fundamento numa garantia constitucional, não sendo algo que se encontre sob a escolha subjetiva e contingencial de qualquer dos sujeitos processuais."[117]

No que diz respeito à forma, em consonância com o modelo constitucional de processo e seu conteúdo adequado, esta deve ser aplicada ou flexibilizada de acordo com o seu pressuposto material e discursivo (debatido no processo) e não em razão de uma escolha solitária ou salvacionista do juiz, que corrigiria equívocos das partes.[118]

A *forma em sentido estrito*[119], segundo Oliveira, desempenha papel relativamente importante no formalismo processual, servindo também para conter o arbítrio judicial e emprestar segurança às partes, atuando ainda internamente como elemento ordenador do processo.[120]

Entretanto, em perspectiva histórica, conforme analisado ao longo dos capítulos anteriores, verifica-se o fenômeno da gradativa perda de sua

116. NUNES, Dierle; TEIXEIRA, Ludmila. Acesso à justiça democrático. Brasília: Gazeta, 2013.

117. NUNES, Dierle; CRUZ, Clenderson Rodrigues da; DRUMMOND, Lucas Dias Costa. Novo CPC, formalismo democrático e súmula 418 do STJ: primazia do mérito e máximo aproveitamento.

118. NUNES, Dierle; CRUZ, Clenderson Rodrigues da; DRUMMOND, Lucas Dias Costa. Novo CPC, formalismo democrático e súmula 418 do STJ: primazia do mérito e máximo aproveitamento.

119. *"A forma em sentido estrito, como sujeição a características sensíveis e externas (exigência de gestos, posturas, palavras ou invólucros, mesmo escritos), insere-se em fases mais atrasadas da história do processo e corresponde a um formalismo jurídico acentuado e exagerado. À medida que desaparecem os elementos mágicos ou religiosos e passa a intervir certa racionalidade, enfraquece-se esse aspecto do formalismo processual, embora ressurja com força no processo romano-canônico como elemento até desproporcionado de cerceamento do arbítrio judicial. Repelida a forma pela forma, forma oca e vazia, a sua persistência ocorre apenas na medida de sua utilidade ou como fator de segurança, portanto apenas e enquanto ligadas a algum conteúdo, a algum valor considerado importante. O mesmo sucede no concernente às formalidades, cujo valor é relativo para o desempenho das tarefas do processo. A audiência, por exemplo, pode nem existir se indeferida a petição inicial ou julgada a causa antecipadamente. Os prazos podem ser encurtados ou distendidos. O lugar da realização do ato processual eventualmente poderá variar, sem afetar sua substância."* (OLIVEIRA, Carlos Alberto Alvaro de. Do formalismo no processo civil. p. 6). A seu turno, Aroldo Plínio Gonçalves aduz que forma em sentido estrito *"é o invólucro do ato processual, a maneira como deve este se exteriorizar; cuida-se portanto do conjunto de signos pelos quais a vontade se manifesta e dos requisitos a serem observados na sua celebração."* (GONÇALVES, Aroldo Plínio. Nulidades no processo. Rio de Janeiro: Aide, 1993. p.32).

120. OLIVEIRA, Carlos Alberto Alvaro de. Do formalismo no processo civil. p. 123.

força e valor, pois, "*na medida em que o homem passa a dar prevalência ao significado sob o signo, o real supera o simbólico e os elementos mágicos tendem a desaparecer*"[121], de modo a se impor cada vez mais a racionalidade.

Assim, desmerecem acolhimento tanto o sistema da absoluta liberdade da forma para a parte quanto o da ilimitada soberania do juiz, pois ambos, conforme verificado, conduzem à desordem do processo e à insegurança do direito.

Para Oliveira, "*preferível é o sistema da legalidade da forma, com os temperamentos possíveis*", de modo que "*não se entorpeça a distribuição de justiça e ao mesmo tempo se coíba o arbítrio estatal dentro do processo*".[122]

Com fulcro nestas ideias, ressalta o autor que "*a solução exequível estampa-se na adoção do princípio da instrumentalidade das formas, dando-se pela validade do ato processual sempre que atingir sua finalidade essencial, preservadas as garantias constitucionais do processo*".[123]

Dessa forma, uma vez mitigada a observância irrestrita da *forma em sentido estrito*, ou seja, da forma desprovida de conteúdo, ganha grande força o papel da técnica processual, a qual, afastando a incidência irracional da *forma-pela-forma*, visa o emprego de meios mais eficientes e organizados para que o processo possa atingir suas finalidades constitucionais.

Nessa perspectiva Oliveira leciona que:

> *"O ideal é colocar a técnica processual a serviço do direito material e dos fins últimos do processo, limitando-se o mínimo possível o desempenho dos sujeitos processuais, de modo que a regulação contenha apenas o indispensável para uma condução bem organizada e proporcionada do feito. Além disso, a par da maior eficiência do aparelho judicial estatal, mostra-se desejável hoje o desiderato de obter-se índice sempre mais intenso de democratização do processo, incrementando-se, assim, a efetiva acessibilidade dos usuários ao serviço judiciário, facilitando-se-lhes ao mesmo tempo o uso do aparelho estatal."*[124]

Aqui, revela-se importante o emprego, mais ou menos largo, da técnica da relativização das invalidades dos atos processuais pela inobservância das formas prescritas em lei, buscando-se aproveitamento do ato processual, e até mesmo do próprio processo, emprestando-lhes prevalência à obtenção do resultado útil.[125] Ou seja, passa-se a analisar a observância da estrutura

121. OLIVEIRA, Carlos Alberto Alvaro de. Do formalismo no processo civil. p. 123.
122. OLIVEIRA, Carlos Alberto Alvaro de. Do formalismo no processo civil. p. 124.
123. OLIVEIRA, Carlos Alberto Alvaro de. Do formalismo no processo civil. p. 124.
124. OLIVEIRA, Carlos Alberto Alvaro de. Do formalismo no processo civil. p. 126.
125. OLIVEIRA, Carlos Alberto Alvaro de. Do formalismo no processo civil. p. 129.

técnica processual de acordo com a finalidade do ato, do conteúdo principiológico que este busca resguardar, e não apenas em um culto (irracional) à forma em si mesma.

Neste sentido, respaldado no ideal finalístico e garantístico do ato processual, o formalismo processual, ou *forma em sentido amplo*[126], consoante preconiza Oliveira, refere-se à organização do processo como um todo, não se confundindo, portanto, com a forma do ato processual individualmente considerado. Com efeito, segundo o autor:

> *"A forma em sentido amplo investe-se, assim, da tarefa de indicar as fronteiras para o começo e o fim do processo, circunscrever o material a ser formado, e estabelecer dentro de quais limites devem cooperar e agir as pessoas atuantes no processo para o seu desenvolvimento".*[127]

Não obstante, em que pese tanto a forma quanto a técnica processual cumprirem, em alguma medida, a função limitadora das arbitrariedades judiciais, urge alertar que o formalismo tem domínios próprios, de sorte que não há que confundi-lo com aquele outro instituto.[128]

Vislumbrando as confusões decorrentes da ausência de compreensão da diferença entre o formalismo e a técnica processual[129], verifica-se que Oliveira buscou estabelecer noções individualizadas sobre os institutos mencionados. Percebe-se, no entanto, que o referido autor vislumbrava no formalismo processual um caráter preponderantemente axiológico, permeado por valores culturais da sociedade, momento no qual apresenta a sua tese do formalismo-valorativo.[130]

Oliveira aduz que o caráter valorativo do formalismo processual decorreria do fato de o Direito ser uma criação cultural do homem, não

---

126. *"A doutrina distingue a forma em sentido estrito da forma em sentido amplo, incluindo nesta última acepção, além do meio de expressão (da língua), também as condições de lugar e tempo em que se leva a efeito o ato processual. (...) A forma em sentido amplo mostra-se mais abrangente e mesmo indispensável, a ampliar a totalidade formal do processo, correspondendo não só a forma, ou as formalidades, mas especialmente a delimitação dos poderes, faculdades e deveres dos sujeitos processuais, coordenação de suas atividades, ordenação do procedimento e organização do processo, com vistas a que sejam atingidas suas finalidades primordiais."* (OLIVEIRA, Carlos Alberto Alvaro de. Do formalismo no processo civil. p. 5-7).

127. OLIVEIRA, Carlos Alberto Alvaro de. O formalismo-valorativo no confronto com o formalismo excessivo. In: Revista de Processo, São Paulo: RT, n.º 137, 2006. p. 5.

128. NUNES, Dierle; CRUZ, Clenderson Rodrigues da; DRUMMOND, Lucas Dias Costa. Novo CPC, formalismo democrático e súmula 418 do STJ: primazia do mérito e máximo aproveitamento.

129. Neste sentido, cf. BEDAQUE, José Roberto dos Santos. Efetividade do Processo e Técnica Processual. 3ª ed. São Paulo: Malheiros, 2010. p. 95.

130. NUNES, Dierle; CRUZ, Clenderson Rodrigues da; DRUMMOND, Lucas Dias Costa. Novo CPC, formalismo democrático e súmula 418 do STJ: primazia do mérito e máximo aproveitamento.

estando imune, portanto, a influências axiológicas. Por esta razão, "*a questão axiológica termina por se precipitar no ordenamento de cada sistema e na própria configuração interna do processo, pela indubitável natureza de fenômeno cultural deste e do próprio direito*".[131]

Nesta perspectiva, aborda-se o formalismo processual em relação aos fins e meios que este desempenha processualmente. Tal análise leva em consideração que o processo se prestaria, segundo Oliveira, a tutelar os valores mais importantes, tais como a realização da Justiça material e da paz social, quando se manifesta como um fim. Já quanto aos meios, o processo, associado ao formalismo, se reportaria à necessidade de se consagrar valores como a "*efetividade, a segurança e a organização interna justa do próprio processo*".[132]

Nesta linha de reflexão, denota-se que, na tese do formalismo-valorativo:

> *"O traço distintivo do formalismo e da técnica processual revela-se pela existência de um caráter axiológico daquele, em face da neutralidade desta. Isto porque a técnica não se reportaria ao valor das suas finalidades, não valorando, igualmente, a licitude ou ilicitude destas, ao reverso do que ocorre no formalismo de caráter valorativo. Com efeito, Alvaro de Oliveira pondera que o formalismo "exatamente porque fenômeno cultural, informado por valores, não se confunde com a técnica, que é neutra a respeito da questão axiológica"*.[133]

Contudo, em consonância com os pilares do processualismo constitucional democrático, tem-se que tal tese, não obstante a sofisticação das suas cogitações, bem como sua contribuição para a diferenciação do que sejam técnica e formalismo processual, encontra-se respaldada em uma noção socializadora do processo e em seus paradoxos (abordados no Capítulo 5).

Ademais, de acordo com Nunes, Clenderson Cruz e Lucas Drummond, tal perspectiva acaba por construir um "*sistema informado por valores (aplicáveis em consonância com a preferência do aplicador) e não por princípios (normas informadas por imperativos deontológicos – de dever ser)*"[134].

Ao longo do presente estudo, verificou-se que a socialização processual se inaugura na segunda metade do século XIX tendo como expoentes

---

131. OLIVEIRA, Carlos Alberto Alvaro de. O formalismo-valorativo no confronto com o formalismo excessivo. In: Revista de Processo, São Paulo: RT, n.º 137, 2006.p. 6.

132. NUNES, Dierle; CRUZ, Clenderson Rodrigues da; DRUMMOND, Lucas Dias Costa. Novo CPC, formalismo democrático e súmula 418 do STJ: primazia do mérito e máximo aproveitamento.

133. NUNES, Dierle; CRUZ, Clenderson Rodrigues da; DRUMMOND, Lucas Dias Costa. Novo CPC, formalismo democrático e súmula 418 do STJ: primazia do mérito e máximo aproveitamento.

134. NUNES, Dierle; CRUZ, Clenderson Rodrigues da; DRUMMOND, Lucas Dias Costa. Novo CPC, formalismo democrático e súmula 418 do STJ: primazia do mérito e máximo aproveitamento.

iniciais Anton Menger e Franz Klein, que apregoavam, entre várias outras características, a existência predominante de uma função social do processo, além de fins políticos e econômicos.[135]

Analisada sob tal perspectiva, torna-se evidente a aderência de Oliveira às matrizes teóricas acima indicadas, uma vez que, para o autor, "*caberia aos valores de origem cultural orientar a composição da estrutura processual e de seus respectivos fins*".[136]

Com efeito, percebe-se que a ideia do formalismo processual valorativo surge como um sintoma natural das noções que outrora nortearam, inclusive, o processo alemão do Estado Nacional Socialista, no qual caberia ao juiz transpor os valores da sociedade, realizando uma paz social (valor) a ser engendrada por um atributo pessoal do julgador.[137]

Atentos às influências do pensamento de Oliveira, conforme acima descrito, Nunes, Cruz e Drummond ressaltam que a proposta axiológica acaba desaguando numa opção entre as preferências do aplicador e não em posições deontológicas (do que é devido e correto), prejudicando seu aproveitamento em uma perspectiva policêntrica de processo.[138]

Assim, mostra-se inexorável concluir que "*o aspecto axiológico não se encontra apto para distinguir o formalismo da técnica*". Fazendo-se necessária a consideração de "*outra vertente de pensamento acerca da diferenciação entre o formalismo e a técnica processual*", de forma que possa desgarrar-se das premissas de matriz socializadora do processo, partindo de premissas principiológicas, ou seja, normativas.[139]

Atentos à necessidade de se estabelecer uma distinção entre a técnica e o formalismo processual, sob uma perspectiva não vinculada aos ideais do movimento da socialização processual, Nunes, Cruz e Drummond ressaltam que:

> *"A técnica processual cumpriria um papel limitador da atividade jurisdicional e dos abusos das partes, uma vez que estabeleceria parâmetros objetivos que orientariam o julgador no exercício de suas funções assim como evitaria os*

135. NUNES, Dierle José Coelho. Processo Jurisdicional Democrático. p. 78.
136. NUNES, Dierle; CRUZ, Clenderson Rodrigues da; DRUMMOND, Lucas Dias Costa. Novo CPC, formalismo democrático e súmula 418 do STJ: primazia do mérito e máximo aproveitamento.
137. NUNES, Dierle José Coelho. Processo Jurisdicional Democrático. p. 90. MAUS, Ingeborg. Judiciário como superego da sociedade: o papel da atividade jurisprudencial na "sociedade órfã". p. 197.
138. NUNES, Dierle; CRUZ, Clenderson Rodrigues da; DRUMMOND, Lucas Dias Costa. Novo CPC, formalismo democrático e súmula 418 do STJ: primazia do mérito e máximo aproveitamento.
139. NUNES, Dierle; CRUZ, Clenderson Rodrigues da; DRUMMOND, Lucas Dias Costa. Novo CPC, formalismo democrático e súmula 418 do STJ: primazia do mérito e máximo aproveitamento.

> *excessos cometidos pelas partes e advogados (Boa fé objetiva processual). Assim, baseado nas lições de Lalande, verifica-se que Leal ilustrou a técnica como o conjunto de "procedimentos conjugados e bem orientados para produzir resultados úteis".[140]Percebe-se, com isso, que a noção de técnica encontra-se umbilicalmente ligada à ideia de ordenação do proceder, no intuito de se atingir um resultado útil."*[141]

Destarte, analisada sob uma perspectiva policêntrica e dialética, tem-se que a técnica processual edificou-se com o escopo de ordenação normativa da atividade jurisdicional, que se dá pela coordenação de atos processuais, a qual tem como fim último a construção do provimento, o qual será considerado por Fazzalari como uma estrutura técnica e normativa de atos sequenciais que visa à construção do provimento (1958).[142]

O processo jurisdicional, enquanto técnica, deve ser tido como uma "*atividade disciplinada por uma estrutura normativa voltada para a preparação do provimento, com a participação, em contraditório de seus destinatários*"[143] a qual visa, igualmente, a construção participada da decisão.

Noutro giro, com fulcro nos ensinamentos de Nunes, Cruz e Drummond tem-se que:

> *"Enquanto a técnica processual refere-se à estrutura normativa coordenada dos atos processuais conjuntamente, verifica-se que, ao que parece, a forma concerne especialmente aos atos processuais, seus respectivos atributos e requisitos individualmente. Nesta esteira, a literatura jurídica aponta dois desdobramentos da forma, os quais se reportam ora ao "revestimento externo do ato, sua feição exterior", ora aos requisitos legais prescritos pela norma."*[144]

Com efeito, resta cristalino que o traço distintivo entre a técnica e a forma processual consiste no papel procedimental que estas desempenham, haja vista que a forma processual se refere ao ato individualmente considerado, enquanto que a técnica processual visa ordenar e coordenar tais atos formais.[145]

---

140. LEAL, Rosemiro Pereira. Teoria Geral do Processo: primeiros Estudos. 6ª Ed. São Paulo: Thomson IOB, 2005. p. 56. GONÇALVES, Aroldo Plínio. Técnica Processual e Teoria do Processo. 2ª Ed. Belo Horizonte: Del Rey, 2012. p.16.
141. NUNES, Dierle; CRUZ, Clenderson Rodrigues da; DRUMMOND, Lucas Dias Costa. Novo CPC, formalismo democrático e súmula 418 do STJ: primazia do mérito e máximo aproveitamento.
142. NUNES, Dierle; CRUZ, Clenderson Rodrigues da; DRUMMOND, Lucas Dias Costa. Novo CPC, formalismo democrático e súmula 418 do STJ: primazia do mérito e máximo aproveitamento.
143. GONÇALVES. Técnica Processual e Teoria do Processo. p. 147-148.
144. NUNES, Dierle; CRUZ, Clenderson Rodrigues da; DRUMMOND, Lucas Dias Costa. Novo CPC, formalismo democrático e súmula 418 do STJ: primazia do mérito e máximo aproveitamento.
145. Em sentido francamente diverso: "*o formalismo, ou forma em sentido amplo, não se confunde com a forma do ato processual individualmente considerado*" (ALVARO DE OLIVEIRA, Carlos

Nunes, Cruz e Drummond salientam ainda que, em relação aos aspectos em que se assemelham, *"não se pode descurar que ambas exercem o papel de limitar os poderes atribuídos ao julgador além de aferir a conduta das partes, consagrando-se as noções de vinculação do julgador ao princípio da Reserva Legal"*.[146]

Por tais razões, segundo lição de Baracho, verifica-se que tais garantias das partes se reportarão forçosamente a um bloco aglutinante de normas constitucionais.[147]

Ainda com esteio em Nunes, Cruz e Drummond, traçadas as diferenças entre técnica processual e forma, frisa-se que a proposta de um formalismo no paradigma do Estado Democrático de Direito, contrariamente ao ideário valorativo defendido por Oliveira, encontra seu fundamento na alteração dos critérios de verificação dos atributos e requisitos do ato processual, na medida em que sua validade e legitimidade seriam constatadas quando sua forma apresentasse um conteúdo de direito fundamental (principiológico).[148]

Portanto, o formalismo processual democrático, como sistema normativo de análise dos atributos e requisitos do ato processual segundo um direito fundamental, coaduna com a busca de uma "*efetividade qualitativa*" do processo, na medida em que no conteúdo da forma processual haveria um direito fundamental.[149]

Aqui, importante ressaltar que a "*instrumentalidade das formas*" invocada por Oliveira como metodologia de superação da interpretação irracional do formalismo processual[150], deve ser aplicada com fulcro no conteúdo de direito fundamental do ato processual, e não em decorrência de uma opção subjetiva do decisor. Em suma, tendo a forma processual atendido o conteúdo principiológico-constitucional que dela se espera, resguardando plena efetividade às garantias processuais do jurisdicionado, o ato deve ser tido como válido, em que pese não atender à procedimentalidade predisposta na legislação infraconstitucional.

Alberto. O formalismo-valorativo no confronto com o formalismo excessivo. In: Revista de Processo, São Paulo: RT, n.º 137, 2006. p. 5.).

146. NUNES, Dierle; CRUZ, Clenderson Rodrigues da; DRUMMOND, Lucas Dias Costa. Novo CPC, formalismo democrático e súmula 418 do STJ: primazia do mérito e máximo aproveitamento.

147. BARACHO, José Alfredo de Oliveira. Processo Constitucional: aspectos contemporâneos. Belo Horizonte: Fórum, 2006. p. 23 e 47.

148. NUNES, Dierle; CRUZ, Clenderson Rodrigues da; DRUMMOND, Lucas Dias Costa. Novo CPC, formalismo democrático e súmula 418 do STJ: primazia do mérito e máximo aproveitamento.

149. NUNES, Dierle; CRUZ, Clenderson Rodrigues da; DRUMMOND, Lucas Dias Costa. Novo CPC, formalismo democrático e súmula 418 do STJ: primazia do mérito e máximo aproveitamento.

150. OLIVEIRA, Carlos Alberto Alvaro de. Do formalismo no processo civil. p. 124.

Lado outro, em razão de o formalismo processual democrático demandar a observância dos direitos fundamentais nos atributos e requisitos do ato processual (forma), e, consequentemente, na estrutura técnica do processo, "*ele contribui com a proposta de um processo democrático*"[151], isto porque a perspectiva intersubjetiva e comparticipativa do processo jurisdicional, após o giro linguístico, exige a estruturação processual que permita o exercício de um controle compartilhado sobre o papel do magistrado e das partes.[152]

Assim, a partir do momento que a validade do ato processual passa a ser analisada de acordo com sua consonância com os direitos fundamentais do jurisdicionado previstos na Constituição Federal, e não conforme as preferências axiológicas do julgador, migra-se o epicentro de fiscalização de sua adequação do decisor para o processo, ampliando-se a participação das partes na gestão dos atos procedimentais, e do processo como um todo.

Com efeito, o exercício mútuo dessa fiscalidade pelos sujeitos processuais guarda inteira consonância com o Estado Democrático de Direito, já que, segundo Ítalo Andolina, "*a ordem democrática impõe que a cada poder corresponda uma responsabilidade, e que, por isso cada poder seja objeto de controle correlato*".[153]

Neste ínterim, na perspectiva comparticipativa em que o processo fixa os limites de atuação e constitui condição de possibilidade para que todos os sujeitos processuais discutam argumentos normativos[154], o formalismo democrático seria elemento imprescindível, exigindo que em cada forma processual dos atos desses sujeitos se encontrasse o fundamento de um direito fundamental.

Aqui, faz-se importante ressaltar o pensamento de Nunes, Cruz e Drummond, para quem:

> *"Noutra ponta, o formalismo processual democrático tem, nesse viés, o caráter de uma teoria estrutural, como aquela proposta por Alexy para a Teoria dos Direitos Fundamentais, já que se propõe analisar as estruturas das formas, as influências no sistema jurídico e sua fundamentação no âmbito dos direitos fundamentais, divergindo em relação à função inte-*

---

151. NUNES, Dierle; CRUZ, Clenderson Rodrigues da; DRUMMOND, Lucas Dias Costa. Novo CPC, formalismo democrático e súmula 418 do STJ: primazia do mérito e máximo aproveitamento.

152. NUNES, Dierle José Coelho. Apontamentos iniciais de um processualismo constitucional democrático. *In*: CATTONI DE OLIVEIRA, Marcelo Andrade; MACHADO, Felipe Daniel Amorim (Coord.). Constituição e processo: a contribuição do processo ao constitucionalismo democrático brasileiro. Belo Horizonte: Del Rey, 2009. p. 360.

153. ANDOLINA, Ítalo Augusto. O papel do processo na atuação do ordenamento constitucional e transnacional. Trad. Oreste Nestor de Souza Laspro. Revista de Processo n. 87. Doutrina Internacional.

154. NUNES, Dierle José Coelho. Apontamentos iniciais de um processualismo constitucional democrático. p. 361.

grativa, uma vez que a proposta do formalismo processual é legitimar. Por suposto, a proposta de um formalismo processual democrático não adere a proposta de Direitos Fundamentais de Alexy, mas sim um acolhimento metodológico como uma teoria estrutural, posto que, a presente, se presta a legitimar e não integrar." [155]

Por conseguinte, o formalismo processual democrático apresenta-se como um fortalecedor da estrutura normativa do processo em viés comparticipativo, na medida em que assegura no conteúdo de cada forma processual a observância dos direitos fundamentais, de modo a garantir "*um espaço-tempo racionalmente construído com a participação de todos os interessados na tomada de decisões*".[156]

O formalismo democrático atuaria, assim, no horizonte interpretativo da validade do ato, cuja análise ocorreria não em consonância com a observância irrestrita (irracional) da forma prevista em lei, mas segundo o nível de correspondência do ato praticado com as normas constitucionais.[157]

Neste espeque, o formalismo processual, ao resguardar a necessária correspondência dos atos processuais com os princípios constitucionais, reveste-se de natureza protetiva ao jurisdicionado (povo), possuindo, portanto, manifesto conteúdo de garantia processual-constitucional.

Ter-se-ia, desse modo, a primazia do conteúdo do ato, em consonância com sua correlação com os princípios e garantias fundamentais insculpidos na Constituição, e não uma análise da validade deste tão somente atrelada à sua forma.

A mudança de perspectiva de análise se faz necessária uma vez que, consoante Rafael Lazzarotto Simioni e Alexandre Bahia, no Estado Democrático de Direito "*há grande preocupação não apenas com a declaração de direitos fundamentais, mas também como garantir formas de protegê-los*" [158], no caso, processualmente.

Com efeito, respaldado nos ensinamentos de Nunes, Cruz e Drummond, o formalismo aqui defendido (como garantia do jurisdicionado) se mostra imprescindível, se estudado no viés acima proposto, mormente como forma de estabelecer limites às propostas reformistas tradicionais que impõem a

---

155. NUNES, Dierle; CRUZ, Clenderson Rodrigues da; DRUMMOND, Lucas Dias Costa. Novo CPC, formalismo democrático e súmula 418 do STJ: primazia do mérito e máximo aproveitamento.
156. NUNES, Dierle José Coelho. Processo Jurisdicional Democrático. p. 139.
157. NUNES, Dierle; CRUZ, Clenderson Rodrigues da; DRUMMOND, Lucas Dias Costa. Novo CPC, formalismo democrático e súmula 418 do STJ: primazia do mérito e máximo aproveitamento.
158. BAHIA, Alexandre Gustavo Melo Franco; SIMIONI, Rafael Lazzarotto. Como os juízes decidem? Proximidades e divergências entre as teorias da decisão de Jürgen Habermas e Niklas Luhmann. Revista Sequencia, n. 59, p. 61-88, dez. 2009. p. 62.

"*busca de uma eficiência sem respeitar as garantias processuais constitucionais que asseguram a legitimidade da formação da decisão em uma renovada concepção do Estado Constitucional*".[159]

No paradigma procedimental do Estado Democrático de Direito, o formalismo, em consonância com o modelo constitucional de processo, não possui natureza ritual, mas sim um escopo "*constitucionalmente adequado vocacionado a defesa e a manutenção dos direitos fundamentais, em perspectiva normativa*".[160]

Nessa perspectiva, o formalismo garante um ganho democrático à interpretação das formalidades, uma vez que a análise do resultado (fim) se dará de forma qualitativa e terá como fundamento as garantias processuais constitucionais correlatas ao modelo constitucional de processo. O fim alcançado pelo ato será analisado não só pelo resultado obtido, mas se o meio pelo qual se chegou a este ato atendeu aos ditames constitucionais.[161]

Assim, tomando por base as inovações implementadas pelo CPC/2015, em especial a flexibilização procedimental voluntária abordada ao longo do presente estudo, evidencia-se a existência de respaldo jurídico para a implementação dos Negócios Processuais no paradigma do Estado Democrático de Direito, em especial no que tange aos acordos de procedimento, conquanto a adequação do procedimento ao litígio não resulte em lesão aos direitos fundamentais das partes insculpidos na Constituição, e, esteja resguardada no procedimento adotado (moldado) pelas partes a efetiva observância das garantias processuais-constitucionais do jurisdicionado, na ausência das quais não há de se falar em legitimidade democrática do exercício da função jurisdicional.

A flexibilização procedimental oriunda da negociação processual, encontra, portanto, clarividente limitação no modelo constitucional de processo, haja vista que, em que pese a releitura (constitucionalizada) do papel que o formalismo desenvolve na seara processual, o "novo" procedimento moldado pelas partes deverá ser apto a garantir a máxima fruição das garantias fundamentais dos jurisdicionados, tendo em vista que o leito onde são assegurados os princípios constitucionais é o procedimento.

---

159. NUNES, Dierle; CRUZ, Clenderson Rodrigues da; DRUMMOND, Lucas Dias Costa. Novo CPC, formalismo democrático e súmula 418 do STJ: primazia do mérito e máximo aproveitamento.

160. NUNES, Dierle; BAHIA, Alexandre Gustavo Melo Franco. Por um novo paradigma processual. Revista da Faculdade de Direito do Sul de Minas. Pouso Alegre, ed. 26, p. 79-78, jan/jun. 2008. p. 84.

161. NUNES, Dierle; CRUZ, Clenderson Rodrigues da; DRUMMOND, Lucas Dias Costa. Novo CPC, formalismo democrático e súmula 418 do STJ: primazia do mérito e máximo aproveitamento.

Desse modo, em que haver respaldo teórico para a defesa e implementação da flexibilização procedimental voluntária, para que haja validade do negócio processual, a abrangência de atuação da autonomia privada das partes deverá ser analisada à luz dos preceitos do formalismo processual democrático, resguardando em cada ato processual da nova estrutura procedimental criada pelos sujeitos processuais o conteúdo dos princípios e garantias fundamentais insculpidos na Constituição, sem os quais não há legitimidade democrática do exercício da função jurisdicional, e, por conseguinte, validade do processo.

Por consectário, quando as partes celebrarem negócio processual para adequar a estrutura do procedimento ao caso concreto (acordo de procedimento), estas deverão resguardar em cada ato deste "novo procedimento" o conteúdo eficacial dos direitos fundamentais e das garantias constitucionais inerentes ao modelo constitucional de processo.

Capítulo VII

CONCLUSÃO

Não há divergências doutrinárias sobre o enquadramento do direito processual civil como vertente do direito público, uma vez que este regulamenta o exercício da função jurisdicional pelo Estado. Por conseguinte, suas normas processuais possuem, via de regra, natureza pública, fazendo com que, ainda que se trate de discussão a respeito de direito material disponível, grande parte das normas que regem a atividade jurisdicional são inafastáveis, haja vista serem destinadas a ofertar a legitimação, fiscalização e controle do exercício da função jurisdicional.

Ao longo do presente estudo percebeu-se que para a adequada implementação da técnica de negociação processual instituída pelo CPC/2015 é necessário partir-se de uma nova premissa.

As alterações legislativas (e sistêmicas) implementadas pelo CPC/2015, em especial a possibilidade de celebração de negócios processuais, já revela uma tendência de democratização do processo, adotando um direito mais eficiente e próximo da sociedade e da solução das demandas.

A própria concepção de que o processo civil, por ser ramo do direito público, estaria revestido apenas por normas cogentes e indisponíveis (insuscetíveis de alteração), já se mostra ultrapassada.

No direito francês, a título de exemplo, o enquadramento do processo civil como ramo do direito público já foi abandonada, sendo certo que o mesmo (na atualidade) é denominado *droit judiciaire prive*, ou, traduzido livremente, '*Direito Judiciário Privado*', uma vez que se entende que o processo civil encontra-se situado entre o direito público e o direito privado, não se vinculando de forma definitiva a nenhum deles.

É inevitável que qualquer proposta de reforma do sistema processual civil perpasse pela temática relativa à tensão existente entre o Público e o Privado, haja vista serem componentes inerentes ao processo, constituindo seu ponto de equilíbrio (hibridismo processual) no Estado Democrático de Direito.

A evolução da sistemática processual civil no direito brasileiro direciona-se para a flexibilização do procedimento em prol da implementação de maior efetividade do processo, enquanto metodologia constitucional de concretização dos direitos. É evidente que o processo rígido e inflexível nem sempre oferta, com eficiência e celeridade, o que as partes desejariam para a solução de seu conflito. Neste sentido, é necessário superar a dicotomia entre o Modelo Liberal e Modelo Social de Processo, no intento de melhor explorar os dois paradigmas, na construção de um direito processual, pautado em um paradigma democrático, que resulte da tensão dos dois anteriores.

Através da racionalização discursiva do sistema processual das sociedades plurais da alta modernidade, é possível se estruturar uma nova perspectiva de legitimidade, muito diversa daquela estratégica do sistema de liberalismo processual ou do protagonismo judicial, fruto dos modelos de socialização processual.

Amplia-se a importância do processo, de sua estrutura normativa e, especialmente, dos princípios e regras dele institutivos, na medida em que deve ser assegurado um espaço-tempo racionalmente construído para a participação de todos os interessados na tomada de decisões.

Esses princípios serão aplicados em perspectiva democrática (processualizada) se garantirem uma adequada fruição de direitos fundamentais em visão normativa, além de uma ampla comparticipação e problematização, na ótica policêntrica do sistema, de todos os argumentos relevantes para os interessados.

Constata-se, portanto, que apenas uma interpretação que leve a sério a tensão entre os paradigmas liberal e social poderá representar uma alternativa adequada para a compreensão do direito processual.

Tal visão atualizada do processo civil proporcionou sua reaproximação do direito material, bem como a reformulação do papel exercido pelos personagens processuais. Repele-se a estruturação do processo dissociada do direito material, devendo ser esse pensado como meio apto a conferir respostas constitucionalmente adequadas às peculiaridades das relações substanciais, favorecendo a necessidade de adaptação e flexibilização procedimental.

Os acordos processuais são, neste sentido, exemplos claros que o processo não é mais uma obra exclusiva do julgador, bem como que o contrato também não é obra exclusiva das partes. O procedimento jurisdicional pode sim empregar soluções negociais típicas do procedimento arbitral em prol de sua efetividade.

Paralelamente, fortaleceu-se a imagem do Estado Democrático de Direito, que exige a participação dos sujeitos que estão submetidos a decisões a serem tomadas sobre situações que lhes digam respeito.

No processo comparticipativo, que busca superar a dicotomia entre publicismo e privatismo, é possível partir das premissas publicistas sem ter de negar por completo os negócios processuais, e sem que essa postura signifique um verdadeiro *neoprivatismo*.

O Modelo Constitucional caminha no sentido de maior participação das partes na condução do processo, com incentivo ao contraditório substancial (como influência e não-surpresa), tido como elemento normativo estruturador da comparticipatividade democrática, culminando na introdução (definitiva) da técnica de negociação processual no sistema brasileiro.

Essa percepção demonstra a impossibilidade de uma análise segmentada do sistema processual e da atuação de seus sujeitos processuais. Ou seja, o estabelecimento de focos de centralidade, seja nas partes (bem como em seus advogados) ou nos juízes, não se adapta ao perfil democrático dos Estados de Direito.

O objetivo do processo é a aplicação constitucionalmente adequada do direito material, cujos titulares são as partes. Por essa razão, torna-se inexorável reconhecer que os titulares de determinadas situações processuais são as próprias partes, sendo garantido a estas maior disponibilidade sobre seus ônus, faculdades, poderes e deveres no processo.

A adequada administração da justiça é de interesse de todos os sujeitos processuais, não apenas do órgão jurisdicional, em especial ao se considerar que os maiores interessados na efetiva resolução do litígio são as partes.

Induz-se, portanto, a assunção do processo como *locus* normativamente condutor de uma *comunidade de trabalho*, na qual todos os sujeitos processuais devam atuar em viés interdependente e auxiliar, com responsabilidade, na construção dos provimentos jurisdicionais, em sua efetivação, bem como na gestão do processo.

Assim, no intuito de consolidar regras e princípios constitucionais, conclui-se que o diálogo entre público e privado contribui para enriquecer o debate acerca do acesso à justiça democrático, alcançando-se uma tutela processual realmente efetiva e adequada à concretização do direito, por meio de uma ótica policêntrica e comparticipativa do processo.

Destarte, ao mesmo tempo em que, no direito privado, tem-se a constante inserção de pressupostos publicistas, admite-se que o acordo e o contrato também passaram a ser figuras do direito público.

De fato, há mais de um século a contratualização se mostra um fenômeno que ingressou no campo do direito público, trazendo mecanismos de cooperação entre Estado e indivíduo.

Sempre que o direito material for suscetível de autocomposição, nos termos do art. 190 do CPC/2015, é lícitos às partes disporem livremente sobre o mesmo, inclusive quando esta convenção resultar em prejuízo próprio. Nunca é demais lembrar que desde sempre as condutas das partes produziam efeitos diretos no resultado do processo, haja vista que é possível a não apresentação de resposta pelo réu, o reconhecimento da procedência do pedido, a transação, a desistência do recurso, a renúncia ao direito etc.

Destarte, mostra-se evidente a possibilidade das partes disporem sobre o plano processual, alterando seus ônus, poderes, faculdades e deveres processuais, mesmo quando a convenção resultar, em tese, em favorecimento para uma das partes (excetuadas as hipóteses de nulidade e de invalidação da convenção previstas no parágrafo único do art. 190 do NCPC, conforme se verificou).

Atribui-se natureza pública às normas processuais com o objetivo de proteger o jurisdicionado dos arbítrios do Estado, vinculando o exercício da função jurisdicional aos Princípios e Garantias Processuais insculpidos na Constituição Federal, e, incorporados pelo Código de Processo Civil de 2015.

Contudo, isso não importa no total abandono da ideia de democratização e consensualidade que devem permear as atividades do Estado (afinal, todo poder emana do povo). A natureza eminentemente pública do processo não pode implicar (necessariamente) na total supressão da liberdade das partes em relação aos modos pelos quais a atividade jurisdicional será exercida, em especial quando o direito material em debate tem por objeto direito disponível, o qual pode ser renunciado em qualquer fase do processo (até mesmo após o trânsito em julgado da decisão).

Nem todas as normas processuais são indispensáveis ao exercício constitucionalmente adequado da função jurisdicional, sendo possível a alteração de certos atos ou a inclusão de etapas não previstas em lei, sem qualquer ofensa ao modelo constitucional de processo. Em suma, não macula a legitimidade democrática da atividade processual, por exemplo, a modificação (aumento ou redução) de um prazo processual, quando resguardado espaço suficiente para exercício do contraditório e da ampla defesa.

O procedimento pode ser flexibilizado diante da necessidade de maior participação das partes e de um maior diálogo entre elas e o juiz, sendo que essa adaptação procedimental também pode ser implementada por intermédio da negociação processual.

Não é porque o Direito Processual constitui uma das vertentes do direito público, que todas as suas normas são dotadas de indisponibilidade para os sujeitos processuais, em especial porque é possível identificar no ordenamento jurídico várias regras que, mesmo alteradas ou renunciadas pelas partes, não resultariam em interferência substancial no exercício constitucionalmente adequado da jurisdição.

Por conseguinte, a natureza pública do processo deve ser lida como a garantia do exercício da função jurisdicional nos parâmetros constitucionalmente estabelecidos, não implicando, necessariamente, na indisponibilidade de todas as normas processuais.

Não se pode mais enxergar o formalismo processual aos moldes do modelo liberal de processo, no qual o elemento formal insinuava-se mediante rígida previsão dos atos processuais em vista da exigência de certeza jurídica e o acolhimento do princípio da abstrata igualdade das partes.

Neste viés, o formalismo processual era tido como ferramenta de controle do Estado, limitando a possibilidade de arbítrio e ingerência deste nas relações privadas mediante rígidas previsões legislativas de um processo extremamente rigoroso sob o viés formal, uma vez que, por intermédio da obediência ao procedimento previsto em lei, seria possibilitada às partes a manutenção do protagonismo no processo e, igualmente, o controle da arbitrariedade e da imparcialidade do julgador.

Do mesmo modo, mostra-se inviável uma leitura do formalismo (ou da total ausência deste) pelas bases do modelo social, que visualiza o processo como técnica de atuação dos juízes em relação ao reforço das convicções axiológicas do Estado, ofertando uma saída para o "formalismo" fundamentada no reforço dos poderes do Estado, dos juízes e dos tribunais, por conseguinte.

Em suma, faz-se indispensável o rompimento com matrizes de "engessamento" procedimental pelo culto irracional ao formalismo, bem como com as premissas do culto ao protagonismo judicial, que visam o total abandono do papel da forma no processo em prol da liberdade de atuação do julgador, enquanto canal convergente dos valores da sociedade no processo.

Conforme se verificou, no paradigma do Estado Democrático de Direito, a função jurisdicional é atividade-dever do Estado, prestada pelos órgãos competentes indicados no texto da Constituição, somente exercida mediante a garantia do devido processo constitucional.

Evidencia-se, dessa forma, uma nova função do formalismo processual no paradigma procedimental do Estado Democrático de Direito, qual seja, garantir a efetiva implementação dos direitos fundamentais das partes através da legitimação e controle da função jurisdicional por intermédio das garantias correlatas ao modelo constitucional de processo.

Assim, a jurisdição deve resultar da atividade discursivo-argumentativa desenvolvida pelas partes no *iter* procedimental, pautada sobre a inafastável observância das garantias processuais-constitucionais do jurisdicionado, ou seja, do formalismo (em sua concepção adequada às bases principiológicas do modelo constitucional de processo), sob pena de carecer de legitimidade democrática.

Por conseguinte, indispensável se mostra uma releitura da função do formalismo no processo, haja vista que este, no Estado Democrático de Direito, assume papel de guardião das garantias processuais-constitucionais do jurisdicionado.

No direito processual o leito onde são assegurados os princípios constitucionais é o procedimento, traçado em conformidade com as técnicas adequadas para implementá-los em plenitude. Nessa perspectiva, o procedimento se revela como espinha dorsal do formalismo, haja vista que, considerando as premissas da sistemática processual instituídas pela Constituição Federal de 1988, é impensável o processo sem distribuição de poderes entre seus sujeitos.

O formalismo processual contém, portanto, a própria ideia do processo como organização da desordem, emprestando previsibilidade a todo o procedimento.

Desse modo, se o procedimento é essencial para a conformação constitucional do processo, conforme se verificou, não se pode encará-lo como simples diretiva para a ordem e a sucessão de atos processuais, ou tomá-lo tão-somente como modelo de realização do processo, com o que só se atentaria ao mero aspecto exterior do fenômeno processual.

O procedimento não é apenas um esqueleto sem alma, sendo imprescindível que seu papel seja analisado à luz da regulação da atividade das partes e do órgão judicial, conexa ao contraditório paritário, bem como às demais garantias inerentes ao devido processo legal, sem as quais não há de se falar em legitimidade democrática do exercício da função jurisdicional.

O abandono e esvaziamento do formalismo, constitucionalmente compreendido, em prol de uma concepção ainda vinculada ao dogma socializador do protagonismo judicial, merecem ser combatidos, uma vez que toda forma processual, na concepção do modelo constitucional de processo no paradigma do Estado Democrático de Direito, deve guardar fundamento numa garantia constitucional, não sendo algo que se encontre sob a escolha subjetiva e contingencial de qualquer dos sujeitos processuais.

No que diz respeito à forma, esta deve ser aplicada (ou flexibilizada) de acordo com o seu pressuposto material e discursivo (debatido no processo) e não em razão de uma escolha solitária ou salvacionista do juiz, que corrigiria equívocos das partes, tal como idealizado por Klein.

Com efeito, revela-se importante o emprego (mais ou menos largo) da técnica da relativização das invalidades dos atos processuais pela inobservância das formas prescritas em lei, buscando-se aproveitamento do ato processual, e até mesmo do próprio processo, emprestando-lhes prevalência à obtenção do resultado útil.

Em suma, passa-se a analisar a observância da estrutura técnica processual de acordo com a finalidade do ato, do conteúdo principiológico que este busca resguardar, e não apenas em um culto (irracional) à forma em si mesma.

O formalismo processual, relido em uma perspectiva democrática, tido como sistema normativo de análise dos atributos e requisitos do ato processual segundo um direito fundamental, coaduna com a busca de uma "*efetividade qualitativa*" do processo, na medida em que no conteúdo da forma processual haveria um direito fundamental.

Com efeito, em razão de o formalismo processual democrático demandar a observância dos direitos fundamentais nos atributos e requisitos do ato processual, e, consequentemente, na estrutura técnica do processo, ele contribui com a proposta de um processo democrático, isto porque a perspectiva intersubjetiva e comparticipativa do processo jurisdicional, após o giro linguístico, exige a estruturação processual que permita o exercício de um controle compartilhado sobre o papel do magistrado e das partes.

Ao tempo que se busca maior democratização do processo, prestigiando as soluções consensuais obtidas pelos próprios litigantes, preocupa-se em evitar abusos de direito e opressão de qualquer das partes. Favorece-se, deste modo, o diálogo entre os sujeitos processuais, ampliando a possibilidade de adequação do procedimento às especificidades do litígio, ou à vontade dos litigantes em convencionarem sobre suas situações jurídicas.

A partir da concepção de negócio jurídico processual analisada ao longo do presente estudo, verificou-se que este é fato jurídico processual cujo suporte fático tem como elemento nuclear a exteriorização de vontade do sujeito, mediante o exercício de autorregramento da vontade, dentro dos limites estabelecidos pelo sistema, para escolher entre categorias jurídicas processuais e, em alguns casos, eleger o conteúdo e estruturação das relações jurídicas processuais.

Desse modo, dado o clarividente resgate da força normativa da vontade no processo, mostra-se inevitável o abandono das premissas de natureza socializadoras, buscando a efetivação do diálogo e da cooperação na busca de uma maior efetividade qualitativa do processo.

Contudo, verificou-se que a validade dos negócios processuais está condicionada à observância e efetivação das garantias processuais constitucionais do jurisdicionado no paradigma do Estado Democrático de Direito, sob pena de restar configurada grave ofensa ao Formalismo Democrático, eivando de nulidade a convenção celebrada.

Destarte, é possível se concluir que somente poderia aceitar-se uma flexibilização procedimental se observada rigorosamente a concepção democrática do formalismo processual, resguardando plena eficácia aos direitos fundamentais do jurisdicionado, bem como observando todas as garantias processuais-constitucionais, sem as quais não há de se falar em legitimidade do exercício da jurisdição, e, por conseguinte, em validade da negociação processual.

A efetiva implementação das diretrizes do Estado Democrático de Direito dependem deste rompimento teórico-paradigmático, que, na atualidade, em consonância com os princípios e garantias constitucionais, bem como com as tendências de reforço da consensualidade e do diálogo, revelam-se um verdadeiro e inaceitável sincretismo.

REFERÊNCIAS

ABREU, Rafael Sirangelo de. A igualdade e os negócios processuais. In: CABRAL, Antônio do Passo; NOGUEIRA, Pedro Henrique (Coords). **Negócios processuais**. Salvador: JusPodivm, 2015.

ALMEIDA, Diogo Assumpção Rezende de. **Das Convenções Processuais no Processo Civil**. Tese de Doutorado em Direito. Rio de Janeiro: Faculdade de Direito da Universidade do Estado do Rio de Janeiro, 2014.

ALMEIDA, Diogo Diogo Assumpção Rezende de. **As convenções processuais na experiência francesa e no Novo CPC**. In: CABRAL, Antônio do Passo; NOGUEIRA, Pedro Henrique (Coords). **Negócios processuais**. Salvador: JusPodivm, 2015.

AMRANI-MEKKI, Soraya. La clause de conciliation. In: AMRANI-MEKKI, Soraya; CADIET, Loïc ; CHARPENEL, Yves; DEWOST, Jean-Louis (Org.). **La médiation.** Paris: Dalloz, 2009.

ANDOLINA, Italo. **O papel do processo na atuação do ordenamento constitucional e transnacional**. Trad. Oreste Nestor de Souza Laspro. Revista de Processo v. 87, p.63-69. São Paulo, jul/set 1997.

ANDRADE, Erico. A "contratualização" do processo no projeto de código de processo civil (PL 8.046-b). In: FREIRE, Alexandre et al. (orgs). **Novas tendências do processo civil: estudos sobre o projeto do Novo Código de Processo Civil**. Salvador: JusPodivm, 2015, v. IV (no prelo)

ARAÚJO, Marcelo Cunha de. **O novo processo constitucional**. Belo Horizonte: Mandamentos, 2003.

ARNAUD, André-Jean; DULCE, María Farias. **Introdução à análise lógica dos sistemas jurídicos.** Rio de Janeiro: Renovar, 2000.

ASCENSÃO, José de Oliveira. **Direito Civil – Teoria Geral**. Coimbra: Coimbra. 1999.

BAHIA, Alexandre Gustavo Melo Franco; SIMIONI, Rafael Lazzarotto. **Como os juízes decidem? Proximidades e divergências entre as teorias da decisão de Jürgen Habermas e Niklas Luhmann**. Revista Sequência, n. 59, p. 61- 88, dez. 2009.

BARACHO, José Alfredo de Oliveira. **Processo Constitucional**. Rio de Janeiro: Forense, 1984.

BARACHO, José Alfredo de Oliveira. **Teoria geral do processo constitucional.** Revista da Faculdade Mineira de Direito v.2, ns 3 e 4, Belo Horizonte, 1ª e 2ª sem. 1999.

BARACHO, José Alfredo de Oliveira. **Processo constitucional: aspectos contemporâneos.** Belo Horizonte: Fórum, 2006.

BARBOSA MOREIRA, José Carlos. Convenções das partes sobre matéria processual. In: **Temas de direito processual** – terceira série. São Paulo: Saraiva, 1984.

BARBOSA MOREIRA, José Carlos. **Convenções das Partes Sobre Matéria Processual.** Revista de Processo, ano 9, vol. 33, jan/mar. 1984.

BARBOSA MOREIRA, José Carlos. Convenções das partes sobre matéria processual. In: **Estudos jurídicos em homenagem ao professor Caio Mário da Silva Pereira.** Rio de Janeiro: Forense, 1984. p. 115-130.

BARBOSA MOREIRA. O problema da "divisão do trabalho" entre juiz e partes: aspectos terminológicos. In: **Temas de Direito Processual (Quarta Série).** São Paulo: Saraiva, 1989.

BARBOSA MOREIRA, José Carlos. **Comentários ao Código de Processo Civil.** 11ª ed. Rio de Janeiro: Forense, 2005, v.5

BARBOSA MOREIRA, José Carlos. A Revolução Processual Inglesa. In: **Temas de Direito Processual**: Nona Série, São Paulo: Saraiva, 2007.

BARBOSA MOREIRA, José Carlos. **O Neoprivatismo no Processo Civil.** In: **Temas de Direito Processual**, nona série. São Paulo: Saraiva, 2007.

BARBOSA MOREIRA, José Carlos. **Comentários ao Código de Processo Civil**, V. 14. ed. Rio de Janeiro: Forense. 2008.

BARROSO, Luís Roberto. **Interpretação e aplicação da Constituição.** 7ª. ed. rev. São Paulo: Saraiva, 2009.

BARROS, Flaviane de Magalhães. O modelo constitucional de processo e o processo penal: a necessidade de uma interpretação das reformas do processo penal a partir da Constituição. In: MACHADO, Felipe Daniel Amorim; CATTONI DE OLIVEIRA, Marcelo Andrade (Coords). **Constituição e Processo: a contribuição do processo ao constitucionalismo brasileiro. Belo Horizonte.** Del Rey, 2009.

BAUR, Fritz. **Transformações do processo civil em nosso tempo.** *In: Revista Brasileira de direito processual.* v. 7, Uberaba, 3º Trim. 1976, p. 61-62.

BEDAQUE, José Roberto dos Santos. **Direito e processo: influência do direito material sobre o processo.** São Paulo: Malheiros, 1995.

BEDAQUE, José Roberto dos Santos. **Efetividade do Processo e Técnica Processual.** 3ª ed. São Paulo: Malheiros, 2010.

BERTOLINO, Pedro J. ***El exceso ritual manifesto.*** Prólogo de Augusto M. Moréllo, La Plata, Platense, 1979.

BERTOLINO. Pedro J. ***La verdad jurídica objetiva***. Prólogo de Lino Enrique Palacio. Buenos Aires, Depalma, 1990.

BETTI, Emilio. **Teoria Geral do Negócio Jurídico**. Tomo I. Fernando Miranda (trad.). Coimbra: Coimbra, 1969.

BOMFIM, Daniela Santos. A legitimidade extraordinária de origem negocial. In: CABRAL, Antônio do Passo; NOGUEIRA, Pedro Henrique (Coords). **Negócios processuais**. Salvador: JusPodivm, 2015.

BONAVIDES, Paulo. **Curso de Direito Constitucional**. 13ª ed. ver. atual. São Paulo: Malheiros, 2002.

BONAVIDES, Paulo. **Do estado liberal ao estado social**. 7. ed. São Paulo: Malheiros, 2004.

BRAGA, Paula Sarno. **Primeiras Reflexões sobre uma Teoria do Fato Jurídico Processual: Plano da Existência**. In: Revista de Processo. São Paulo: RT, Junho, 2007, n. 148.

BRETAS, Ronaldo de Carvalho Dias. **Processo Constitucional e Estado Democrático de Direito.** 2ª ed. Belo Horizonte: Del Rey, 2012.

CABRAL, Antônio do Passo. ***Il principio del contradditorio come diritto d'influenza e dovere di dibattito***. In: Rivista di Diritto Processuale. Anno LX, nº. 2, 2005.

CABRAL, Antônio do Passo. **Despolarização do processo e 'zonas de interesse' sobre a migração entre pólos da demanda**. In: Revista da SJRJ, nº. 26. Rio de Janeiro, 2009.

CABRAL, Antônio do Passo. Despolarização do processo e 'zonas de interesse' sobre a migração entre pólos da demanda. In: DIDIER JR, Fredie. (org). **Reconstruindo a Teoria Geral do Processo**. Salvador: Juspodivm, 2012.

CABRAL, Antônio do Passo. **Nulidades no Processo Moderno. Contraditório, Proteção da Confiança e Validade Prima Facie dos Atos Processuais**. Rio de Janeiro: Forense, 2009.

CABRAL, Antônio do Passo; NOGUEIRA, Pedro Henrique (Coords). **Negócios processuais**. Salvador: JusPodivm, 2015.

CABRAL, Antônio do Passo. A Resolução nº 118 do Conselho Nacional do Ministério Público e as Convenções Processuais. In: CABRAL, Antônio do Passo; NOGUEIRA, Pedro Henrique (Coords). **Negócios processuais**. Salvador: JusPodivm, 2015.

CABRAL, Antônio do Passo. **Convenções Processuais: Entre Publicismo e Privatismo**. Tese apresentada como requisito parcial para obtenção do grau de Livre-Docente. São Paulo: Faculdade de Direito do Largo São Francisco, 2015.

CABRAL, Antônio do Passo. **Convenções Processuais.** Salvador: Ed. JusPodivm, 2016.

CABRAL, Eurico de Pina. **A "Autonomia" no Direito Privado**. Revista de Direito Privado. a.5, n. 19, jul./set., 2004.

CABRAL, Trícia Navarro Xavier. Reflexos das convenções em matéria processual nos atos judiciais. In: CABRAL, Antônio do Passo; NOGUEIRA, Pedro Henrique (Coords). **Negócios processuais**. Salvador: JusPodivm, 2015.

CADIET, Loïc. ***Les conventions relatives au procès en droit français sur la contractualisation du règlement des litiges***. Revista de Processo. São Paulo: RT, nº. 160, ano 33, p. 61-82, 2008.

CADIET, Loïc. ***Los acuerdos procesales em derecho francés: situación actual de la contractualización de processo y la justicia en Francia***. Disponível em: www.civilprocedurereview.com. Consultado em 17.03.2015 e 23/06/2019.

CADIET, Loïc; NORMAND, Jacques; MELLI, Soraya Amrani. ***Théorie générale du process***. 2ª ed. Paris: PUF, 2013.

CALAMANDREI, Piero. ***Delle Buone Relazioni fra i giudice e gli avvocati nel nuovo processo civile***. Firenze. 1941.

CALMON DE PASSOS, José Joaquim. **A nulidade no processo civil.** Tese de Livre-docência apresentada à UFBA. Imprensa Oficial da Bahia, 1959.

CALMON DE PASSOS, José Joaquim. ***Esboço de uma teoria das nulidades aplicada às nulidades processuais.*** Rio de Janeiro: Forense, 2002.

CÂMARA, Alexandre Freitas. ***O novo código de processo civil brasileiro.*** 4. ed. ver. e atual. – São Paulo: Atlas, 2018.

CAPPELLETTI, Mauro. **O processo civil no direito comparado.** Belo Horizonte: Cultura Jurídica, 2002.

CAPONI, Remo. **Autonomia privata e processo civile: gli accordi processuali**. Civil Procedure Review. V.1. n.2, p. 42-57, jul/set., 2010.

CARMONA, Carlos Alberto. **Arbitragem e Processo: um comentário à Lei 9.307/96**. 3ª Ed. São Paulo: Altas, 2009.

CARNELUTTI, Francesco. **Sistema de Direito Processual Civil, III**. Tradução Hiltomar Martins Oliveira. São Paulo: Classic Book, 2000.

CATTONI DE OLIVEIRA, Marcelo Andrade. **Tutela jurisdicional e estado democrático de direito: por uma compreensão constitucionalmente adequada do mandado de injunção.** Belo Horizonte: Del Rey, 1998.

CATTONI DE OLIVEIRA, Marcelo Andrade. **O processo constitucional como instrumento da jurisdição constitucional**. Revista da Faculdade Mineira de Direito. v. 3, ns 5 e 6, p. 161-169, Belo Horizonte, 1º e 2º sem. 2000.

CATTONI DE OLIVEIRA, Marcelo Andrade. **Direito Processual Constitucional**. Belo Horizonte: Mandamentos, 2001.

CATTONI DE OLIVEIRA, Marcelo Andrade. Teoria discursiva da argumentação jurídica de aplicação e garantia processual jurisdicional dos direitos fundamentais. In: ________. (coord.) **Jurisdição e hermenêutica constitucional.** Belo Horizonte: Mandamentos, 2004.

CATTONI DE OLIVEIRA, Marcelo Andrade. A legitimidade democrática da Constituição da República Federativa do Brasil: uma reflexão sobre o projeto constituinte do Estado Democrático de Direito no marco da teoria do discurso de Jürgen Habermas. In: GALUPPO, Marcelo Campos (Coord.). **Constituição e democracia: fundamentos.** Belo Horizonte, Fórum, 2009.

CATTONI DE OLIVEIRA, Marcelo Andrade (Coords). **Constituição e Processo: a contribuição do processo ao constitucionalismo brasileiro**. Belo Horizonte. Del Rey, 2009.

CATTONI DE OLIVEIRA, Marcelo Andrade. A súmula Vinculante n. 4 do STF e o "Desvio" Hermenêutico do TST: notas programáticas sobre a chamada "nova configuração" da jurisdição constitucional brasileira nos vinte anos da Constituição da República. In: MACHADO, Felipe Daniel Amorim; CATTONI DE OLIVEIRA, Marcelo Andrade (Coords). **Constituição e Processo: a contribuição do processo ao constitucionalismo brasileiro.** Belo Horizonte. Del Rey, 2009.

CAVACO, Bruno de Sá Barcelos. **Negócios Processuais: Um velho conhecido?** Disponível em: http://portalprocessual.com/negocios-processuais-um-velho--conhecido/#more-990. Acesso em 13/06/2015.

CHIOVENDA, Giuseppe. ***Principii di Diritto Processuale Civile***. Napoli: Nicola Jovene, 1913.

CHIOVENDA, Giuseppe. ***Instituzioni di diritto processuale civile***. 3. ed. Napoli. Jovene, 1947.

CHIOVENDA, Giuseppe. **Instituições de Direito Processual Civil**. Tradução Paulo Capittanio. Campinas. Bookseller, 1998, v. 3.

COMOGLIO, Luigi Paolo. ***Tutela differenziata e pari effetività nella giustizia civile***. Rivista di Diritto Processuale, Padova, n. 6, 2008.

COSTA, Regenaldo da. **Ètica do discurso e verdade em Apel**. Belo Horizonte: Del Rey, 2002.

COSTA, Regenaldo da. **Discurso, direito e democracia em Habermas.** *In:* MERLE, Jean-Christophe, MOREIRA, Luiz (organizadores). **Direito e legitimidade.** São Paulo: Landy, 2003.

CRUZ, Álvaro Ricardo de Souza. **Jurisdição constitucional democrática**. Belo Horizonte: Del Rey, 2004.

CUNHA, Leonardo Carneiro da. **O processo civil no Estado Constitucional e os fundamentos do projeto do novo Código de Processo Civil Brasileiro**. Revista de Processo. São Paulo: RT, julho-2012, v. 209, p. 349-374.

CUNHA, Leonardo Carneiro da. **Negócios jurídicos processuais no Processo Civil Brasileiro**. In: CABRAL, Antônio do Passo; NOGUEIRA, Pedro Henrique (Coords). **Negócios processuais**. Salvador: JusPodivm, 2015.

DALLARI, Dalmo de Abreu. **Elementos de teoria geral do estado**. 19. ed. São Paulo: Saraiva, 1995.

DEL NEGRI, André. **Controle de Constitucionalidade no Processo Legislativo: Teoria da Legitimidade Democrática.** Belo Horizonte: Fórum, 2008.

DEL NEGRI. André. **Teoria da Constituição e do Direito Constitucional.** Belo Horizonte: Forum, 2009.

DEL NEGRI, André. **Processo Constitucional e Decisão Interna Corporis**. Belo Horizonte: Fórum, 2011.

DIDIER JR., Fredie; NOGUEIRA, Pedro Henrique Pedrosa. **Teoria dos Fatos Jurídicos Processuais**. 2. ed. Salvador: JusPodivm, 2013.

DIDIER JR., Fredie. **Curso de direito processual civil: introdução ao direito processual civil, parte geral e processo de conhecimento**. 17. ed. Salvador: JusPodivm, 2015.

DIDIER JR., Fredie. Princípio do respeito ao autorregramento da vontade no Processo Civil. in: CABRAL, Antônio do Passo; NOGUEIRA, Pedro Henrique (Coords). **Negócios processuais**. Salvador: JusPodivm, 2015.

DINAMARCO. Cândido Rangel. **A instrumentalidade do processo**. 2. Ed. rev. São Paulo: Revista dos Tribunais, 1990.

DINAMARCO, Cândido Rangel. **A instrumentalidade do Processo**. São Paulo: Malheiros, 2001.

DINAMARCO, Cândido Rangel. **Nova Era do Processo Civil**. São Paulo: Malheiros, 2004.

DINAMARCO, Cândido Rangel. **Instituições de direito processual civil.** 6ª ed. São Paulo: Malheiros. 2009. V.2.

FARIA, Guilherme Henrique Lage. Contraditório substancial e fundamentação das decisões no Novo CPC. in: DIDIER JR., Fredie; NUNES, Dierle; FREIRE, Alexandre. (Org.) **Normas Fundamentais.** Salvador: Juspodivm, 2016.

FARIA, Guilherme Henrique Lage. A calendarização do processo no Novo CPC. in: URBANO, Alexandre Figueiredo de Andrade; NOGUEIRA, Luiz Fernando Valadão; SANTIAGO, Rogério. (Org.) **Advocacia e ética: novos temas – de acordo com o Código de Ética e Disciplina da OAB e Código de Processo Civil.** Belo Horizonte: Del Rey, 2017.

FARIA, Guilherme Henrique Lage. Intimação das partes via WhatsApp no processo civil brasileiro. in: CHAVES, Luis Cláudio da Silva; FERRAZ, Egmar. (Org.) Processo civil moderno: em homenagem ao professor Raimundo **Cândido**. Brasília: OAB, Conselho Federal, 2017.

FARIA, Guilherme Henrique Lage. **Fornecimento de remédios pelo SUS: O Estado James Bond e a licença pra matar.** Consultor Jurídico. 01/07/2017

<https://www.conjur.com.br/2017-jun-01/guilherme-lage-estado-james-bond-licenca-matar>. Acesso em 17/07/2019

FARIA, Guilherme Henrique Lage; PEDRON, Flávio Quinaud. **ABDPRO#52 – Desistência do Recurso: Pode a parte ser obrigada a ver seu recurso ser julgado?** Empório do Direito. 03/10/2018. <https://emporiododireito.com.br/leitura/abdpro-52-desistencia-do-recurso-pode-a-parte-ser-obrigada-a-ver-seu-recurso-ser-julgado>. Acesso em: 15/06/2019

FARIA. Marcela Kohlbach de. **Negócios Processuais Unilaterais e o requerimento de parcelamento do débito pelo executado.** In: CABRAL, Antônio do Passo; NOGUEIRA, Pedro Henrique (Coords). **Negócios processuais.** Salvador: JusPodivm, 2015

FARIAS, Cristiano Chaves de. E ROSENVALD, Nelson. **Curso de Direito Civil. Contratos.** Volume IV. Salvador/BA: Editora JusPodivm, 2012

FAZZALARI, Elio. **Instituições de Direito Processual**. Tradução Eliane Nassif. Campinas: Bookseller, 2006.

FIUZA, César., SÁ, Maria de Fátima Freide de. E NAVES, Bruno Torquato de Olivera. Direito Civil. **Da Autonomia Privada nas Situações Jurídicas Patrimoniais e Existenciais**. Belo Horizonte/MG: Editora Del Rey. 2007

FRITZSCHE, Hans. **Begründung und Ausbau der neuzeitlichen Rechtspflege des Kantons** Zürich. Zürich: Orell FüBli. In: TROLLER, Alois. **Os Fundamentos do Formalismo Processual Civil**. Porto Alegre: Sergio Antônio Fabris Editor, 2009.

GAJARDONI, Fernando da Fonseca. **Flexibilização Procedimental: um novo enfoque para o estudo do procedimento em matéria processual de acordo com as recentes reformas do CPC**. São Paulo: Atlas, 2008.

GALUPPO, Marcelo Campos (Coord). **Constituição e democracia: fundamentos.** Belo Horizonte: Del Rey, 2004.

GÁLVEZ, Juan Monroy. **Teoría General del Proceso**. 3. ed. Lima: Communitas, 2009.

GODINHO, Robson Renault. **Convenções sobre o ônus da prova – estudo sobre a divisão do trabalho entre as partes e os juízes no processo civil brasileiro**. Tese de doutoramento. São Paulo: PUC, 2013.

GODINHO, Robson Renault. **Reflexões sobre os poderes instrutórios do juiz: o processo não cabe no "Leito de Procusto"**. Revista de Processo. São Paulo: RT, 2014, nº. 135.

GODINHO. Robson Renault. A possibilidade de negócios jurídicos atípicos em matéria probatória. In: CABRAL, Antônio do Passo; NOGUEIRA, Pedro Henrique (Coords). **Negócios processuais**. Salvador: JusPodivm, 2015.

GONÇALVES, Aroldo Plínio. **Técnica processual e teoria do processo**. Rio de Janeiro: Aide, 1992.

GONÇALVES, Aroldo Plínio. **Nulidades no processo**. Rio de Janeiro: Aide, 1993.

GUIMARÃES, Luiz Machado. **Processo autoritário e regime liberal**. In Estudos de Direito Processual Civil. Rio de Janeiro: Jurídica e Universitária, 1969

GRECO, Leonardo. **Os atos de disposição processual - Primeiras Reflexões**. Revista Eletrônica de Direito Processual, 1ª Edição - Outubro/Dezembro de 2007.

GRECO, Leonardo. Os atos de disposição processual - primeiras reflexões. In: **Os poderes do juiz e o controle das decisões judiciais: estudos em homenagem à professora Tereza Arruda Alvim Wambier**. MEDIDA, José Miguel Garcia; CRUZ, Luana Pedrosa de Figueiredo Cruz; CERQUEIRA, Luís Otávio Sequeira de; JUNIOR, Luiz Manoel Gomes (Coord.) São Paulo: RT, 2008. p. 290-304.

GRECO, Leonardo. **Publicismo e privatismo no processo civil**. Revista de Processo. ano 33, nº 164, out., 2008.

GRECO FILHO, Vicente. **Direito Processual Civil Brasileiro**, 18. ed. São Paulo: Saraiva, 2007, v.2.

HABERMAS, Jürgen. **Sobre a legitimação pelos direito humanos**. *In:* MERLE, Jean-Christophe, MOREIRA, Luiz (organizadores). **Direito e legitimidade**. São Paulo: Landy, 2003.

HABERMAS, Jurgen. **Direito e democracia: entre faticidade e validade**. volume II. 2. ed. revista pela Nova Gramática da Língua Portuguesa; tradução Flávio Beno Siebneichler: - Rio de Janeiro: Tempo Brasileiro, 2011.

HABERMAS, Jurgen. **Direito e democracia: entre faticidade e validade**. volume I. 2. ed. revista pela Nova Gramática da Língua Portuguesa; tradução Flávio Beno Siebneichler: - Rio de Janeiro: Tempo Brasileiro, 2012.

HERRERO, Francisco Javier. **Ética do discurso**. In: OLIVEIRA, Manfredo A de. **Correntes fundamentais da ética contemporânea**. 2 ed. Petrópolis: Vozes, 2001.

JHERING, Rudolf von. **Geist des römischen Rechts auf den verschiedenen Stufen seiner Entwicklung**, Aalen, Scientia Verlag, 1968, v.2. t.2, p. 471. in: OLIVEIRA, Carlos Alberto Alvaro de. **Do formalismo no processo civil**. São Paulo: Saraiva, 1997.

KLEIN, Frans. ***Zeit - und Geistesströmungen im Prozesse***, Jahrbuch der Gehe--Stiftung, Bd, VIII, Dresden, 1902, In: TROLLER, Alois. **Os Fundamentos do Formalismo Processual Civil**. Porto Alegre: Sergio Antônio Fabris Editor, 2009.

KOHLER, Josef. **Ueber processrechtliche Verträge und Creationen**. Gesammelte Beiträge zum ZivilprozeB. Berlin: Scientia Verlag Aalen, 1894, Reed. 1969

LARENZ, Karl. **Metodologia da ciência do direito**. Lisboa: Calouste Gulbenkian, 1997.

LEAL, André Cordeiro. **O contraditório e a fundamentação das decisões no direito processual democrático.** Belo Horizonte: Mandamentos, 2002.

LEAL, André Cordeiro. **A Instrumentalidade do Processo em Crise.** Belo Horizonte: Mandamentos, 2008.

LEAL, Rosemiro Pereira. **Teoria processual da decisão jurídica.** São Paulo: Landy, 2002.

LEAL, Rosemiro Pereira. **Teoria Geral do Processo: primeiros Estudos.** 6ª Ed. São Paulo: Thomson IOB, 2005.

LEAL, Rosemiro Pereira. Modelos Processuais e Constituição Democrática. In: MACHADO, Felipe Daniel Amorim; CATTONI DE OLIVEIRA, Marcelo Andrade (Coords). **Constituição e Processo: a contribuição do processo ao constitucionalismo brasileiro.** Belo Horizonte. Del Rey, 2009.

LEAL, Rosemiro Pereira. **Teoria Geral do Processo.** 11ª. ed. Rio de Janeiro: Forense, 2012.

LENT, Friedrich. ***Diritto Processuale Tedesco.*** Tradução Eduardo Ricci. Napoli: Morano, 1959.

LIEBMAN, Enrico Tullio. **Manual de Direito Processual Civil, I.** Tradução e notas Candido Rangel Dinamarco. 3 ed. São Paulo: Malheiros, 2005.

LIMA, Alcides de Mendonça. **Introdução aos recursos cíveis.** 2 ed. São Paulo: Revista dos Tribunais, 1976.

LIMA, Bernardo Silva de. Sobre o negócio jurídico processual. in: **Revisitando a teoria do fato jurídico: homenagem a Marcos Bernardes de Mello.** DIDIER JR., Fredie; EHRHARDT JR, Marcos (Coord,). São Paulo: Saraiva, 2010.

LIMA, Fernando Antônio Negreiros. **Teoria geral do processo judicial.** São Paulo: Atlas, 2013.

LIPIANI, Júlia; SIQUEIRA, Marília. Negócios jurídicos processuais sobre a fase recursal. In: CABRAL, Antônio do Passo; NOGUEIRA, Pedro Henrique (Coords). **Negócios processuais.** Salvador: JusPodivm, 2015.

MADEIRA, Dhenis Cruz. O nascimento do Processo Constitucional na América. *In:* SOARES, Carlos Henrique; BRÊTAS, Ronaldo C. Dias (Coords.). **Direito Processual Civil Latino-Americano.** Belo Horizonte: Arraes, 2013.

MARINONI, Luiz Guilherme. **Teoria Geral do Processo.** 2. ed. rev. e atual. São Paulo: Revista dos Tribunais, 2007.

MARTINS, Pedro Baptista. **A defesa do anteprojeto de código de processo civil.** In: **Processo oral.** Rio de Janeiro: Forense, 1940.

MAUS, Ingeborg. **Judiciário como superego da sociedade: o papel da atividade jurisprudencial na "sociedade órfã".** Novos Estudos CEBRAP, n.58, Nov. 2000.

MAZZEI, Rodrigo; CHAGAS, Bárbara Seccato Ruis. **Breve diálogo entre os negócios jurídicos processuais e a arbitragem**. Revista de Processo. São Paulo: RT, V. 237, nov-2014, p. 223-237.

MAZZEI, Rodrigo; CHAGAS, Bárbara Seccato Ruis. Os negócios jurídicos processuais e a arbitragem. In: CABRAL, Antônio do Passo; NOGUEIRA, Pedro Henrique (Coords). **Negócios processuais**. Salvador: JusPodivm, 2015.

MELLO, Marcos Bernardes de. **Teoria do Fato Jurídico (Plano da Existência)**. 10. ed. São Paulo: Saraiva, 2000.

MENDES, João de Castro. **Do Conceito de Prova em Processo Civil**. Lisboa: Ática, s/d.

MENGER. Anton. ***El derecho civil e los pobres***. Atalaya: Buenos Ayres, 1947.

MITIDIERO, Daniel. **Comentários ao Código de Processo Civil**. São Paulo: Memória Jurídica. 2005.

MITIDIERO, Daniel. **O processualismo e a formação do Código Buzaid**. *Revista de Processo*, nº 183 São Paulo: RT, maio de 2010

MITIDIEIRO, Daniel. **Colaboração no Processo Civil: Pressupostos sociais, lógicos e éticos**. 2. ed. São Paulo: Revista dos Tribunais, 2011.

MOREIRA, Luiz. **Fundamentação do direito em Habermas**. Belo Horizonte: Mandamentos, 2002.

NOGUEIRA, Pedro Henrique Pedrosa. **Negócios Jurídicos Processuais: análise dos provimentos judiciais como atos negociais**. Tese de Doutorado em Direito. Salvador: Universidade Federal da Bahia, 2011.

NOGUEIRA, Pedro Henrique Pedrosa. A cláusula geral de acordo de procedimento no novo CPC (PL 8.046/2010). In: FREIRE, Alexandre, et al. (org.). **Novas Tendências no Processo Civil – Estudos sobre o projeto do Novo Código de Processo Civil**. Salvador: Juspodivm, 2014.

NUNES, Dierle José Coelho. **Direito Constitucional ao Recurso: Da teoria geral dos recursos, das reformas processuais e da comparticipação nas decisões**. Rio de Janeiro: Editora *Lumen Júris*, 2006.

NUNES, Dierle José Coelho. **Processo jurisdicional democrático**. Curitiba: Juruá, 2008.

NUNES, Dierle; BAHIA, Alexandre Gustavo Melo Franco. **Por um novo paradigma processual**. Revista da Faculdade de Direito do Sul de Minas. Pouso Alegre, ed. 26, p. 79-78, jan/jun. 2008.

NUNES, Dierle José Coelho. **Apontamentos iniciais de um processualismo constitucional democrático**. *In*: CATTONI DE OLIVEIRA, Marcelo Andrade; MACHADO, Felipe Daniel Amorim (Coord.). **Constituição e processo: a**

contribuição do processo ao constitucionalismo democrático brasileiro. Belo Horizonte: Del Rey, 2009.

NUNES, Dierle José Coelho. **Precedentes, padronização decisória preventiva e coletivização – paradoxos do sistema jurídico brasileiro: uma abordagem Constitucional democrática.** *Direito Jurisprudencial.* Teresa Arruda Alvim Wambier (coord.). São Paulo: RT, 2012

NUNES, Dierle; TEIXEIRA, Ludmila. **Acesso à justiça democrático**. Brasília: Gazeta, 2013.

NUNES, Dierle; CRUZ, Clenderson Rodrigues da; DRUMMOND, Lucas Dias Costa. **Novo CPC, formalismo democrático e súmula 418 do STJ: primazia do mérito e máximo aproveitamento**. Revista Justificando. Disponível em: HTTP://justificando.com/2014/09/18/novo-cpc-formalismo-democrático-e--sumula-418-stj-promazia-merito-e-o-maximo-aproveitamento/>

NUNES, Dierle; ANDRADE, Érico. Os contornos da estabilização da tutela provisória de urgência antecipatória no novo CPC e o "mistério" da ausência de formação da coisa julgada. In: FREIRE, Alexandre; BARROS, Lucas Buril de Macedo; PEIXOTO, Ravi. **Coletânea Novo CPC: Doutrina Selecionada**. Salvador: Juspodivm, 2015. (no prelo).

OLIVEIRA, Carlos Alberto Alvaro de. **Do formalismo no processo civil**. São Paulo: Saraiva, 1997.

OLIVEIRA, Carlos Alberto Álvaro de. **Efetividade e processo de conhecimento**. *Revista da Ajuris*. v. 75, p. 132, set./1999

OLIVEIRA, Carlos Alberto Alvaro de. **O formalismo-valorativo no confronto com o formalismo excessivo.** In: Revista de Processo, São Paulo: RT, n.º 137, 2006.

OLIVEIRA, Carlos Alberto Alvaro. **Poderes do juiz e visão cooperativa do processo**. Disponível em *www.abdpc.org.br*, consultado em 17 de agosto de 2014.

OLIVEIRA, Paulo Mendes de. Negócios processuais e duplo grau de jurisdição. In: CABRAL, Antônio do Passo; NOGUEIRA, Pedro Henrique (Coords). **Negócios processuais**. Salvador: JusPodivm, 2015.

PASSOS, J. J. Calmon de. **Esboço de uma Teoria das Nulidades Aplicada às Nulidades Processuais**. Rio de Janeiro: Forense, 2002.

PASSOS, J. J. Calmon de. **Comentários ao Código de Processo Civil**, III. 9. ed. Rio de Janeiro: Forense, 2005.

PEREIRA, Caio Mário da Silva. **Instituições de Direito Civil.** Rio de Janeiro: Forense, vol. III, 13ª ed. 2009.

PICARDI, Nicola. ***Manuale del processo civile.*** Milão: Giuffré, 2006.

PONTES DE MIRANDA, Francisco Cavalcanti. **Comentários ao Código de Processo Civil**. 2. ed. Rio de Janeiro: Forense, 1958.

PONTES DE MIRANDA, Francisco Cavalcanti. **Tratado de Direito Privado, III**. Rio de Janeiro: Borsói, 1970.

PONTES DE MIRANDA, Francisco Cavalcanti. **Comentários ao Código de Processo Civil**. Rio de Janeiro: Forense, 1974.

PONTES DE MIRANDA, Francisco Cavalcanti. **Comentários ao Código de Processo Civil, III**. 4 ed. Rio de Janeiro: Forense, 1997.

PROTO PISANI, Andrea. **Tutela giurisdizionale differenziata e nuovo processo del lavoro**. Studi di Diritto Processuale del Lavoro. Milano: Giuffrè, 1977.

RANGEL, Rui Manoel de Freitas. **O Ônus da Prova no Processo Civil**. 2ª ed. Coimbra: Almedina, 2002.

REDONDO, Bruno Garcia. **Devido Processo "legal" e flexibilização do procedimento pelo juiz e pelas partes**. Revista Dialética de Direito Processual. São Paulo: Dialética, n. 130, jan. 2014.

REDONDO, Bruno Garcia. Negócios processuais: necessidade de rompimento radical com o sistema do CPC/1973 para a adequada compreensão da inovação do CPC/2015. In: CABRAL, Antônio do Passo; NOGUEIRA, Pedro Henrique (Coords). **Negócios processuais**. Salvador: JusPodivm, 2015.

REICHEL, Alex. ***Die Stellung der neuren (hauptstsächlich schweizereischen)***. Gesetzgebungen sur Verhandlungemaxime ZBJV, Bd. 33. 1987. p.116. in: TROLLER, Alois. **Os Fundamentos do Formalismo Processual Civil**. Porto Alegre: Sergio Antônio Fabris Editor, 2009.

ROCHA, Carmem Lúcia Antunes. **O princípio constitucional da igualdade**. Belo Horizonte: Lê, 1990.

ROSEMBERG, Leo. ***Tratado de Derecho Procesal Civil, I***. Tradução Angela Romera Vera. Lima: Ara, 2007.

SANTOS, Moacyr Amaral. **Primeiras linhas de direito processual civil: processo de conhecimento**. 25ª ed. Atual. Maria Beatriz Amaral Santos Köhnen. São Paulo: Saraiva. 2007.

SANTOS, Tatiana Simões dos. **O processo civil modulado pelas partes: ampliando a autonomia provada em matéria processual.** Universidade do Rio de Janeiro: Dissertação de Mestrado, 2009.

SATTA, Salvatore. ***Contributo alla dottrina dell'arbitrato***. Milano: Vita e Pensiero, 1931.

SATTA, Salvatore. ***Accordo (diritto processuale civile)***. Enciclopedia del Diritto. Milano: Giuffré, vol.I, 1958.

SAVIGNY, Friedrich Carl. **Das Obligationenrecht als Theil des heutigen Römischen Rechts**. Berlin: Veit & Comp., vol III, 1853.

SCHÖNKE, Adolf. **Direito Processual Civil**. Revisão Afonso Celso Rezende. Campinas: Romana, 2003.

SCHWART, Christoph. **Vierhundert Jahre deutscher CivilproceBgesetzgebung**. Berlin, 1898, p. 672. In: TROLLER, Alois. **Os Fundamentos do Formalismo Processual Civil**. Porto Alegre: Sergio Antônio Fabris Editor, 2009.

SCHLOSSER, Peter. Einverständliches Parteihandeln im deutschen Zivilprozess. In: CABRAL, Antônio do Passo; NOGUEIRA, Pedro Henrique Pedrosa (Coord.). **Negócios Processuais.** Salvador: JusPodivm, 2015.

SILVA, Clóvis do Couto e. **Comentários ao Código de Processo Civil**. São Paulo: RT, 1977.

SILVA, Paula Costa e. **Acto e Processo - o dogma da irrelevância da vontade na interpretação e nos vícios do acto postulativo**. Coimbra: Coimbra, 2003.

SILVA, Paula Costa e. Pactum de *non petendo*: Exclusão convencional do direito de acção e execução convencional da pretensão material. In: CABRAL, Antônio do Passo; NOGUEIRA, Pedro Henrique (Coords). **Negócios processuais**. Salvador: JusPodivm, 2015.

SILVA, Virgílio Afonso da (org). **Interpretação constitucional**. São Paulo: Malheiros, 2005.

SOARES, Carlos Henrique. **O Advogado e o Processo Constitucional**. Belo Horizonte: Decálogo, 2004.

SOUSA, Miguel Teixeira de. **Aspectos do novo processo civil português**. *In: Revista de Processo*, v. 86, Ab. - Jun. 1997

SOUSA, Miguel Teixeira de. **Estudos sobre o Novo Processo Civil**. 2. ed. Lisboa: Lex, 1997.

SOUZA, Patrus Ananias de. **Processo constitucional e devido processo legal**. In: LEAL, Rosemiro Pereira (org.) **Estudos continuados de teoria do processo**. Porto Alegre: Síntese, 2000. v. I.

SPRUNG, Rainer. **Os fundamentos do direto processual austríaco**. *Revista de Processo* nº 17, São Paulo: RT, janeiro/março de 1980

STRECK, Lenio Luiz. **O que é isso? Decido Conforme Minha Consciência?** 4. ed. rev. Porto Alegre: Livraria do Advogado Editora, 2013.

STRECK, Lenio Luiz. **Jurisdição Constitucional e Decisão Jurídica**. 3ª. ed. São Paulo. RT. 2013.

TARZIA, Giuseppe. **O novo processo civil de cognição na Itália**. Trad. Clayton Maranhão. Revista de Processo, 79(1995).

THEODORO JÚNIOR, Humberto. Constituição e Processo: desafios constitucionais da reforma do processo civil no Brasil. In: MACHADO, Felipe Daniel Amorim; CATTONI DE OLIVEIRA, Marcelo Andrade (Coords). **Constituição e Processo: a contribuição do processo ao constitucionalismo brasileiro**. Belo Horizonte. Del Rey, 2009.

THEODORO JÚNIOR, Humberto; NUNES, Dierle; BAHIA, Alexandre Melo Franco; PEDRON, Flávio Quinaud. **Novo CPC – Fundamentos e sistematização**. Rio de Janeiro: Forense, 2015.

THEODORO JR, Humberto; NUNES, Dierle; BAHIA, Alexandre Melo Franco; PEDRON, Flávio. **Novo CPC: Fundamentos e sistematização.** 2. ed. Rio de Janeiro: GEN Forense, 2015.

THIBAU, Vinícius Lott. **Presunção e prova no direito processual democrático.** Belo Horizonte: Arraes Editores, 2011.

TROCKER, Nicolò. ***Processo Civile e Costituzione – Problemi di Diritto Tedesco e Italiano***. Milano: Giuffrè, 1974.

TROCKER, Nicolò. *Poteri del giudice e diritti delle parti nel processo civile: gli insegnamenti di Calamandrei e le riforme processuali in Europa.* In: **Poteri del giudice e diritti delle parti nel processo civile: atti del Converno di Siena del 23-24 novembre 2007.** Napoli; Roma: Edizioni Scientifiche Italiane, 2010. p. 165-195.

TROCKER, Nicoló. ***Processo civile e costituzione. Problemi de diritto tedesco e italiano***. Milano: Giuffré, 1974. p. 667. Apud. GOUVEIA, Lucio Grassi de. **O dever de cooperação dos juízes e tribunais com as partes – uma análise sob a ótica do direito comparado (Alemanha, Portugal e Brasil).** In: Revista da ESMAPE, v. 5, n. 11, Jan. - jun. 2.000.

TROLLER, Alois. **Os Fundamentos do Formalismo Processual Civil**. Porto Alegre: Sergio Antônio Fabris Editor, 2009.

TUCCI, Rogério Lauira. **Negócio jurídico processual**. Enciclopédia Saraiva de Direito. São Paulo: Saraiva, 1977, v. 54.

VEGA, Germán Hiralde; CAUSSE, Frederico. La celeridad procesal a cargo de las partes (invitación del proprio juez de la causa). In: CABRAL, Antônio do Passo; NOGUEIRA, Pedro Henrique (Coords). **Negócios processuais**. Salvador: JusPodivm, 2015.

VERKINDT, Pierre-Yves. La contractualisation collective de l´instance. In CHASSAGNARD-PINET, Sandrine; HIEZ, David. ***La contractualisation de la production normative.*** Paris: Dalloz, 2008.

XAVIER NETO, Francisco de Paula. **Notas sobre a justiça da Alemanha**. Revista de Processo, São Paulo: Revista dos Tribunais, n.27, p.107, jul/set. 1982.

YARSHELL, Flávio Luiz. Convenção das partes em matéria processual: rumo a uma nova era? In: CABRAL, Antônio do Passo; NOGUEIRA, Pedro Henrique (Coords). **Negócios processuais**. Salvador: JusPodivm, 2015.

WACH, Adolf. **Vorträge über die ReichscivilprozeBordnung**, Bonn. 1879. in: TROLLER, Alois. **Os Fundamentos do Formalismo Processual Civil**. Porto Alegre: Sergio Antônio Fabris Editor, 2009.